LC49 1493.

HISTOIRE
DE
LA RÉVOLUTION
DE 1830

IMPRIMERIE DE H. FOURNIER ET Cie, 7 RUE SAINT-BENOIT

HISTOIRE
DE LA
RÉVOLUTION
DE 1830

PRÉCÉDÉE

D'UN RÉSUMÉ HISTORIQUE DE LA RESTAURATION

ET D'UNE ESQUISSE PRÉLIMINAIRE

SUR LE MOUVEMENT DÉMOCRATIQUE

PAR

CAUCHOIS-LEMAIRE

TOME PREMIER

PARIS

PERROTIN, ÉDITEUR

RUE DES FILLES-SAINT-THOMAS, 1, PLACE DE LA BOURSE

M DCCC XLII

ESQUISSE PRÉLIMINAIRE.

§ Ier.

Onze années nous séparent des événements qu'on essaie ici de raconter après les avoir vus, sans songer à les écrire, après les avoir étudiés comme si on ne les avait pas vus, événements qui, pour s'être précipités en quelques jours, n'occuperont pas moins une grande place dans l'histoire. Issus d'un passé connu de tous, préparés sous nos yeux par un enchaînement de causes dont chacun se rendait compte, et toutefois déterminés dans leur éclat par une brusque provocation, préludant à de vastes conséquences toujours imminentes, liés aux plus hautes questions de l'époque de l'humanité peut-être, ces événements nous apparaissent avec un triple caractère : dans l'ordre moral, et si l'on nous permet cette expression vulgaire, mais d'une justesse plus précise, dans l'ordre sentimental, ils furent une réaction de la fierté française contre les humiliations subies en 1814 et en 1815; dans l'ordre politique, ils furent, d'une part, un développement du système représentatif; d'autre part, un élan, bientôt comprimé, vers nos frontières naturelles, dont la perte compromet, avec notre nationalité, et le progrès régulier à l'intérieur et la sécurité au dehors; enfin dans l'ordre social, ce fut une reprise du mouvement de 1789, et une nouvelle carrière ouverte à la démocratie européenne.

Que si l'on s'arrête aux résultats immédiats, aux faits sur-le-champ accomplis, ils se bornèrent au renversement d'une monarchie déjà deux fois renversée par la force nationale et deux fois restaurée par la force étrangère, au renversement de cette monarchie d'origine féodale et à la chute de son principe, auxquels se substituèrent, pour ainsi dire d'eux-mêmes, un autre principe et un pouvoir différent. Cette double substitution eut pour effet virtuel l'ébranlement général et, sur quelques points, la ruine de cet échafaudage de dogmes et de traités construit, sous le nom de Sainte-Alliance, par la ligue des cabinets du continent, afin d'emprisonner la vie des États et l'esprit humain dans une sorte d'immobilité; elle eut pour effet encore de replacer plus que jamais l'Europe des aristocraties et des rois absolus dans une position de défiance hostile à l'égard de la France, et de tourner vers celle-ci les regards sympathiques de l'Europe des peuples.

Bien que cette sympathie ait été compromise et par nos propres fautes, et par la politique des gouvernements, après une altération passagère, elle revivra, parce qu'elle reste au fond des choses. Ce qui n'y reste pas moins, et avec une portée puissante, c'est le sens intime qui, dans la collision suscitée entre les devoirs du soldat et les devoirs du citoyen, faisant fléchir les premiers et prévaloir les seconds, a traduit en un grand exemple la négation de l'obéissance aveugle, le principe des baïonnettes intelligentes. Là où la conscience ne doute plus et se révolte, qui osera désormais compter sur la docilité du bras?

Mais aussi, l'une des faces malheureuses et déjà anciennes de notre nouvelle société s'est découverte avec plus d'évidence et prononcée plus vivement : nous voulons parler de la tendance d'une haute bourgeoisie à s'isoler de la masse populaire, à se constituer, par le monopole, en une sorte de caste notable, si ce n'est nobiliaire, rattachant tous les droits au privilége de la fortune, si ce n'est de la naissance, dépouillant l'intelligence, la moralité même, au profit de l'argent, et se disant le pays à l'exclusion de l'immense majorité, comme les deux ordres de la noblesse et du clergé se proclamaient autrefois la nation, par dessus la tête du tiers-état. De l'alliance momentanée entre la bourgeoisie et les classes populaires pour une querelle commune, de leur concours dans une lutte où elles auraient dû reconnaître tout ce qu'elles peuvent quand elles sont unies, toute la plénitude de vitalité nationale qui nous était rendue par cette union, de ce rapprochement même auquel nous avons dû la victoire, est résulté un antagonisme plus profond et plus envenimé. La riche bourgeoisie, prenant une de ces peurs qui offusquent l'entendement, a refusé aux autres classes les conséquences les plus légitimes de leur intervention, au lieu de les leur concéder habilement, avec mesure et dans les limites d'une organisation légale et successive. Éprise du désir de la stabilité jusqu'à l'oubli des plus justes et des plus impérieuses lois de toute révolution, elle s'est arrêtée, par une halte opiniâtre, elle s'est barricadée dans le *statu quo* d'un égoïsme qui tourne en oligarchie; et le peuple, à son tour, a reporté sur cette oligarchie financière quelque chose de la haine que lui inspirait la noblesse, haine qu'entretient le contact, que ne tempèrent, ni le prestige d'une antique illustration, ni la distinction personnelle, ni je ne sais quelle élégance de mœurs, à défaut de mérite plus solide, et qu'irrite une égalité mensongère.

Le peuple s'est demandé s'il n'était apte à figurer que le jour de la bataille, si, la victoire obtenue, il n'aurait jamais sa part des avantages; combien de temps encore prévaudrait, dans la législation et dans l'administration, au lieu du principe de l'utilité générale, l'intérêt du petit nombre ; il s'est demandé quand on s'occuperait d'assurer le présent et l'avenir des travailleurs, et dès lors, soit dit à ce propos, de moraliser ceux-ci par une bonne constitution du travail, quand adviendrait enfin le gouvernement de la société entière. Saisi d'un vif désappointement, las d'une vertu trop mal récompensée, le peuple a payé son tribut aux mauvais penchants de la nature et fait un retour vers les instincts sauvages de la force.

Voilà les choses qui s'accomplissaient définitivement et les questions prochaines qui commençaient à poindre, il y a onze années. Il y en avait près de quarante alors que se posaient chez nous d'heureuses et formidables prémisses : les priviléges de castes, les derniers vestiges de vassalité et de suzeraineté cédaient la place au pays émancipé, à l'impartiale justice de la loi, à la souveraineté nationale s'exerçant par libre délégation ; la monarchie traditionnelle et mystique datant de l'épée de ses fondateurs, de sa légitimité propre ou de la grâce de Dieu, s'en allait depuis longtemps de vétusté. Mais tout vermoulu qu'il était, le vieux colosse ne tomba point sans de violentes secousses ; il y eut bien des ruines autour de la sienne ; et de ces ruines il ne se forma point un nouvel ordre social sans conflit et sans victimes. La plus solennelle, mais non pas la première, et que tant d'autres suivirent, fut ce prince moins coupable qu'inintelligent et faible, mais solidaire des torts de la vieille royauté aristocratique, mais, par la fausseté de sa position, par sa nullité propre, par les intrigues de son entourage, réduit à jouer mal habilement un rôle de duplicité : le descendant de saint Louis, d'Henri IV, de Louis XIV, le successeur, hélas! de Louis XV, le frère, et dans son malheur le complice des monarques ennemis, Louis XVI se vit arracher du trône et traîner à l'échafaud, où coula bientôt le sang de Marie-Antoinette, plus roi que son époux; leur fils, enfant, disparut dans la tempête; leur fille languit dans un cachot où se flétrirent ses plus belles années, où son âme se nourrit de ressentiments légitimes : tout ce qui restait de cette famille et de sa domesticité, tout ce que le privilége, l'esprit de caste ou une honorable fidélité au malheur entraînaient dans sa sphère, émigra, les uns plus tôt, les autres plus tard; les uns fuyant par prudence, ou courant armer leur zèle et celui de leurs amis; les autres, plus ou moins compromis dans le mouvement révolutionnaire, ne se résignant, il faut le dire, qu'en désespoir de cause à errer sur le sol étranger. Là, des regrets amers et des espérances personnelles associèrent les Bourbons proscrits, et leur petite cour, à d'autres intérêts que ceux de la patrie. Celle-ci, de son côté, les oublia, ou ne se les rappela, par intervalle, qu'avec des sentiments de défiance, de répulsion ou de mépris ; elle obéit, d'enthousiasme, à une impulsion contraire ; elle grandit au milieu des crises et changea de face en leur absence. De retour enfin après un long exil, après un quart de siècle rempli de prodiges français qui blessaient au cœur l'émigration, et auxquels avaient succédé des revers non moins prodigieux, de retour en France, la branche aînée des Bourbons, suivie de la branche cadette inaperçue, accompagnée de serviteurs au dévouement funeste, la famille des Bourbons apportait dans cette France tous les germes d'une aigreur réciproque et une cause plus grave d'antipathie radicale : bannie sous des auspices sanglants et douloureux pour elle, rentrée sous des auspices désastreux pour nous, et à l'aide de ces désastres, elle trouvait en elle-même sa pire destinée ; elle la trouvait dans le titre qui justifiait ses prétentions aux yeux des rois et d'un parti, titre nécessaire et fatal qu'il lui fallait invoquer pour ressaisir le sceptre, et dont l'invocation seule était une menace de contre-révolution.

Brisé par le peuple entre les mains de Louis XVI, brisé de nouveau, mais par l'étranger, aux mains de Napoléon, qui semblait lui avoir rendu, avec un prestige inouï, le principe de son antique durée, et ne l'abandonnait, après cinquante victoires, qu'en succombant avec la nation sous le choc d'un million d'ennemis, ce sceptre, revendiqué par Louis XVIII, comme succession fraternelle ravie à ses légitimes héritiers, échut à Charles X en vertu du même droit, et ce droit impliquait pour la masse des Français le crime de rébellion et d'usurpation, sauf amnistie. Le pardon forcément octroyé avait pris la forme d'une charte passivement acceptée par la France épuisée de sang, vaincue, envahie, placée sous la surveillance de la coalition. Cette charte toutefois, au gré des lois et des ordonnances qui l'interprétaient ou l'exécutaient tour à tour, semblait tantôt s'élever au rang de constitution et de pacte fondamental, tantôt redescendre à celui de concession sujette au caprice royal, et qu'il était loisible à celui-ci de révoquer par des mesures plus ou moins brutales, plus ou moins déguisées. Depuis 1829, cette révocation fut constamment à l'ordre du jour.

Alors, et pour aborder la sphère des circonstances de détail et des causes les plus directes de l'explosion de 1830, alors la bourgeoisie, la classe moyenne, telle que l'avaient faite depuis longtemps l'émancipation du tiers-état, depuis peu l'activité prospère et l'extension immense de l'industrie, telle que l'avaient constituée la législation civile, l'organisation citoyenne et armée, l'électorat des petits colléges; alors la bourgeoisie, qui s'était un peu séparée du sentiment populaire, y revint et entra en lutte ouverte avec la monarchie. Suspectes l'une à l'autre dès 1814, après de longues alternatives de rapprochement et de dissidences, elles manifestaient leur profonde incompatibilité sous le règne d'un prince qui ne cessait d'être stationnaire que pour se montrer rétrograde. Décidément gênée, et dans l'esprit et dans la lettre de la charte, qu'elle ne pouvait se résoudre à considérer comme un contrat réciproque, la monarchie proclamait sa pensée, c'est-à-dire son arrière-pensée *immuable*, et la bourgeoisie, traduisant ce mot en son langage, déclarait incorrigible une dynastie possédée plus que jamais, à cause de cette insolence même, d'une ardeur de retour vers tout ce qu'on pourrait faire revivre du régime d'autrefois.

A vrai dire, ce fut du côté de la monarchie, et à dater de son rétablissement, qu'une guerre sourde commença contre la bourgeoisie. Résignée à une restauration dont elle prenait au sérieux les engagements, s'attachant au fond des garanties et laissant aux Bourbons les hochets de la forme et du style, la bourgeoisie exerçait à titre de droits ce que la couronne appelait concessions et octroi de sa pleine et supérieure puissance ; mais ces hochets, au sens de la couronne, étaient de véritables armes que la prudence cauteleuse de Louis XVIII maniait avec précaution, et qui devinrent bientôt menaçantes entre les mains pieusement inhabiles de Charles X. Sous ce prince, excellent gentilhomme, mais ignorant de l'époque et du pays où il était appelé à régner, qui, sur le déclin de l'âge, avait conservé intactes toutes les convictions de sa jeunesse, qui dans ce Paris où la convention, le directoire et l'empire s'étaient succédé, rêvait le gouvernement de la cour de Versailles, parce qu'il en avait rétabli l'étiquette ; sous ce prince téméraire par incapacité, et qu'une dévotion étrange dans notre siècle rendait plus incapable encore, la bourgeoisie avait perdu sa résignation, mais elle gardait son allure de légalité circonspecte.

Déjà sans doute elle désespérait de convertir à des idées progressives une dynastie dont le chef, regardant tout progrès comme un mal, élevant son petit-fils dans sa foi religieuse et politique, prétendait lui-même convertir la France et la refaire à son image ; déjà entre le chef de cette dynastie et la classe moyenne la lutte s'était envenimée jusqu'à la collision personnelle, le duel s'était engagé entre le maître, il reprenait hautement ce nom, et ses sujets, ils supportaient impatiemment cette qualité, duel circonscrit toutefois dans l'arène parlementaire et dans les limites de la presse légale, lorsque le représentant de cette monarchie, lorsque Charles X, abandonnant tout à coup, par le faux-fuyant d'une interprétation, le terrain constitutionnel, trancha le litige parlementaire du fil de son épée et du haut de sa suprématie royale, comme s'il eût été Charles-Quint ou Louis XIV. Atteinte dans ses dernières garanties par ce coup subit et violent, refoulée presque dans la condition de l'ancien tiers-état, la classe moyenne jette le cri d'alarmes et en appelle à cette autre classe d'où elle est sortie, et dont elle n'est qu'une fraction plus avancée ; elle en appelle au peuple, elle invoque le bras et le cœur de la population ouvrière, sans peut-être se rendre bien compte des conséquences extrêmes de cet appel. Autant, et avec toute l'effervescence de son âge, en fait la jeunesse prompte à joindre l'action à la parole, la jeunesse des écoles et du commerce, tenue en haleine depuis un an, par une ardente controverse ; et le signal et l'exemple de la résistance éclatent en même temps.

Ce peuple, duquel on avait dit : Il a donné sa démission ; ce peuple, particulièrement blessé dans son orgueil impérial de grande nation, et qui avait une vieille querelle à vider avec les traîtres de l'empire et les créatures ou les fauteurs de la coalition étrangère ; c'était son idée fixe à lui et son vocabulaire ; le peuple, soldat ou fédéré, qui avait une revanche à prendre de Waterloo, de la double capitulation de Paris, et des traités de 1814 et de 1815, qui avait une expiation à offrir aux mânes du captif de Sainte-Hélène ; le peuple artisan qui attendait, mais n'oubliait pas, et dont la légitimité, dont le pouvoir antérieur et prépondérant avaient leur antique tradition aussi, et de plus leur date récente et leur formule écrite dans la déclaration des droits de l'homme et du citoyen; le peuple, exécuteur testamentaire de la chambre des Cent-Jours, voyant aux angoisses et à l'irritation de la bourgeoisie, que cette fois l'affaire irait loin, excité d'ailleurs et par le défi monarchique, et par l'allure décidée de la presse et des écoles, alléché encore par l'odeur de la poudre, le peuple intervient, traduit le cri équivoque de *Vive la charte*, en un cri nettement révolutionnaire, celui de *Vive le drapeau tricolore !* arrache le drapeau blanc et culbute le trône qu'avaient relevé des mains ennemies. Cela fait, cet acte de rancune et de justice nationales, cet acte d'énergie souveraine exécuté, le peuple de l'atelier se retire et laisse la bourgeoisie pourvoir au reste.

Du vœu de celle-ci, du silence de celui-là, d'un certain concours de circonstances dont il ne faut pas méconnaître l'autorité, naît une dynastie nouvelle fondée sur un titre nouveau, non sans quelque alliage de privilége ancien, non sans quelque anneau qui renoue le présent au passé monarchique, non sans les inconvénients et les avantages de cette quasi-légitimité, de cette haute position de naissance et de seigneurie territoriale, de cette position princière donnant des gages aux uns, mais aussi de sérieuses inquiétudes aux autres; il naît en un mot une royauté de transaction, nous allions presque dire de transition.

Nous assistions, il y a onze ans, nous avons mis la main à cette dernière métamorphose de l'antique personnification royale de l'État; et nos voisins les monarques, les maîtres qui ont encore des sujets, nos voisins y assistaient aussi; eux témoins et l'arme au bras, nous spectateurs actifs, nous avons vu la royauté, suivant le mot d'un homme illustre, se greffer sur un pays d'égalité; nous l'avons vue et se maintenir dans la même famille comme par une arrière réminiscence d'origine, et passer d'une branche à l'autre, non par succession, mais par usurpation collatérale, comme pour se racheter de cette origine; nous avons entendu protester contre elle des voix plus ardentes que graves et nombreuses, des voix qui plus tard ont eu de puissants échos. Et cette royauté cependant, à défaut de l'élection logiquement démocratique, recevait le baptême de l'insurrection populaire et non, comme Guillaume III, l'investiture patricienne; elle relevait du suffrage parlementaire ratifié par la classe moyenne, si ce n'est de la volonté nationale régulièrement exprimée; et par les conditions de son existence et de son avénement, elle devenait, quoi qu'elle en eût, une simple magistrature, mais la première magistrature du pays sous la dénomination de monarchie constitutionnelle, avec les tentations périlleuses et les mortelles méprises auxquelles l'exposent et cette dénomination mal définie et quelques similitudes de prérogative et d'appareil extérieur, qui rappellent l'ancienne monarchie, et les mots qui survivent aux choses.

A ce phénomène dont nous aurons à décrire les symptômes et les accidents, qui jusqu'à ce jour semble avoir donné au problème de la stabilité, de l'unité gouvernementale, dans notre France plébéienne et mobile la solution d'une haute et pompeuse présidence héréditaire, à ce phénomène un autre avait préludé avec plus de retentissement et de grandeur. Cette France, en 1830, résumée dans Paris dont les départements acclamèrent l'initiative ou secondèrent l'élan par une inspiration simultanée, la France présenta au monde le spectacle d'une de ces improvisations révolutionnaires admirées de tous, épouvante de quelques-uns, et qui prouvent moins encore ce qu'il y a de soudain dans le jeu de ce mécanisme qu'on appelle centralisation administrative que ce qu'il y a d'irrésistible dans la conformité des sentiments, dans l'explosion provoquée d'une pensée intime, permanente, populaire. C'est par ce prodige d'accord sans s'être concerté, de prestesse insurrectionnelle, par cette stratégie innée dans les masses françaises et qui, sous le commandement d'une idée, les fait se mouvoir comme un seul homme ; c'est par là surtout qu'après avoir vaincu sans complot les conspirateurs de cour et de sacristie, nous avons déjoué alors les mauvais vouloirs des aristocraties européennes, nous les avons réduites à l'attitude expectante et aux intrigués diplomatiques ; par là aussi se trouve caractérisée, pour la leçon des gouvernements et pour la nôtre, la différence qui sépare les menées factieuses, les conjurations émeutières, les coalitions même de la classe ouvrière, si elle est isolée, la distance qui les sépare d'une révolution.

Telle est la magnificence et tout à la fois la difficulté de notre sujet : cette révolution a été improvisée par une masse de citoyens qui, la veille, ne songeaient point à faire une révolution, qui, loin de s'être entendus pour un but si périlleux, auraient reculé, la plupart, s'ils avaient essayé de s'entendre ; telle est la difficulté historique de cet admirable élan, qu'unanime dans son entraînement final, il se combinait, au début, des opinions et des intentions les moins uniformes, des passions les plus divergentes ; c'est une guerre où, du côté des vainqueurs, les soldats combattirent sans chefs ; c'est une œuvre dont chacun s'est mêlé à sa guise, où il y eut beaucoup de bras employés qu'aucune tête ne dirigeait; ce furent une foule de scènes détachées qui aboutirent à un dénouement inattendu; c'est une multitude d'épisodes qui concluent à un immense événement : conclusion unique et rapide, drame logiquement dénoué sans doute, œuvre éminemment intelligente, guerre d'une tactique supérieure à tous les plans prémédités, mais qui, par l'abondance des détails, par leur nature épisodique et leur décousu apparent, n'en sont pas moins un embarras pour le narrateur.

Insurmontable peut-être sous l'impression récente, sous l'impression tumultueuse d'un événement si simple au fond et si complexe en apparence, cette difficulté toutefois est déjà moindre pour la narration entreprise aujourd'hui.

§ II.

Renfermée dans le cadre d'une semaine, la révolution de juillet, à la distance où nous sommes, s'offre en une perspective qui permet déjà d'en saisir l'ensemble au milieu du mouvement général, et qui se prête encore à la reproduction des détails, exempts désormais des superfétations et des méprises du moment. L'histoire, d'ailleurs, modifie ses conditions d'après les changements qui s'opèrent dans les institutions et dans les mœurs, et aussi d'après la nature des événements qu'elle a mission de raconter. Si cette nature fut celle d'une action rapide, pleine, animée, faudra-t-il attendre que l'intérêt ait perdu jusqu'à sa dernière étincelle de vie, qu'il n'y ait plus, hors de tout contrôle comme de toute passion, que des cendres à fouiller? Sous le régime dévorant de la publicité, les actes meurent bien avant les hommes; aujourd'hui que tout est transparent, que tout se sait, se dit, se discute, que choses et personnes subissent la prompte justice du bon sens général, les contemporains sont bientôt pour eux-mêmes la postérité, l'histoire cesse beaucoup plus tôt d'être prématurée, elle commence plus vite à devenir tardive; et l'inopportunité du retard a ses inconvénients non moins graves que ceux de la précipitation, qui rachète quelquefois les siens par la vivacité des couleurs et par une certaine naïveté de physionomie.

De trop près, sans doute, on ne voit pas bien les choses, on les exagère, on les rapetisse, ou les isole à tort, ou, au contraire, on les confond mal à propos; il en est qu'on travestit, il en est même qu'on invente sous l'empire de préoccupations passionnées. De trop loin, invention, travestissement, confusion d'autre espèce, soit que, sans le vouloir, on fasse servir les faits d'arguments à un système imaginé d'avance, et qu'on les arrange, c'est-à-dire qu'on les fausse, oubliant qu'ils sont anciens, au gré d'une théorie récente, soit que, dans l'impartialité même d'une conviction trop étrangère aux impressions contemporaines, on les dépouille de ce qu'ils eurent de vivant, d'actuel, d'original.

Chaque époque choisie pour écrire l'histoire a sa part méritée d'objections, elle a sa part aussi d'avantages; et ce que l'éloignement, par exemple, ôte de cette vive ressemblance, de cette nature qu'il faut saisir sur le fait, nous conviendrons qu'il permet à l'écrivain de le compenser par les belles dimensions d'un plus vaste tableau, où les objets se coordonnent d'après une échelle plus complète; mais qu'on veuille bien aussi reconnaître que cette compensation incertaine laisse entière la part, toute spéciale, d'intérêt qui s'attache à l'histoire familière et dramatique. A chaque temps donc son aspect pour considérer le temps qui n'est plus, à chaque aspect ses illusions et sa réalité. Et, à tout prendre, avantages et inconvénients balancés, la mesure moyenne dans laquelle nous sommes est assez juste, le plan où se montrent les événements de 1830 est assez heureusement placé pour qui sait regarder et s'abstraire, pour qui, recueillant son attention au milieu des entraînements de la vie présente, la concentre sur un point déjà lointain, sur un sujet déjà mûr pour le récit impartial, grâce à cette existence rapide et au grand jour que nous a faite la publicité. Nous croyons donc qu'il est possible, à cette heure d'examen retrospectif, de remplacer des *factum* contradictoires, satires ou apothéoses, des chapitres détachés, des fragments épars, des controverses plus ou moins narratives, par une narration vraie, entière, et toutefois d'un genre mixte, tenant de la manière du chroniqueur et de l'œuvre de l'historien.

Ce genre intermédiaire nous est indiqué par le sujet autant que par sa date. Tout d'émotion publique, d'agitation générale et d'activité individuelle, de cette activité qui tourbillonne pour ainsi dire, tout empreint de surprise et de spontanéité, ce sujet, nous l'avons dit, est multiple, remuant, qu'on nous passe le mot, il est à mille faces presque au même instant, mince jusqu'à la puérilité, grandiose jusqu'au sublime. Au texte d'une strophe héroïque vient se coudre une anecdote de déshabillé. De toutes parts surgit l'imprévu, se réveillent les souvenirs, se dressent les antipathies natives, ou se découvre, au contraire, et s'épanche le secret d'une communauté intime de sentiments; ici, le courage, le dévouement, l'enthousiasme se montrent avec une chaleur candide; là, s'exaltent des instincts moins généreux, et dans leur exaltation se trahissent, avec une sorte d'ingénuité, ces mystères du cœur humain qui, d'ordinaire, se masquent soigneusement. Tout l'homme intérieur est en dehors, et les petites aussi bien que les nobles passions sont en jeu dans le même cadre que paraît remplir exclusivement un grand fait politique. C'est une foule de nuances à saisir, de traits originaux à mettre en saillie, de contrastes à mettre en regard, de tableaux partiels à grouper en un tableau, de légendes à réciter par le menu : voilà pour la chronique.

Mais ces incidents, nécessaires sans doute dans leur concours, et toutefois isolément accessoires, autour de quelle unité se rallieront-ils pour reprendre chacun leur juste proportion et se fondre dans l'action principale ? Oh ! que la figure dominante se détachera bien d'elle-même, qu'elle ressortira imposante de cette diversité infinie de traits, si nous ne sommes point dans l'erreur, si notre sujet n'est pas seulement une révolte de bourgeois, une insurrection populaire; s'il est, comme nous le pensons, autre chose encore que la substitution d'une dynastie plus jeune à une dynastie caduque; s'il est, par exemple, ce que peut être après la révolution de 1789, après l'empire, après deux invasions étrangères précédées d'une longue invasion française en Europe, après une réaction intérieure qui nous forma comme citoyens si elle nous froissa comme nation, après un loisir pacifique qui ne fut perdu pour la culture d'aucune branche des facultés humaines, pour aucun essai laborieux et intelligent, ce que peut être aujourd'hui une fronde parisienne s'élevant par la complicité de la France, par l'adhésion des peuples étrangers, à la hauteur d'une grande révolution : voilà pour l'histoire.

Et cette unité assez belle déjà s'idéalise, sans rien perdre de sa réalité, dès qu'on rattache l'histoire révolutionnaire de l'époque à l'histoire générale de la démocratie. Avec ce double guide, jetons-nous hardiment au milieu de la mêlée des partis, au milieu du conflit momentané des opinions et des intérêts, au plus fort de cette fermentation sociale d'où l'homme se dégage avec sa personnalité, d'où les individualités s'élancent pour se dessiner sur la place publique; entrons, en spectateurs, dans ces groupes qui s'agitent et s'entre-choquent, dans ces mille sphères exiguës et incandescentes qui tournoient, dirait-on, indépendamment l'une de l'autre; et si, absorbé un instant par des scènes si vives et si variées, notre esprit se détourne de la loi d'harmonie à laquelle obéissent ces évolutions diverses, il y sera bientôt ramené; bientôt ces fractions, se reprenant l'une à l'autre, formeront un même tout; bientôt, rebâti pièce à pièce, l'édifice nous apparaîtra dans sa grandeur et dans sa vérité.

§ III.

En juillet donc, la crise insurrectionnelle eut cet air de famille avec toutes les crises populaires, que la variété des tempéraments, la valeur morale de chacun, les tendances cachées jusque-là, les éternelles passions humaines s'y caractérisèrent vivement; Paris insurgé eut encore cela de commun avec toutes les insurrections urbaines, que, dans la somme totale de l'événement, il entra beaucoup de petite monnaie difficile à évaluer; mais une particularité signala cet événement considérable d'ailleurs dans l'ordre politique : ce fut celle d'une besogne si vite faite par le puissant ouvrier révolutionnaire, par le peuple, que la chronologie cette fois doit se supputer par heure, car chaque heure des trois jours a mérité son chapitre historique. L'autre marque distinctive, ce fut, nous l'avons dit, une multiplicité d'incidents qui se croisèrent, s'amassèrent et s'amoncelèrent durant ces trois jours, au bout desquels s'éboula un trône; et comme chaque incident est une action à part, le récit s'éparpille en une multitude de narrations qui, récapitulées, forment l'histoire de juillet. C'est un faisceau délié dont on ramasse un à un les javelots épars pour les renouer.

Il faut suivre à la piste et à la course, il faut

surprendre en conciliabule cette révolution, l'écouter à huis clos d'une oreille attentive, la contempler bruyante et à l'état de chaos, l'appréhender sous toutes les formes, si l'on veut être narrateur fidèle; il faut tour à tour s'introduire au sein de la coterie dévote de Charles X où se complottent les ordonnances, au conseil où elles se signent, à la cour où l'étiquette, la chasse, les parties enfantines de Trianon et de Bagatelle préoccupent et distraient la famille royale; il faut assister à l'étonnement muet et colère que produit d'abord dans la capitale la lecture du *Moniteur*, entrer dans cet arsenal de la presse où se forge la première réplique au foudre de la couronne, se partager entre les réunions d'avocats, d'écrivains, d'électeurs, de députés, d'industriels, d'étudiants, réunions où les uns se recordent en attendant, non sans le redouter, que le peuple s'en mêle, d'où les autres le vont animer et pousser dans la rue; là il faut se mettre à la suite des vingt émeutes, des mille escarmouches entre lesquelles se dissémine et dont se constitue la révolte; et pour la voir grandir en insurrection, puis en révolution, c'est aux masses qu'il faut s'adjoindre, aux masses incertaines, curieuses et bientôt ardentes : c'en est fait; elles descendent des faubourgs, elles inondent la ville de leurs flots qui grondent, elles se font de tout une arme, elles se divisent par bandes, elles se dispersent et reparaissent à la manière des partisans, avec l'agilité du tirailleur, avec l'adresse du chasseur; plus loin elles cernent un régiment qu'elles n'ont pas vaincu, mais gagné, entraîné; fraternelle victoire! Que font cependant nos législateurs? Ils parlementent entre eux et avec le commandant des forces militaires; ils projettent des protestations, ils s'enquièrent. Que fait-on à Saint-Cloud? On ne fait rien, on ne sait rien, ou l'on ne veut rien croire de ce qu'on apprend. Que se passe-t-il au château, où les signataires de l'ordonnance se sont réfugiés sous la protection de l'état de siége? à l'état-major, où la confiance des officiers est moins imperturbable que celle du chef de cabinet? Mais, devenus par la force des choses plus factieux que la plupart ne voudraient l'être, nos députés nous rappellent; déjà les rues et les boulevarts se sont hérissés de barricades; les Parisiens désarment, en passant, les postes pourvus d'un petit nombre de baïonnettes, ils ont pris les casernes, occupé les mairies, délivré les prisonniers punis pour de légères fautes, brûlé les barrières; mais ils respectent la Banque et l'hôtel des finances, et toutes les caisses publiques et toutes les propriétés particulières, et jusqu'au Mont-de-Piété où leurs effets sont en gage. Voici que les troupes qui s'étaient déployées en colonne, puis avancées dans les quartiers populaires, se retirent, non sans peine et sans péril, se replient, se concentrent. Est-ce pour attendre des renforts, pour agir par masse? Ce plan est sans doute celui des chefs; mais ils ont compté sans les soldats qui, engagés à regret dans une guerre impie, sentent fléchir au fond de leur conscience de citoyen les lois de la discipline et se rendent au peuple, ou fuient entraînés par la panique des auxiliaires étrangers. Il est temps de se glisser à Neuilly encore solitaire, à la condition d'en revenir promptement, car la foule est avec Lafayette à l'Hôtel-de-Ville, nuitamment déserté par les gardes royaux; la foule est au Louvre abandonné par les Suisses; la foule est aux Tuileries, dans le palais des rois; la foule garde le Palais-Royal où le prince est espéré par ses amis; la foule est à l'hôtel Laffitte, quartier-général, chambre législative, chancellerie diplomatique et banque tout à la fois. L'heure presse, la porte des pairs s'entr'ouvre, le palais Bourbon voit ses banquettes se garnir, Saint-Cloud hésite et se trouble, Neuilly, assiégé d'instances, se décide, Paris achève de se dépaver, la Grève s'encombre d'ouvriers en armes, au milieu desquels le duc d'Orléans, à peine de retour, à peine lieutenant général, marche entouré de députés pour rendre hommage à la souveraineté du peuple vainqueur, en rendant visite à son représentant, à Lafayette, au sein de la commune. Lafayette embrasse le prince et couvre du drapeau tricolore cette tête sur laquelle va passer la couronne que Charles X. lègue en vain à son petit-fils. Et tandis que les faubourgs, gaiement agités des triomphes de la veille, sont insoucieux du lendemain, la jeunesse joue sérieusement à la république dans les clubs; mais un coup de tambour précipite jeunesse, ouvriers, bourgeois pêle-mêle sur Rambouillet, où une petite armée conserve encore ses rangs autour du roi que la capitale déclare déchu, et qui passe d'un immuable vouloir à une abdication et à l'exil..... Que de choses accumulées dans cette incomplète récapitulation! que de détails dans la confusion desquels la vue se trouble, et l'unité d'où résulte l'ensemble se dérobe à l'esprit!

Elle existe toutefois, nous le savons, et quelle unité! De tous ces linéaments se compose une majestueuse figure : c'est celle du peuple, et nous prenons ici ce mot dans sa complète et nationale acception, du peuple donnant une redoutable leçon aux rois qui aspirent sournoisement à la lui rendre, lutte dont on prévoit l'issue, du peuple jetant bas une couronne qui ne vient pas de lui, pour laquelle le prince ne veut pas même relever des concessions qu'il a souscrites, jetant par terre cette couronne, sans toucher à celui qui la portait, et la laissant ramasser par qui reconnaît la lui devoir; faisant ainsi preuve d'une omnipotence pleine de modération et de sagesse; déclarant par le fait qu'il n'abdique jamais son droit souverain, et que, le pouvoir émanant de sa volonté ou de sa tolérance, c'est pour lui que le pouvoir doit s'exercer, si l'on ne veut qu'à la fin il l'exerce lui-même, mais s'en reposant cette fois encore sur ceux qu'il juge plus capables que lui.

Des incidents épars et divers que nous effleurions tout à l'heure à la course, comme des pierres taillées pour un édifice, de ces incidents groupés, se construit un événement qui, vu dans la période où il s'accomplit, dans la contrée où il se passe, a sa grandeur sans doute et son originalité, mais que le génie français, naturellement généralisateur, agrandit encore et consacre par une sorte de hiérarchie religieuse, en lui assignant sa place dans le mouvement de la civilisation universelle. C'est, en effet, la coutume et l'honneur de notre temps et de notre pays, de se soustraire bientôt à la préoccupation des intérêts présents, de ne pas se cantonner dans les bornes locales et contemporaines d'un événement extraordinaire, et de demander au passé la raison de cet événement, à l'avenir l'étendue de ses conséquences. Ici notre sujet spécial remonte à sa cause la plus élevée, il se rallie à sa plus vaste unité historique, il appartient à la philosophie de l'histoire : ce n'est point une esquisse rapide qui peut prétendre à embrasser l'ensemble dans lequel se classe et gravite le fait de juillet; mais elle peut suffire à l'indiquer. N'est-il pas, pour les révolutions des peuples comme pour celles des astres, un milieu dans lequel s'opèrent harmonieusement les phénomènes qui étonnent le plus notre intelligence?

§ IV.

L'humanité, dans sa marche tantôt lente et pour ainsi dire souterraine, tantôt fébrile et en apparence désordonnée, est régie par des lois morales, lois plus mystérieuses ou moins bien étudiées que celles qui régissent le monde physique, mais aussi réelles et aussi nécessaires. Et cette nécessité commune à ces deux ordres de choses, au monde matériel et au monde intellectuel, n'implique-t-elle pas entre eux des rapports insaisissables, il est vrai, jusqu'à présent? n'indique-t-elle pas une affinité d'où résulterait l'action réciproque des deux natures, de celle qui constitue l'essence de l'homme et de celle qui est en dehors de lui? Dans cette union de l'âme humaine et du corps universel, la loi morale aurait un rôle immense et supérieur, qui rendrait raison tout à la fois des phénomènes physiques et des phénomènes sociaux. Mais pour nous borner à ceux-ci, alors même que la filiation des événements nous échappe, on peut la tenir pour certaine, et par une déduction ascendante reconnaître ou du moins pressentir une première et haute origine du sommet de laquelle ils se déroulent; alors même qu'on l'ignore, on peut croire au mobile suprême de ces événements et affirmer leur corrélation intime avec les idées dont ils ne sont que la conséquence plus ou moins directe, que la prompte ou tardive réalisation.

Il faudrait mener de front l'analyse de la nature humaine et la science de l'histoire universelle pour bien comprendre même l'histoire partielle d'un siècle ou d'un pays. Mais où trouver les éléments d'une instruction complète? Et ceux même dont on dispose, quelle sagacité, quelle patience, quelle largeur de génie ne réclamerait pas la mission de les choisir et de les ordonner en un système unique et vrai? Toutefois, les données acquises sont suffisantes pour qu'il nous soit souvent permis de remonter des effets les plus complexes à certaines causes générales et simples, pour qu'il soit possible de ne pas confondre avec celle-ci les causes particulières et occasionnelles dont il est cependant indispensable de constater l'intervention et d'apprécier l'importance.

Appliqué à l'étude de nos annales modernes, ce discernement a quelque chose de la régularité d'une méthode; il s'exerce avec une justesse et une étendue croissantes à mesure que nous avançons dans l'ordre des temps et que nous descendons le cours de la vie des peuples dont les actes, moins éloignés de nous et déjà plus concluants, commencent à porter en eux-mêmes et leur propre signification et celle des âges précurseurs. Mais de quelles clartés plus significatives encore n'est-on pas comme investi tout à coup lorsque, poursuivant cette pente chronologique, cette exploration toujours plus rapprochée, on aborde enfin ces grandes expériences de réformes sociales, d'émancipations par masses et par contrées, qui se répondirent d'une nation à l'autre, de l'un à l'autre hémisphère! Dans la première admiration de ce spectacle saisissant, on se demande pourquoi il advint seulement alors, et bientôt on reconnaît que la tradition de ce qui semble surgir spontanément n'a pas cessé d'être vivante; qu'elle était sous les yeux de nos pères, qu'elle y était moins caractérisée, il est vrai, la veille du jour où ils furent témoins ou acteurs d'un spectacle plus expressif et plus vaste; puis, la trace une fois aperçue, on suit cette tradition transmise par la perpétuité, si ce n'est toujours par l'éclat des exemples; on la voit qui s'échelonne d'états en états, de cités en cités debout et libres tour à tour et çà et là comme des phares indicateurs jusqu'au milieu, jusque par-delà ce ténébreux chaos qu'amenèrent les invasions barbares, et d'où sortit le monde moderne.

Lors donc qu'aidés du fil traditionnel nous arrivons à ces grandes et récentes expérimentations démocratiques ; lorsque nous touchons à ces faits culminants qui couronnent une longue série de moindres phénomènes, où les mêmes idées apparurent et jalonnent vivement la route; lorsque nous sommes en présence de cette trilogie révolutionnaire, de cette époque où s'accomplirent les trois révolutions d'Angleterre, d'Amérique et de France, il nous devient presque facile d'assigner la part qui, dans chacune de ces révolutions, doit être attribuée au concours secondaire d'impulsions accidentelles et diverses, et celle qui appartient à l'impulsion essentielle et primitive, à cette force que nous nommons la force des choses ; nous sommes conduits naturellement, par une recherche plus approfondie et un examen comparatif, à marquer les différences plus ou moins radicales de ces manifestations populaires ou à saisir au contraire leurs rapports de similitude, d'influence, d'imitation ; et il ne faut aux esprits doués de quelque pénétration et de quelque rectitude que pousser plus loin l'investigation dans le passé pour découvrir ensuite et signaler leur principe commun et générateur.

Dans ces périodes contemporaines ou voisines

du commencement de l'âge actuel, dans ces périodes où tant de siècles se résument, où tant d'idées longtemps problématiques se résolvent soit en essais, soit en actes accomplis, les documents et les moyens de contrôle abondent, la certitude existe : c'est là qu'on peut observer comment les faits s'expliquent par leur succession et leur développement, comment ils se modifient par des incidents nouveaux, des circonstances locales, des conjonctures jusqu'à un certain point fortuites; comment ils agissent et réagissent l'un sur l'autre à des distances lointaines ou rapprochées de temps et de lieux; c'est là qu'on peut savoir pourquoi ils ont une vertu quelquefois immédiate, irrésistible, quelquefois inerte d'abord, ou du moins latente et insensible durant de longues années, pourquoi ils ont une valeur circonscrite et passagère, pourquoi une portée immense d'espace et d'avenir; de quelle façon les choses entraînent les hommes, et les hommes à leur tour ont de l'empire sur les choses, et par quel mécanisme providentiel hommes et choses s'engrènent et se meuvent, et enfin par quelle puissance de progression tous ces faits émanent à divers degrés de faits antérieurs parmi lesquels il en est d'ordre subalterne et d'ordre plus élevé; il en est enfin où réside l'énergie vitale et créatrice, où respire en quelque sorte l'âme et la pensée.

Ainsi, nous le répétons, les peuples comme les individus, dans une mesure relative de libre arbitre, nous dirions presque d'élasticité morale, obéissent aux grandes lois de l'humanité, de cette humanité dont nous ignorons le point de départ et qui s'avance vers un avenir inconnu. Tous les actes de la vie des nations sont solidaires, et, par une descendance logique de causes et d'effets devenus souvent causes à leur tour, ils découlent d'une source primordiale, ils relèvent d'une intelligence qui, à travers mille détours et au milieu des oscillations et des tempêtes, mène les flots humains au but qu'elle a marqué. Tout se lie dans l'espace des temps; toutes les heures se touchent comme les anneaux d'une chaîne infinie et ininterrompue, chaîne vivante, où circule je ne sais quel feu électrique, dont on ne saurait longtemps détourner le cours ou comprimer l'essor, sans amener des perturbations graves ou produire de fatales explosions. Ainsi, toute catastrophe publique dénonce un drame préliminaire, qui, lui-même, hors des limites où se passe l'action, a son prologue et sa longue série de scènes préparatoires; et loin qu'aucune époque soit absolue ou même isolée, loin qu'elle soit indépendante des époques qui l'ont devancée, on pourrait dire qu'à l'histoire de chacune d'elles toute l'histoire antécédente devrait servir de prolégomènes et d'introduction.

Du point de vue tout à fait général où nous venons de nous placer, non seulement la révolution de 1830 n'est qu'une des phases politiques de la révolution sociale de 1789; mais celle-ci, bien qu'elle soit le fait capital qui domine et commande la suite ultérieure des événements, bien qu'elle soit la date féconde qui ouvre une ère nouvelle, la date lumineuse qui, se reflétant sur le passé, en éclaire l'ensemble et en révèle les tendances, celle-ci n'est elle-même que la crise violente, la péripétie impétueuse et décisive d'une autre grande révolution qui va toujours. Élaborée durant dix-huit siècles, formée des éléments les plus contraires, résultat des circonstances les plus opposées, s'acheminant, pour ainsi dire, à la faveur de mille transformations successives, s'infiltrant par les moindres issues, faisant irruption par toutes les brèches, et dans sa marche, tantôt sinueuse et obscure, tantôt directe, précipitée, éclatante, longtemps ignorée et de ceux qui la servaient de leurs efforts sympathiques et de ceux qui la secondaient plus puissamment peut-être dans des vues personnelles instinctivement hostiles, cette grande révolution vient à peine de se faire clairement connaître, et, si nous l'avons bien entendue, de nous dire son dernier mot: elle prépare le triomphe universel, elle apporte la constitution définitive et régulière de la démocratie nouvelle.

Cette démocratie est nouvelle, en effet, soit qu'on l'envisage sous le rapport de la physionomie qui lui est propre et la distingue, par des traits caractéristiques, et de la démocratie ancienne et de ce qu'on pourrait appeler la démocratie urbaine des époques postérieures, soit que l'on prenne pour mesure les périodes qu'elle doit parcourir encore avant de s'assimiler tout ce qui est nécessaire à son organisation normale, avant d'atteindre les proportions matérielles et intellectuelles qui lui permettront de distribuer, d'équilibrer ses forces et de vivre de cette vie qui, par une circulation égale et active, se communique à chacun des membres aussi bien qu'au corps entier ; mais si elle est jeune comparativement à ses progrès futurs, vue rétrospectivement, elle a vécu de longs âges de gouvernements et de peuples ; rattachée à ses origines diverses, elle se perd dans la nuit des temps et dans l'incertitude des hypothèses ; et pour qui, s'arrêtant à une grande époque de dissolution et de rénovation, la regarde poindre à l'horizon chrétien, alors que s'éteint l'astre de la civilisation romaine, et la saisit, pour ainsi dire, au moment de sa métamorphose, au berceau de sa renaissance, la démocratie, que par anticipation nous appellerons moderne, n'est qu'une chose confuse, participant de vingt choses disparates, subissant au milieu d'un état convulsif de transition, à la fin d'une liberté qui s'était corrompue après s'être déchirée elle-même, subissant les empreintes alternatives, et d'une société puissante par ses lumières, décrépite par ses mœurs, et d'une société brutale, au sang vigoureux, aux instincts sauvages. Dans le chaos des éléments de l'ordre social qui cesse et de celui qui n'existe pas encore, la démocratie n'est elle-même qu'un élément mêlé aux autres, modifié avec eux et par eux, concourant au laborieux établissement d'une organisation informe, chargé de toutes les anomalies de cette réorganisation faite de tant de pièces, refaite à tant de reprises. Démocratique, aristocratique, monarchique, théocratique, toutes les formes qui ont gouverné les peuples ou les gouverneront, toutes ces formes qui, mal définies, mal réglées, mal combinées, abusives ou impuissantes, ont agité, divisé ou tyrannisé le monde, s'y montraient alors pêle-mêle, à l'état de dissolution et de fermentation; c'est au creuset féodal que les éléments de l'ancienne société achevèrent de se dissoudre; c'est de là qu'ils se dégagèrent transformés. De cette transformation sortirent, jeunes et armées pour une lutte nouvelle, l'aristocratie, fière et forte de son origine; la monarchie, grêle et incertaine au commencement, mais destinée à s'affermir et à s'étendre; la théocratie, qui, dès l'abord, faillit tout envahir mais tomba vite de son apogée; la démocratie, plus faible, plus indéterminée que les trois autres en apparence, mais plus vivace au fond, ayant des racines antérieures dans la législation romaine et des racines naturelles dans les masses; la démocratie, demandant et prêtant appui tour à tour à chacune de ses rivales, et avec cet appui les combattant tour à tour, quelquefois marchant toute seule et marchant avec une rapidité miraculeuse à la puissance et à la fortune, et presque aussi prompte à déchoir, mais se relevant toujours, aux mêmes lieux ou ailleurs, et toujours s'accroissant.

Héritière des legs hétérogènes, qu'elle tenait, les uns de la vieille race gauloise, dont le caractère originel semble avoir laissé des traces dans notre France, les autres de la longue domination de Rome et de ses institutions; quelques-uns, peut-être, des colonies industrielles de la Grèce; héritière encore des legs plus récents qu'elle avait recueillis dans son passage de l'empire romain à la domination des Barbares, dans sa migration à travers leurs invasions successives et leur établissement définitif, dans ses longues épreuves sous l'anarchie en quelque sorte régulière de la féodalité; la démocratie, ne l'oublions pas, avait reçu ce qui manquait aux républiques civilisées d'autrefois aussi bien qu'aux républiques barbares, ce qui dompte et assouplit les natures les plus rebelles, ce qui relie les incompatibilités et parvient à les fondre en une même substance; elle avait reçu avec le baptême évangélique, le double dogme de l'égalité devant Dieu et de la fraternité des hommes, dogme où vivait le germe religieux des destinées politiques de l'ordre social.

§ V.

C'est cette origine chrétienne de la démocratie qu'il faut surtout étudier; c'est la fraternité spirituelle qu'il faut voir s'essayant à passer dans le monde réel, pénétrant, avec le clergé, dans les corporations civiles, industrielles, politiques, gagnant jusqu'aux associations demi-sauvages de la Germanie, qu'elle amende et tourne vers un but d'utilité plus large et plus libéral; amenant l'abolition graduelle de l'esclavage, et suscitant des peuples là où n'existaient anciennement, et sous le nom même de république, que des aristocraties qui exploitaient, comme leur chose, les masses humaines; c'est l'égalité de la vie future qu'il faut considérer dans ses applications à la vie temporelle, quand elle descend des hauteurs de la foi;

qu'il faut suivre dans cette foule d'abbayes les unes pieuses et quelquefois doctes, les autres agricoles et même commerçantes ; qu'il faut reconnaître dans ces élections auxquelles sont appelés à concourir de leur suffrage ou au moins de leur acclamation les simples fidèles faisant, comme membres de la communauté religieuse, acte de citoyens ; dans ces conciles enfin, états particuliers des provinces, états-généraux de l'Église universelle. De la doctrine d'une céleste rédemption, de cet affranchissement des âmes créées à l'image d'un maître divin, on arrivera peu à peu à l'émancipation de l'homme sur la terre. Cette poussière qu'un prêtre répand sur le front des rois et sur celui des sujets, poussière d'où ils sont également tirés et où ils retourneront également, cette marque du nivellement primitif et final, est accompagnée d'une autre moralité : celle de l'exaltation des petits et de l'abaissement des grands, si les mérites des grands sont inférieurs aux mérites des petits : règle d'éternelle justice distributive, que la raison dépouillera de son enveloppe symbolique, pour en faire la règle d'ici-bas.

Quand l'apostolat évangélique aura répandu avec son sang qui les féconde ces précieuses semences, de martyr devenu pouvoir spirituel et temporel, et s'armant des deux glaives, il remplira une autre grande mission, celle de constituer l'unité morale dans cet univers où manquait toute unité politique. De ces nations disloquées, de ces populations morcelées, parquées, des seigneurs aussi bien que des serfs, le catholicisme fait un peuple rallié à une foi commune, agenouillé aux autels d'un maître commun; enchaînant sous le signe de la croix les principautés désunies sous les bannières de leurs suzerains, prévalant sur les nationalités même qui commencent à renaître, il réchauffe dans le giron de l'Église romaine l'immense troupeau de la chrétienté ; sa puissante centralisation recrute sous les gouvernements divers une innombrable démocratie chrétienne ayant ses représentants, ses législateurs aux assemblées œcuméniques, ayant ses légions enthousiastes qui vont en Orient délivrer leurs frères, affranchir leur culte, et rapportent pour dépouilles opimes, conquête inattendue! les arts, les sciences, l'industrie, les lumières enfin : alors le catholicisme, véhicule immense des principes d'égalité, de fraternité, qu'il renferme en les comprimant, et que malgré lui il sème sur sa route; fondateur du règne de la pensée, bien qu'il ne songe qu'à sa propre domination; propagateur de la liberté qu'il redoute, conquérant involontaire de cette civilisation orientale qui l'inonde de clartés importunes; le catholicisme, cette œuvre achevée, cette grande mission remplie, aura, comme empire sacerdotal, atteint l'époque de sa décadence ; ce sera l'époque de l'émancipation intellectuelle, du retour de la pensée sur elle-même, de l'examen, en un mot, de la réforme religieuse; et celle-ci amenant d'autres réformes, les lumières renaissantes, le mouvement industriel venant ajouter leurs nécessités nouvelles à des convictions anciennes et sacrées, il s'opérera naturellement une fusion des deux ordres de choses : sur le type de la cité de Dieu se modèleront des cités républicaines dans les pays où la répulsion des mœurs et celle des autorités dominantes ne seront pas plus fortes que l'analogie des idées; les tendances s'établiront là où le fait n'aura pas prévalu. Puis, advenant le siècle des libres penseurs, non seulement en matière de religion, mais en matière politique, le siècle de la critique philosophique qui bientôt s'attaque aux théories gouvernementales, c'est à l'homme vivant, à sa dignité, à ses droits, à ses besoins actuels qu'on transportera, sous forme de lois positives, ce qu'aux temps des révélations symboliques la foi ne promettait que pour un avenir qui datait de la mort.

Telle s'achemina lentement à travers les âges et dans la sphère mystérieuse des aspirations divines, telle se dégagea un jour de sa formule mystique pour entrer dans la sphère des réalités humaines, la démocratie, d'évangélique origine, la démocratie moderne. Mais avec cette transfusion de la pensée ne perdons pas de vue celle du sang et celle des faits que nous signalions tout à l'heure, transfusion qui, à partir du passé le plus lointain, s'opère, non sans modifications successives et profondes, de veine en veine, d'intelligence en intelligence, d'époque en époque, vivifiée principalement, sans doute, par la séve intime de la foi chrétienne; la démocratie, ne l'oublions pas non plus, doit à la société antique des exemples, une législation, des coutumes qui lui ont fourni de puissants moyens d'existence extérieure ; n'oublions pas même, pour en tenir compte avec mesure, la double influence originelle que nous avons supposée rationnellement plutôt que nous ne saurions la constater, et qui appartient à notre double caractère primitif de Gaulois et de Francs : de la mobilité spirituelle, de la bravoure un peu vaniteuse, du défaut d'union des premiers, n'est-il pas resté quelques vestiges dans l'esprit démocratique de notre pays? Les seconds, orgueilleux de cette vigueur musculaire, pleins de cette énergie farouche, de ce *moi* brutal qui était le droit individuel des tribus guerrières et nomades de la Germanie, lorsqu'elles vinrent subjuguer, supplanter ou rajeunir des générations abâtardies, les seconds ne nous ont-ils pas transmis plus d'une idée analogue aux allures de la supériorité physique, plus d'une idée dérivée de la loi du plus fort, d'une sauvage confiance en soi-même, et notamment cette fierté personnelle, cette humeur opposante innée chez nous, cette susceptibilité dont le duel, inconnu des anciens, est encore un témoignage?

Dans un ordre de faits plus positifs, ne saurait-on saisir aucune trace utile, et même libérale, de la conquête? La civilisation n'a-t-elle jamais échangé de services avec les barbares? Si elle a offert à ces derniers le modèle plus régulier, plus administratif de la curie gallo-romaine, la curie, à son tour, n'a-t-elle pas quelquefois dépouillé son étroitesse bourgeoise afin de s'élargir sur le cadre des *mâls*, pour parler, d'après les doctes, la langue des conquérants? Le municipe renaissant ne doit-il rien à la rude commune de tradition germaine et scandinave, en retour des emprunts que cette commune élémentaire, mais énergique, a faits à la législation raffinée du vieux type municipal?

Ce serait un merveilleux travail d'érudition historique et d'analyse philosophique que celui qui, après avoir constaté les divers principes dont le conflit et plus tard le concours ont présidé, soit comme premiers rudiments, soit comme agents plus directs, à la formation de la démocratie moderne, suivrait la trace de ces principes, leur action, leurs conséquences, et démêlerait ce que chacun d'eux a le droit de revendiquer dans la combinaison qui en fut le résultat définitif; il faudrait, remontant le cours de ce fleuve où tout est venu s'absorber et se confondre, arriver aux sources qui, par mille ruisseaux, l'ont alimenté et grossi; il faudrait, non seulement décomposer le monde d'aujourd'hui d'après les races mêlées autrefois, successivement envahissantes et envahies, mais dégager les éléments moraux que chacune d'elles apportait avec soi, ou qui jaillissaient tantôt de leur lutte, tantôt de leur affinité ou de leur pénible assimilation; il faudrait surprendre ici la divergence native, ailleurs l'analogie, plus loin la fusion graduelle de ces éléments, et passant de cette masse qui couvre originairement le sol, à ces immigrations exotiques qui s'y naturalisent, à ces dominations longtemps repoussées, acceptées enfin, et qui lui imposent une autre nationalité, il faudrait interroger tour à tour indigènes, étrangers établis par force ou par tolérance, tribus nomades guerroyant et puis dressant leurs tentes, hôtes pacifiques demandant un asile, essaims de colonisateurs apportant leurs institutions et leur industrie, essaims de fugitifs limitrophes sauvant avec eux les débris de leur fortune et ceux de la civilisation, bandes quasi-sauvages courant après le butin, puis, satisfaites de leur chasse, revenant plus nombreuses dans ce pays de facile proie, y

organisant le brigandage et subissant à la longue
la loi de toute organisation, de tout établissement
fixe, quelque imparfait qu'il soit; il faudrait,
disons-nous, fouiller et ranimer ces cendres humaines dont les couches ont, de générations en
générations, produit cet *humus* qui est notre substance actuelle ; il faudrait que nos aïeux, évoqués
de la tombe tels qu'ils y entrèrent, nous initiant
au secret de leurs pensées, de leurs croyances, de
leurs aptitudes, aussi bien qu'à la connaissance de
leurs coutumes, nous apprissent à discerner ce
que les vaincus tiennent des vainqueurs, ce qui a
été inoculé à ceux-ci par les premiers, et ce qu'une
suite de populations primitives, vagabondes, hostiles, superposées, conquérantes, conquises et finalement amalgamées, ont légué isolément ou en
commun à une population plus homogène. De
quels grains de sable se compose le ciment qui
consolidera l'édifice social encore inachevé? De
quels débris fertiles est sortie une végétation vigoureuse dans le champ de la démocratie? Quel
a été le principe le plus efficace de cette fécondité?
Que doit au vieux monde l'univers moderne? Que
doit-il au paganisme, au judaïsme, au christianisme? Que doit l'Europe de notre temps à l'ancienne Germanie, la France de nos jours à la
vieille race gauloise qui nous a, dit-on, imprimé
son type de famille, cette race au croisement

des hordes asiatiques, et que doivent tous les rameaux réunis de notre arbre généalogique à celui de la race caucasienne dotée particulièrement, dit-on encore, du génie progressif? Quelle fut l'influence de la longue domination et de la suprématie organisatrice de la ville éternelle? Quelle fut celle des précédents antiques transmis par les livres, transportés par les armes, acclimatés par la colonisation et le droit de bourgeoisie romaine? Pour combien est dans l'esprit qui nous meut l'esprit émané des lumières et de la liberté des Grecs, cet esprit qu'on vit se propager jadis dans la Gaule par l'émigration, et mieux encore plus tard par l'éducation, et à la chute de Bysance déborder sur l'Occident? Notre sagacité curieuse, à l'aspect des racines vivaces que le catholicisme a poussées dans nos régions, trouverait-elle hors de propos d'aller plus loin en arrière dans ses explorations orientales, et de s'enquérir des emprunts que le Vatican a faits aux sacerdoces de l'Égypte et de l'Inde, et d'en tenir compte comme d'une fraction de quelque importance pour qui suppute par sommes et par lots l'inventaire du passé au profit ou à la charge du présent?

Certes, chacun de ces éléments a joué son rôle ou comme aide, ou comme obstacle, ou comme modification, dans le mouvement qui se développe sous la forme démocratique ; mais à combien peu de ces éléments serait-il possible d'assigner ce rôle avec quelque justesse même approximative? Sans donc nous abîmer dans la profondeur de ces problèmes dont l'explication deviendrait subtile et serait souvent hasardée et toujours douteuse, sans nous aventurer dans le labyrinthe des détails obscurs et incertains dont se construit un ensemble évident, cette évidence générale nous suffit, et, pour écarter tout ce qui est du domaine conjectural, pour nous en tenir aux faits constatés, nous pouvons conclure de leur aperçu rapide, du plus simple effort de mémoire, qu'il n'est époque si reculée dans les annales des peuples de l'Occident où l'on ne découvre quelques traces de démocratie à l'état du moins de droit imparfaitement compris, grossièrement exercé, de droit naturel et instinctif. Aussi loin que puisse remonter dans les antiquités payennes du Nord, la science et la sagacité historiques, elles trouvent instituées et en vigueur des sociétés populaires de secours mutuels (1). La tribu la plus barbare a ses assemblées où elle délibère sur les intérêts communs, où elle vote, élit ses chefs, délègue au besoin des représentants; que si l'on arguë contre ces formes démocratiques de ce qu'elles ont de grossier, nous les montrerons en théorie plus savante, en appli-

(1) M. Augustin Thierry, *Récits des temps mérovingiens*, Introduction.

cation plus régulière à l'autre bout de l'échelle sociale; et c'est là notre seconde conclusion, notre argument le plus fort en faveur de la vitalité et de la prédestination de la démocratie; que si l'on objecte les époques intermédiaires durant lesquelles le principe populaire, le droit électif, semblent avoir disparu; si l'on vient à citer les intervalles d'anarchie sanglante, de brutale ignorance, d'universelle perturbation, la double phase enfin de la féodalité où il n'y eut de droit que celui du plus fort, que celui de l'épée, où ce qu'on peut apercevoir d'organisation n'a rien, à ce qu'il paraît, de la démocratie antérieure, rien de la démocratie à venir, nous ferons un appel à des souvenirs historiques plus réfléchis, embrassant un plus grand nombre de faits et une plus grande étendue de territoires, et il se trouvera que, dans le cours de ces âges si déshérités et même aux plus mauvais jours, la démocratie n'a jamais laissé prescrire son principe par une inaction absolue; qu'elle a toujours, ici ou là, fait acte de présence et de pouvoir; et cette démonstration déjà pressentie, déjà indiquée, de la perpétuité de cet élément social dont personne ne conteste aujourd'hui la prépondérance, est la troisième et dernière conclusion qu'on s'est proposée dans cette esquisse.

Mais, diront quelques personnes, c'est abuser

du mot, et la démocratie bourgeoise des communes, par exemple, ne ressemble pas plus à celle de notre temps que cette dernière aux républiques d'Athènes et de Rome, que nos chambres législatives ne ressemblent aux champs de mai des Franks. Ces dissemblances, qui pourrait les oublier ou les méconnaître? Est-ce une raison pour ne pas rechercher ce qu'il y a de commun au fond et peut-être d'identique, ce qu'il y a de connexe dans la gradation des faits d'où émane un fait tout à la fois analogue et différent? Il n'est pas deux choses dont la similitude soit parfaite, et à ce compte chaque chose serait unique et absolue dans la nature, tandis qu'au contraire les variétés s'unissent dans l'espèce, tandis que, par des nuances successives et multipliées, le même être se modifie sans perdre son identité. « La révolution, observe judicieusement M. Thierry, n'a pas créé de rien ; la pensée de l'Assemblée constituante n'a pas élevé sans matériaux l'ordre social de nos jours; l'expérience des siècles, les souvenirs historiques, les traditions de liberté locale conservées isolément sont venues, sous la sanction de l'idée philosophique des droits humains, se fondre dans le grand symbole de notre foi constitutionnelle, symbole dont la lettre peut varier, mais dont l'esprit est immuable. »

Qui donc songe à nier la transmutation des éléments dont l'essence reste la même? L'aristocratie, la monarchie, combien ne diffèrent-elles pas selon les pays et les temps? Eh bien! la démocratie a eu le sort de l'aristocratie et de la monarchie; elle a changé comme elles, elle a subi la loi du temps et du progrès; dominée par elles, il lui est arrivé de les dominer à son tour, de les modifier, de les remplacer; leur contemporaine, quand elle n'est pas leur devancière, il y a chance qu'elle leur survive. Un pareil élément social vaut bien qu'on s'attache à son principe sous les différentes formes qu'il a revêtues et qu'on remonte à ses origines politiques, religieuses, naturelles, comme on l'a fait pour les principes aristocratique et monarchique dans leurs diverses transformations; il vaut bien qu'on trace en quelque sorte sa biographie analytique, pour savoir ce qu'il est en soi, d'où il vient, comment il a vécu, grandi, et pour deviner par ce qu'il fut ce qu'il sera, et surtout ce qu'il devrait être. D'utiles enseignements peuvent résulter, pour la démocratie, de cette analyse, de cet examen d'elle-même : où a-t-elle péri? où a-t-elle prospéré? quels vices semblent inhérents à sa nature? quelles modifications doit-elle éprouver encore avant d'être applicable aux grands états de l'Europe? Ces questions d'avenir et d'utilité actuelle motiveraient suffisamment, à elles seules, nos retours vers le passé, auquel il est temps de revenir par un dernier coup d'œil qui le lie au présent.

§ VI.

Trois sociétés donc se touchent et se heurtent aux premiers siècles de l'ère chrétienne, et finissent longtemps après par n'en former qu'une seule : l'une a ses élections municipales, l'autre ses élections populaires, la troisième ses délibérations du Champ-de-Mars et son vote armé ; en d'autres termes, au sein même de l'empire romain expirant, se montrent comme de petits états distincts les villes qui s'administrent, et peu s'en faut se gouvernent elles-mêmes ; l'Église qui a son gouvernement aussi ; les tribus nomades, les bandes barbares qui se régissent suivant leurs coutumes, même après qu'elles ont commencé à devenir stationnaires. On peut dire que, durant une longue période, il coexiste des républiques urbaines qui, dans leur fractionnement et leur décadence, conservent encore de riches débris de l'ancienne civilisation ; des républiques militaires, avec toute la rudesse native des forêts d'où elles sortent, avec cette fierté féroce du courage victorieux et de la supériorité physique ; enfin, une république religieuse dans toute la simplicité, dans toute la ferveur d'un culte nouveau et d'une association fraternelle. Celle-ci, avec la plénitude de conviction qui opère les miracles, croit en un monde meilleur, auquel peuvent prétendre tous les hommes, égaux par la loi de Dieu, élus par lui suivant leurs œuvres, et non pas selon leur rang ou leur fortune. Une vocation irrésistible entraîne cette association égalitaire à une propagande incessamment envahissante, car elle s'adresse aux masses déshéritées de tous les droits, de tous les biens, et au cœur de quiconque ne s'étourdit pas au bruit des ruines de l'ancien monde ; car le mystère de la rédemption qu'elle prêche recèle la loi qui révolutionnera et gouvernera l'humanité.

Telles sont les trois sociétés dont le contact, le froissement et l'alliance ont imprimé, dans une proportion que nous ne tenterons pas d'apprécier, leur triple caractère à l'ordre social enfanté par elles, et d'où sortit un jour tout armée la démocratie française. Par quelle filière celle-ci a-t-elle passé, par quelle série d'élaborations, de transfigurations, est-elle parvenue à ce point que, n'étant rien naguère, rien en apparence, elle était déjà puissante en effet, elle est tout à cette heure, disons mieux, elle a la conscience d'être tout quand elle le voudra bien? Cette question à mille faces, nous l'avons déjà posée, nous n'essaierons pas de la résoudre historiquement, et parce que cette œuvre immense est en dehors de notre cadre, et surtout parce qu'elle est de beaucoup au-dessus de nos forces.

Mais s'il est difficile, du moins pour nous, de compléter le tableau du mouvement démocratique qui, parti de l'ère chrétienne, aidé par un reste de direction antique, submergé, peu s'en faut, mais pour reparaître, par le flot des barbares, absorbé par le catholicisme qui le porte en son sein et le propage en se propageant lui-même, repris et développé par la monarchie dans ses luttes avec l'aristocratie, rendu à une activité plus intelligente par la réforme, plus puissante par l'industrie; s'il est difficile de suivre ce mouvement, au milieu des découvertes imprévues qui l'ont accéléré, dans les profondeurs du travail de l'esprit humain, durant lequel il a grandi sans déclarer son nom, sans le savoir peut-être, jusqu'à l'ère philosophique du dix-huitième siècle d'où, remuant tout dans l'ordre moral, il s'est élancé pour tout changer dans l'ordre social; si la continuité de ce mouvement se dérobe parfois à nos yeux, si le fil semble se rompre dès qu'on pénètre dans le double labyrinthe de la confusion féodale et de la domination catholique; il n'est pas impossible, grâce aux doctes et récentes explorations de nos historiens, d'indiquer ses principaux vestiges et de sillonner de quelques lueurs frappantes le vague de l'espace et l'obscurité des temps.

Une observation générale se présente d'abord. L'histoire de la démocratie se confond souvent

avec celle de la civilisation, et toutes deux tendent
à devenir une seule et même histoire : cependant
aux premières périodes il leur arrive souvent aussi
d'être distinctes. Après la ruine de la république
romaine, instituée pour conquérir tout ce qu'elle
pouvait s'assimiler, pour devenir le lien d'une
grande et forte unité, et périssant par l'amas hétéro-
gène de ses conquêtes et la dualité de son centre
d'action et de gouvernement, durant la longue
dislocation de l'empire, ce colosse à deux têtes qui
s'écroule, ou plutôt qui s'affaisse, moins encore sous
les coups des barbares que sous le poids de sa
perversité, plus monstrueuse que sa prospérité
même, la civilisation est avancée jusqu'aux derniers raffinements; les arts, les lettres, la philosophie, la parole, tous les instruments, toutes les
satisfactions de l'intelligence, non moins que la
science du bien-être, sont arrivés aux dernières
délicatesses : où est la liberté? où est le droit humain? où sont les symptômes de la vie démocratique? Ils sont en dehors de ce luxe de l'esprit et
des sens, en dehors de cette civilisation excessive
et dissolue; la vieille démocratie se renferme et se
cache dans l'étroite enceinte de la cité administrative; la liberté se retrempe et prend des traits
farouches au milieu des clans qui débordent de la
Germanie sur l'Italie et les Gaules; le droit humain
se réfugie vers l'affiliation jeune et fervente des

chrétiens, qui le protégent de leur dévouement, de leur charité, et le placent sous la sauvegarde de Dieu dès que leur croyance est devenue, par l'opinion, un pouvoir avec lequel la force même est tenue de compter. Que voyons-nous, à cette époque, dans les provinces orientales de l'empire? Le christianisme qui seul proteste contre l'absence ou le dédain de toutes garanties, le christianisme élevant une sorte de tribunat religieux, suivant l'observation d'un écrivain célèbre (1), puissance morale plus efficace quelquefois que le tribunat politique. Les provinces occidentales ne manquent pas, même après une première invasion, de villes magnifiques où vivent les mœurs, la langue, les œuvres romaines; c'est encore la civilisation avec ses recherches et une partie de son éclat; ce n'est depuis longtemps que le pâle reflet d'une liberté corrompue : là comme ailleurs la démocratie est dans l'égalité sauvage des nouveaux conquérants, dans la fraternité payenne du *Banquet*, sorte d'assurance mutuelle et défensive, et mieux encore, dans la fraternité du christianisme, et tout au plus dans un reste d'habitudes électorales appliquées à la police civile. Durant le cours des événements postérieurs, tantôt la civilisation vient en aide à la démocratie, tantôt celle-ci aide à la civilisation.

(1) M. Villemain.

Et comme la démocratie paie alors généreusement sa dette! Quelle activité, quel essor, quelle prodigieuse puissance! Tantôt la civilisation nuit à la démocratie jusqu'à l'énervation, jusqu'à l'abâtardissement, tantôt celle-ci, jalouse et colère, combat la civilisation avec un acharnement qui leur est fatal à toutes les deux. Une dernière remarque à faire, c'est que la civilisation n'arrive à point à la démocratie, et n'en reçoit à son tour un secours énergique et utile qu'à la double condition d'émigrer d'une contrée d'où les barbares la chassent, vers une contrée dont la population ait été broyée par les barbares et repétrie avec eux. Nous voyons ainsi, de la chute de l'empire à la fin du moyen-âge, et jusque dans le cours avancé de la société moderne, la civilisation, exilée d'Italie en Gaule, retourner de Gaule en Italie, où elle se démocratise, revenir démocratiser la Gaule, refluer du midi au nord dans tout l'Occident, et reprendre son œuvre de recomposition sociale et de rénovation ou de fécondation démocratique, à mesure que la barbarie achève sa mission de décomposer l'ancien ordre de choses et de se dissoudre avec lui. Parmi ces essais d'organisation politique plus ou moins simples, plus ou moins compliqués que réalise l'alliance de l'esprit de civilisation et de l'instinct démocratique, sur le sol profondément labouré de la société ancienne, parmi ces essais nombreux, il en fut de bizarres, d'éphémères, il en fut d'assez longue durée ; il y eut mieux que des tentatives heureuses, et l'on compte des établissements admirables par leur grandeur et leur stabilité. Ce sont autant de faits justificatifs, autant de preuves historiques à l'appui de la permanence du principe de la démocratie, autant d'indices de son existence continue à travers les siècles, autant d'expériences qui profiteront à son développement ultérieur : raconter les plus notables de ces faits serait infini, nous n'avons dessein que de les énumérer.

Déjà plus d'une fois nous nous sommes arrêtés au point de départ de cette énumération ; déjà nous avons saisi à sa source le ruisseau devenu fleuve, et montré dès lors ce qui se retrouve encore aujourd'hui, la double loi divine et humaine que, dans le langage de notre siècle, on nomme la force des choses ; déjà nous avons signalé dans l'ordre traditionnel, instinctif, religieux, dans les trois sociétés ancienne, barbare, chrétienne, les principes élémentaires dont la combinaison a produit, au bout d'une longue suite d'années, les conséquences qui, dans leur développement et sous leur nouvel aspect, ne démentent pas ces principes. De cette date originaire, en passant à l'autre extrémité, l'époque actuelle, ou bien en retournant de celle-ci à la première, nous avons noté, dans l'intervalle, quelques traits saillants de la physionomie démocratique, nous avons touché quelques faits éminents de son histoire; c'est cet intervalle qu'il s'agit de parcourir d'une manière rapide et toutefois moins incomplète. Des lacunes essentielles restent à combler, des traits omis importent à rétablir, des points nouveaux à reconnaître, des faits correspondants à remarquer durant les phases intermédiaires qui, du commencement où nous sommes revenus avec insistance jusqu'à l'époque contemporaine, relient la chaîne des temps.

§ VII.

Supposons qu'à partir de l'ère chrétienne jusqu'à l'époque actuelle, les siècles écoulés forment une pyramide dont nous occuperions la base; et de celle-ci remontons au sommet, en prenant la chronologie à rebours, en procédant, par cette méthode inverse, de bas en haut, c'est-à-dire du point que nous touchons à ceux qui vont s'éloignant, c'est-à-dire encore, en allant des choses connues à celles qui le sont moins, du certain au problématique, dans la généalogie des idées et des événements. Bien des nuages se dissiperont ainsi; bien des rapports qui ne nous auraient pas frappés s'offriront naturellement à nous ; et si, dans une grande partie de cette ascension historique, les degrés se superposent à mesure que nous avancerons, là où ils viendraient, ce semble, à manquer, nous serions autorisés à croire que l'interruption n'est qu'apparente, que la nature n'a point failli à ses lois, et que, pour une vue plus pénétrante, la jonction se rétablit, jonction nécessaire, puisque après avoir franchi les portions ténébreuses, nous retrouvons, comme suspendus, les degrés supérieurs.

Dans l'ordre intellectuel, la révolution française de 1789 est fille de la pensée philosophique du xviiie siècle, pourvue par le xviie de cette langue littéraire qui lui ouvrait accès partout. Littérairement armée, et à plus d'un égard déjà sur la voie de la haute critique, grâce aux controverses encore récentes et à l'initiative de quelques moralistes, la pensée philosophique est elle-même engendrée par celle qui se traduisit au xvie siècle en réforme religieuse. Plusieurs veulent s'arrêter à cette origine de la démocratie, née, selon eux, du libre examen, du libre choix qui, du dogme spirituel, passa bientôt dans le domaine des questions d'état. La réformation religieuse joue, à coup sûr, un grand rôle, comme cause, dans plus d'une révolution politique ; mais, outre qu'elle n'est pas seule, il est évident qu'elle ne fut elle-même qu'un effet de la marche de l'esprit humain. Cette vive lumière, concentrée au foyer de la presse nouvellement découverte, lancée par cette puissante machine sur les peuples, qu'elle éclaire et surexcite, suivez-en au-delà, et avant l'invention de l'imprimerie, suivez-en les rayons qui divergent; vous irez, d'essais en essais de réforme, de schismes en hérésies, jusqu'à la pensée chrétienne primitive, dans laquelle viennent se fondre et s'épurer encore les plus pures théories de la philosophie antique. Le Christ, Socrate, Platon, Épictète, saint Paul, saint Jean, Fénelon, Jean-Jacques, sont de la même famille. Une autre trace vous mènera en Orient, où se rallume le flambeau des arts, des sciences et des lettres; d'autres indices vous conduiront à cette consolante vérité, qu'en Occident même ce flambeau n'était pas entièrement éteint, que des lueurs se conservaient au fond de plus d'un sanctuaire, et brillaient même d'un assez pur éclat dans quelques provinces méridionales de la Gaule; poursuivez votre route à travers cette voie lactée qui scintille : vous voici en face de la civilisation grecque et romaine, de cette école classique des libres penseurs, qui s'est perpétuée au milieu des siècles d'ignorance, et où s'est exercée spéculativement, jusqu'aux jours de son activité plus pratique et plus positive, la raison humaine.

Aussi les idées et les maximes de l'antiquité, dès la renaissance de cette étude, font-elles invasion par toute l'Europe. Quelque temps interrompu ou ralenti vers la fin du xvie siècle, le mouvement de la société antique reprend au xviie siècle avec tout le charme de la poésie du Télémaque; il continue par Rollin qui le mêle à l'enseignement universitaire et prépare les générations suivantes aux leçons républicaines de Mably et aux prédications éloquentes de l'auteur du *Contrat Social*. Peu de temps après, ces idées passent de l'imagination dans les faits, que rectifient bientôt d'autres idées plus justes, plus applicables à nos mœurs, des précédents d'origine moderne et nationale.

La révolution française, dans l'ordre historique, a des liens de famille avec toutes les insurrections populaires plus ou moins masquées ou détournées de leur but par d'autres intérêts ; elle se ramifie, par l'assemblée constituante, les parlements, les états généraux, les états provinciaux, les conciles jusqu'aux municipes et aux champs de mai, c'est-à-dire, jusqu'à ses origines primitives romaines et frankes; elle est le fruit immense que devait enfanter le travail d'affranchissement des communes, fécondées, au nord par une force indigène, par le vieil esprit de résistance sous forme de société secrète et de conspiration permanente, au midi par l'antique génie républicain qui se réveille en Italie, subsiste en Espagne, depuis César jusqu'à Charles-Quint, et qui, jadis, émigra de Grèce à

Marseille; la révolution française est une des branches, devenue principale, de l'arbre révolutionnaire universel dont nous allons ressaisir quelques rameaux, en commençant par celui qui s'élève puissant et prospère dans le Nouveau-Monde.

Entre l'émancipation de l'Amérique du nord et la révolution française, les affinités sont trop palpables, l'action et la réaction mutuelles trop présentes à tous les esprits pour avoir besoin d'être établies autrement que par une simple affirmation. L'émancipation des colonies anglaises, que hâtent les armes et les idées de la France, ébranlée à son tour par le retentissement de la commotion américaine, ce grand spectacle d'énergie et d'organisation démocratique, se lie à la crise, moins radicale, qui se termina en Angleterre par un changement de dynastie, par l'affermissement plus régulier de la monarchie représentative, la conquête de garanties individuelles précieuses, par un retour vigoureux vers une nationalité à l'abri désormais des atteintes étrangères, déguisées ou non sous les spécieuses apparences de la religion; enfin, par la liberté de la presse, qui est, à elle seule, une révolution permanente.

Durant cette crise, que tant d'analogies rapprochent de celle qui chez nous se prolonge, avec des intermittences, depuis cinquante ans; durant cette crise anglaise, qui eut sa victime royale, son essai de république, son grand homme, sa restauration, sa vieille dynastie expulsée et remplacée, fermentaient les éléments destinés à produire, au-delà des mers, la plus libre des nations. Et voyez comme les choses se nouent fortement par les idées : l'indépendance religieuse se transforme en indépendance politique dans la métropole, et mieux encore dans les colonies; là se réalisent les utopies que rêvaient des sectaires; là cette fraternité d'un royaume qui n'est pas de ce monde fonde un empire; là les niveleurs évangéliques font souche de citoyens, et nous voilà reportés, d'une part, à la réforme, de l'autre, à l'Église primitive.

Rattachées entre elles par ce qu'elles ont de connexe, sans exclusion de leurs diversités originales, les révolutions française, américaine, anglaise, ont donc encore une autre communauté de principe, celle de la réforme, celle de l'esprit de libre examen. Et de même que la France, l'Angleterre date par sa grande charte du mouvement général des communes, dont la souveraineté cachait celle du peuple, dit M. Guizot, dont l'histoire, dit M. Augustin Thierry, est l'âge héroïque du tiers-état. Ces deux écrivains, qui font autorité, nous présentent ainsi chacun une des extrémités de la chaîne dont nous rattachons les anneaux. Au point où nous sommes, l'Angleterre était plus avancée que la France dans les applications utiles du mécanisme représentatif, mais moins explicite alors comme aujourd'hui, d'une logique moins hardie dans ses conséquences démocratiques.

Pendant la période qui vit en Angleterre la chute des Stuarts et l'avénement de Guillaume III, et que remplit en France Louis XIV, observons ces deux pays, ces deux têtes de la civilisation sous l'aspect qui intéresse l'histoire démocratique. Nous savons quels actes de justice ou de rigueur souveraine exercèrent les communes d'outre-mer, l'Écriture Sainte à la main; elles décapitèrent un roi, érigèrent une république qui tourna en dictature, non sans gloire au dehors, non sans passions ardentes et fécondes au dedans; après Cromwell le protecteur, elles essayèrent de l'ancienne royauté revenue d'exil dans la personne de Charles II et de son frère, et, lasses de cet essai, aristocratie et communes s'unirent pour couronner, à de certaines conditions, le prince qui les avait délivrées de cette royauté opiniâtrément rebelle aux exigences de son temps, aux intérêts et à la religion du pays. Les lords temporels et l'église anglicane prirent, il est vrai, l'initiative, et stipulèrent, avant tout, pour eux-mêmes; la transaction se fit entre eux et Guillaume; mais la nation étant froissée par Jacques II, dans sa foi, son indépendance et ses libertés, la révolution qu'ils opéraient fut une révolution nationale.

La Fronde française ne reçut que la première atteinte de ces nouveautés contagieuses auxquelles se mêla le bruit d'une insurrection plébéienne bientôt étouffée à Naples. Les populations souffrantes, le menu peuple que pressurait l'avidité fiscale, s'en émurent; mais une émotion plus durable passa dans les discours de la magistrature, dans les écrits du temps, dans ces mots de grands seigneurs qu'ils oublient dès qu'ils cessent d'être mécontents, mais qui, parvenus à l'oreille des petits doués de plus de mémoire, y pénètrent pour n'en plus sortir : les idées de réformes financières, de garanties juridiques furent jetées en terre qui devait plus tard être mieux préparée ; les obscurs fondements de la monarchie furent sondés avec une indiscrétion, avec une ardeur de dispute qui faisait gémir les hommes d'état amis de cette obscurité vénérable et leur inspirait de funestes prévisions ; le voile entr'ouvert se referma pour être soulevé et déchiré plus tard. La vieille monarchie avait une dernière victoire à remporter sur l'aristocratie, une dernière phase à parcourir.

Alors la scène est occupée par Louis XIV en qui se personnifiait cette monarchie à son plus haut période de croissance et d'intensité, la monarchie absolue; et par Guillaume III, personnification du principe parlementaire, de la royauté mixte ou représentative qui prévalait en Angleterre; par Guillaume III, représentant du protestantisme, chef de la république hollandaise, de cette nation de marchands, comme l'appelait avec dédain le grand roi qui devant elle épuisa ses forces et humilia son orgueil. Les deux représentants d'idées et d'intérêts si différents ne pouvaient manquer d'être ennemis; mais chacun accomplissait une tâche inégalement profitable au triomphe futur de la démocratie; or, ce fut Louis XIV qui aplanit le mieux les obstacles que rencontrait ce triomphe; ce fut le grand niveleur qui, pour dominer seul, abaissa ou rasa toutes les sommités dont la résistance était plus hostile au peuple qu'au despotisme. Louis XIV acheva si bien ce qui avait été commencé par Louis XI et poussé fort avant par Richelieu, que noblesse, parlement, clergé, aplatis au pied du trône, jonchèrent de leurs priviléges sans valeur, de leurs prérogatives sans indépendance, le sol sur lequel il n'y eut plus qu'un maître et des sujets, et entre eux, une livrée. On voyait encore les décorations plus brillantes que jamais, mais non plus les institutions de l'ancienne monarchie restée debout et le front haut sur les débris qu'elle prenait pour des trophées; telle était l'illusion produite par cette monarchie à son apogée, si voisin de sa décadence, que les uns se prosternaient saisis d'une admiration idolâtre, les autres s'en épouvantaient ou s'en irritaient comme d'une menace européenne.

C'était une menace en effet; mais laissez faire l'homme qui prétend l'exécuter, l'homme élevé sur ce piédestal comme sur un autel qu'on encense et qu'il léguera miné à ses successeurs. Avec ce legs ils en recueilleront d'autres : celui de cette magistrature qu'il fustigea et qui ne se redressera un instant que pour maudire sa mémoire et invoquer des garanties contre le despotisme ; celui de cette littérature qu'il pensionna pour diviniser le monarque et qui devint une tribune pour l'opinion publique, un pouvoir rival de la royauté ; celui de ce trésor vide qu'on ne remplira plus qu'en s'adressant aux états-généraux dont il croyait avoir effacé jusqu'au souvenir; celui de cette population industrielle, de cette bourgeoisie manufacturière et commerçante qu'il favorisa pour l'exploiter, pour satisfaire à ses royales somptuosités, pour payer les flottes et les armées de sa propagande monarchique, et qui, forte de sa fortune, de son influence, du nombre de travailleurs qu'elle alimente, de sa position dans le pays, des besoins du trône, se retournera vers ce trône pour entrer en explication et revendiquer des droits qu'on supposait oubliés ou prescrits. Ce n'est pas tout; Louis XIV se chargea encore par les excès de sa jeunesse auxquels il prétendit donner la sanction testamentaire de la perpétuité, par l'hypocrisie que sa vieillesse dévote imposait à la cour, il se chargea de commencer l'avilissement de la couronne si bien achevé après lui. Voilà ce que la démocratie doit au plus absolu des monarques de la vieille France.

Et cependant Louis XIV était parfois agité des apparitions du fantôme populaire qu'il poursuivait dans des institutions impuissantes, dans de vaines dénominations, tout en le ressuscitant, par mégarde, là où étaient les éléments d'une vie nouvelle; Louis XIV avait des colères d'enfant contre les nobles chimères du livre de *Télémaque*, contre les projets plus sérieux que méditaient pour l'avenir Fénelon et son élève, projets qu'il surprit après la mort du duc de Bourgogne; il eut contre l'indépendance d'esprit des cruautés de tyran dont le secret n'est pas tout entier enfoui à la Bastille, et dont Port-Royal a su quelque chose, des cruautés contre lesquelles le protestantisme a jeté une lamentable et longue clameur venue jusqu'à nous; il eut des dépits de roi contre cette Angleterre qui chassait le sien, contre cette Hollande hérétique et républicaine, d'où la publicité vengeresse insultait à sa puissance, dont l'hospitalité habile ouvrait les bras aux proscrits de sa politique insensée, et recueillait avec eux des trésors d'intelligence et de travail ; il prodigua toutes les ressources de son empire pour noyer dans ses marais cette république exiguë et insolente qui, se submergeant elle-même, défia les armées du potentat, et, sortie des eaux protectrices, ligua contre lui l'Europe, le réduisit à implorer la paix et envoya son premier magistrat occuper à Londres un trône qu'il raffermissait, tandis que celui de Versailles chancelait sous un éclat factice. Plus durable que ce trône était la base territoriale sur laquelle il s'élevait, grâce à l'ambition du grand roi, digne en cela et de ce titre et de la grande nation dont le large territoire, pourvu de bonnes frontières, favorisera le développement et la défense. Louis XIV, sans doute, ne songeait qu'à lui, qu'à sa gloire personnelle ; mais l'État, confondu dans sa personne, donnait à son égoïsme même et à son orgueil de la nationalité. Au milieu de ses revers, aucune lâche concession ne put lui être arrachée ; et, réduit à pousser le cri de détresse, il se raidit avec une inflexibilité patriotique contre les exigences de la coalition victorieuse, devenues attentatoires à la sécurité à venir du royaume que le roi prit sous la garde de son honneur ; il acheva ainsi, peu s'en faut, l'œuvre géographique d'unité française, inaugurée par l'avènement de la race capétienne et opiniâtrément suivie durant sept siècles. Louis XV sera beaucoup moins soucieux que son prédécesseur et de sa dignité propre et des intérêts de la France ; mais les limites de celle-ci, alors incontestées, son sol affermi, compact, couvert d'une population dont l'intelligence s'éclaire et s'affranchit chaque jour, auront d'autres garanties que l'honneur et le courage de la royauté.

Faisons une pause à ce degré de l'échelle historique que nous remontons : de là, en effet, on peut considérer d'assez près, clairement, et dans une vaste étendue, l'ensemble et la connexité des événements, la filiation des idées, l'enchaînement des causes qui ont produit les résultats démocratiques dont nous sommes témoins. On voit que si en France, après avoir été un peu ranimée par la fronde, qui devint à sa seconde phase puérilement aristocratique, la démocratie fut presque étouffée dans ses vieilles formes par la monarchie, elle ne tarda point à renaître plus robuste de la décomposition même de l'ancien régime. Dans le gothique vocabulaire de celui-ci, c'était toujours la roture, mais la roture débarrassée moralement des castes et des corporations qui entravaient sa marche ; c'était toujours le tiers, le dernier des ordres de l'État, mais le tiers est appelé à un essor industriel qui lui révélera bientôt sa valeur numérique ; il s'élève par la culture et le goût des lettres et des arts à la révélation de sa valeur morale. A cette époque la démocratie est donc à l'état de rénovation rapide dans notre France, elle touche à ses proportions nationales; elle est à l'état de progrès parlementaire dans la Grande-Bretagne; d'incubation pour ainsi dire en Amérique; elle a, outre cette triple forme d'existence, un établissement normal en Hollande, un établissement qui, depuis longtemps, fixe les regards du monde; quant à la pensée démocratique, elle jaillissait par tous les pores de la civilisation européenne.

Deux écrivains illustres en étaient également saisis, mais avec des sentiments bien opposés. Plein de sombres prévisions, Bossuet gourmandait ce libertinage d'esprit, comme il le nommait, avec une sorte d'épouvante orthodoxe et de courroux monarchique; non moins prévoyant et presque prophète, Fénelon espérait et préparait l'avenir d'un gouvernement d'assemblées et de contrôle, qui *ne se crut pas libre de hasarder la nation sans la consulter;* acceptant comme une haute mission politique le préceptorat de l'héritier présomptif du trône, il concevait le plan d'une vaste enquête sur l'état de la France, et déjà, et dès 1689, il prononçait ce mot de salut qui, en 1789, devint un cri de désespoir : les états-généraux!

§ VIII.

Le fanal de la démocratie, qui, de la Hollande, offusquait les regards de Louis XIV, éclairait ceux de son petit-fils, projetait sa lumière jusqu'en Amérique et la prêtait à l'Angleterre vers la fin du dix-septième siècle, le fanal de la démocratie s'était rallumé avec éclat vers la fin du siècle précédent. En 1566, les gentilshommes flamands surnommés les Gueux par la cour d'Espagne, et s'emparant comme d'un honneur de ce sobriquet qu'ils illustrèrent, les nobles flamands se liguent contre l'inquisiteur Philippe II. Quinze ans plus tard, les députés de la Belgique et de la Hollande déclarent, au nom des Provinces-Unies, qu'un prince qui traite ses sujets en esclaves est un tyran que le peuple a droit de chasser; ils ajoutent que, par cela seul qu'il ne gouverne pas d'après les lois, il encourt la déchéance; ils abjurent en conséquence l'autorité espagnole. Au bout de quatre-vingts années de guerre, Philippe IV est forcé de reconnaître les Provinces-Unies comme puissance souveraine et indépendante. Dans le même temps, l'Angleterre républicaine infligeait à son roi la peine capitale; et la France, agitée des premiers symptômes de cette fièvre qui devait la reprendre un siècle plus tard, comptait déjà bon nombre de voix qui disaient que la monarchie était usée. Cette ébullition démocratique des grandes villes, détournée au profit d'une noblesse intrigante et fourvoyée par des parlements bâtards, avait d'ailleurs besoin, nous l'avons vu, que la monarchie vécût encore, et que, exagérant son principe jusqu'à la tyrannie, elle balayât tout ce qui restait entre elle et le gros de la nation.

Mais constatons seulement ce qui fut avant Louis XIV, ce qui reparut après lui : les idées d'indépendance qu'il crut étouffer et qu'il débarrassa d'une foule de petits pouvoirs résistants et tracassiers; constatons les progrès de l'esprit qui firent la gloire de son règne, qu'il favorisa, par un orgueil égoïste, en leur traçant des limites au-delà desquelles ils débordèrent de toutes parts après sa mort. Aux débuts de Louis XIV il y avait donc une démocratie florissante en Hollande, aux prises avec la royauté en Angleterre, à l'état de simples colonies confédérées contre les Indiens en Amérique, de colonies formées d'hommes fiers et croyants, qui avaient préféré, comme on l'a dit, le désert libre, le labeur affamé, à la civilisation sous le joug; qui échangeaient d'un cœur content les persécutions et les séductions de la cour contre la guerre avec les sauvages et les bêtes fauves. Un peu avant Louis XIV, il y avait eu en France une assemblée d'états-généraux, celle de 1614, où la plupart des améliorations conquises un siècle et demi après étaient déjà réclamées hautement, une assemblée qui revendiquait sa large part de pouvoir politique et la périodicité de ses convocations.

Il y avait enfin l'action des livres déjà publiés, qui se continuait silencieusement. L'histoire a signalé, entre autres, l'opuscule du protestant François Hofman, qui, au milieu de ses méprises sur le passé, voyait juste dans l'avenir, et dont les révélations pleines d'enthousiasme éveillaient le désir et réchauffaient l'espoir du gouvernement par assemblées jusque sous le despotisme de Louis XIV. Et le lendemain de la mort du despote, des mémoires présentés au régent demandaient la convocation des états-généraux.

En reculant du dix-septième vers le seizième siècle, l'action démocratique est-elle moins évidente? C'est presque le contraire. La réforme religieuse ne contient pas seulement en germe la réforme politique; elles sont simultanées dans leurs manifestations. Le protestantisme, sans doute, aussi bien que le catholicisme servent tour à tour de prétexte à des ambitions nobiliaires et princières; mais de leurs controverses que de lumières jaillissent! de leurs luttes sanglantes que d'États nouveaux surgissent fondés sur le principe de l'examen et du libre choix ! Si l'Espagne, terre classique de la démocratie jusqu'à ce jour, mais dont l'orthodoxie et le patriotisme se confondent et dégénèrent en aveuglement stupide et féroce, si l'Espagne, qui se dépeuple pour s'épurer, se plonge dans l'immobilité intellectuelle où la pousse, avec une sombre et impitoyable prévoyance, Philippe II achevant l'œuvre de Ximenès ; si l'Espagne atrophiée dans le principe de tout progrès, la pensée, est dès lors perdue pour la philosophie, et retardée par cela même de plusieurs siècles pour la liberté ; celle-ci prend sa revanche ailleurs : Élisabeth se met à la tête du mouvement qui affranchira l'Angleterre ; contre le duc d'Albe, digne agent de l'inquisition sacerdotale et monarchique, s'élève le prince d'Orange, champion de la liberté de conscience et de la liberté civile ; si quelques monarchies continentales deviennent envahissantes, si elles font petite la part de l'esprit de progrès qui regagnera en silence par l'étude et l'unité plus que ne lui ôte un despotisme ombrageux ; on comprend ailleurs, dans les classes populaires, que l'Évangile prêche la liberté et l'égalité : le calvinisme se fait révolutionnaire en Allemagne; étouffé politiquement là où il a pris naissance, le protestantisme émigre en Hollande où il fonde une république puissante, en Angleterre où il prépare, sous la tutelle fâcheuse de l'aristocratie, le bienfait progressif de la royauté constitutionnelle.

Nous ne prétendons pas que François Ier, par le patronage qu'il accorda aux arts et aux lettres, ait racheté les turpitudes de sa vie privée, les forfaits de sa vie publique; mais nous ne saurions méconnaître les grands résultats de cette protection, et, dans le nombre, nous rangerions volontiers l'avantage d'être bien informés, grâce à eux, des faits et gestes de ce voluptueux bourreau des Vaudois : nous savons ce que peut être un roi hors de page.

L'esprit français, heureusement, va se mettre hors de page aussi bien que le roi. Son premier essor est timide. Il prélude par de petits écrits où l'on ose traiter des affaires de l'État, des besoins ou des dangers de l'Église, des subsides, de la paix ou de la guerre; presque tous sont louangeurs pour le pouvoir, quelques uns déjà frondeurs. Peu à peu l'innovation tourne en habitude, et il ne se passe plus un seul événement d'importance sans qu'à l'instant il naisse quelques pages d'impression pour s'en féliciter ou pour s'en plaindre. On veut, par la censure, mettre un terme à ce babil; mais Genève, Londres, Francfort, nous prêtent leurs imprimeries. La fièvre, dont ce n'était là qu'un symptôme, se fera jour autrement et brisera tout à fait le joug imposé à la presse. Le règne du pamphlet sera bientôt ramené par la ligue (1).

Henri II reproduit, sans les colorer d'aucun lustre, les vices, les crimes et les folles guerres de François Iᵉʳ; mais, sous son règne, les cinquante mille campagnards, dont le menu peuple partageait les ressentiments et auxquels il s'en fallut peu que la bourgeoisie ne prêtât la main, ces cinquante mille victimes insurgées par la faim et non moins dégradées par la misère et l'ignorance, tentèrent, dit un historien (2), le premier grand mouvement populaire du seizième siècle. Son issue déplorable n'en change pas la nature. Tous les raffinements furent inventés pour le supplice des vaincus; il n'en resta que le désir de la vengeance dans le cœur de la multitude, et de généreuses indignations dans quelques intelligences élevées. L'inquisition, qu'Henri II voulut introduire en France, amena une réaction de tolérance dans la magistrature, et les holocaustes de la chambre ardente valurent au roi une mercuriale parlementaire dont il se vengea lâchement, mais qui protestait contre les assassins débauchés et parjures en faveur des hommes dont le seul crime était de demander une salutaire réformation. Détournons les yeux de l'horrible guet-à-pens de la Saint-Barthélemy, de cette mer de sang, où se baignèrent jusqu'à la gorge Charles IX,

---
(1) *Globe*. L. V.
(2) M. Henri Martin.

Catherine de Médicis, les princes lorrains et la milice bourgeoise; celle-ci, dans un accès de frénésie catholique, excitée à dessein; ceux-là, dans un atroce conflit de peur et de calculs ambitieux, se disputant le mérite du stratagème et l'honneur du massacre. Les massacreurs royaux n'étouffèrent ni la réforme religieuse, ni la réforme politique, dont le cri poussé en 1484, nettement articulé en 1560, se formulait plus menaçant encore dans les livres qu'aux états. Cependant Henri III et ses mignons, les Guises et leurs intrigues ligueuses, ne brouillent pas tellement les idées de leurs contemporains, que ces états ne soient dominés de l'esprit d'ordre pour les finances, de paix pour le culte réformé, de lassitude du bon plaisir royal. Un symptôme bien remarquable de l'opinion publique, c'est le langage que parle la faction des Seize dans son manifeste: elle y promet la tenue des états-généraux de trois en trois ans.

Chose étrange! la ligue est un foyer tout ardent de démocratie. Là ont passé les idées de royauté élective et de souveraineté nationale. La ligue, sous une bannière absurde, est une tentative d'émancipation populaire, un mouvement de liberté, malgré son fanatisme et ses allures despotiques: elle se montre avec la parole, la presse, l'association, ces grands leviers révolutionnaires. Factieuse sans doute, travaillée secrètement par les intrigues de la cour espagnole, ce n'en est pas moins une association toute plébéienne, qui veut changer de dynastie et soumettre la couronne aux états-généraux. Par la presse, la ligue agite la question de savoir à qui appartient l'autorité d'élire, elle déclare la loi souveraine du roi et du peuple, elle fait entendre des clameurs de vengeances contre les tyrans ; par la parole, par la prédication, elle arme le bras vengeur sous l'invocation du ciel. On l'a dit avec raison : si Henri IV périt d'un coup de stylet ultramontain, ce fut un poignard politique qui frappa Henri III. La satire Menippée, sans doute, ridiculisa les ligueurs et troua les masques qui cachaient de hautes convoitises, mais le mouvement, qui dégénérait alors, n'en a pas moins son caractère démocratique, et la satire Menippée en est empreinte elle-même à titre de pamphlet.

Ramenée à la raison par l'esprit, au bon sens par l'ironie, la démocratie reconnaît le piége tendu à son enthousiasme incandescent ; et faisant sur elle-même un retour patriotique, elle se jette dans les bras d'Henri IV pour échapper à l'étranger, et au morcellement du territoire ; le plus populaire de nos rois fut le prince qui reprit l'œuvre de l'unité politique au dedans et de l'indépendance au dehors.

Si la crise du seizième siècle est révolutionnaire sous le travestissement catholique, qu'est-elle donc sous l'armure protestante? Mais ce siècle ne fut pas seulement celui de Luther, le premier apôtre de cette liberté chrétienne qui, grâce à Calvin, ne tarda point à devenir politique, qui, grâce à Michel Servet, s'avança jusqu'au déisme; il ne vit pas seulement, sous le nom de ces réformateurs qui donnaient l'élan, la marche rapide de la critique dans l'ordre spirituel et dans l'ordre temporel; il vit naître Bacon et Descartes qui devaient donner une bien autre impulsion à la raison humaine; il fut le siècle auquel Galilée, après Copernic, révéla le système du monde, légua tant d'idées positives, d'instruments propres à observer les lois de la physique; celui où le génie de Charles-Quint, qui eût fait de si grandes et de si durables choses à la tête de la réforme, échoua pour s'être armé contre elle et contre la liberté, pour s'être fait le continuateur du moine Ximenès, échoua du moins en ne créant rien qui lui ait survécu. Rien, nous nous trompons: il a laissé Philippe II qui acheva la besogne du destructeur des cortès, et avança celle de la destruction de l'empire paternel; Philippe II, héritier du cénobite plus que du gigantesque empereur, et qui prit au sérieux le rôle funèbre joué burlesquement par Charles-Quint; lequel avait échangé la couronne pour un froc, dans un moment de satiété ou dans un accès de goût dépravé pour une célébrité bizarre. Alors

Montaigne devisait en douteur osé, en moraliste universel; La Boëtie gourmandait la servitude volontaire; Rabelais, profond novateur accoutré en bouffon, traduisait sur ses tréteaux drôlatiques des abus encore vénérés, et de son rire énorme conspuait des vices et des préjugés puissants.

Ainsi le mouvement démocratique était constitué dans plusieurs pays; témoin : la Suisse, quelques républiques italiennes et les Pays-Bas, qui, dès le temps de Charles-Quint, avaient formé un corps représentatif, et qui, sous le règne du bourreau Philippe II, organisent, dans la confédération de Gand, une résistance régulière, héroïque, acharnée, et finalement heureuse. Le mouvement démocratique s'emparait, en outre, des intelligences; il était la pensée dominante là où il ne gouvernait pas; il se manifestait par ses luttes malheureuses et par ses victoires, il s'incarnait dans les grands hommes, sectaires, philosophes, savants, écrivains, généraux; il allait recevoir un degré incalculable d'accélération de la plus prodigieuse machine qu'on eût inventée, et qui tombait naturellement à son service, bien qu'on en voulût faire un monopole royal ou sacerdotal. La lettre moulée et mobile est essentiellement démocrate, a-t-on dit : le mot est ingénieux et non moins juste. Partout respire la démocratie au seizième siècle, soit sous forme d'insurrection morale, soit sous forme d'émancipation gouvernementale, comprimées ou triomphantes, soit dans l'à-propos de ces découvertes et de ces génies supérieurs qui ne sont que le résultat de l'esprit général qu'ils viennent seconder.

§ IX.

Cette âme démocratique est-elle née tout à coup d'un souffle céleste, et dès qu'on passe du seizième au quinzième siècle, est-elle absente? a-t-elle fui comme une apparition? Mais c'est alors précisément que la grande impulsion est donnée; c'est alors que l'imprimerie, la boussole, les instruments de mathématiques et d'astronomie sont inventés; inventions par lesquelles seront vulgarisées les connaissances qui rectifieront le jugement, détruiront les erreurs, éclaireront les hommes sur leurs véritables intérêts et sur leurs droits : qui connaît ceux-ci les revendiquera bientôt. Le goût des découvertes a conduit Christophe Colomb dans un nouveau monde, et tout un monde nouveau d'idées et d'industrie va se découvrir. De la démocratie organisée, il n'y en a guère, il est vrai. Il faut l'aller chercher sur le trône. Un prince juste et bon administrateur mérite le surnom de *Roi du pauvre peuple*. Inclinons-nous devant le patron des bourgeois et des paysans, devant Louis XII ; mais levons un peu la tête en présence de Charles VIII, avec le député bourguignon qui définit la chose publique, la chose du peuple. Louis XI s'en occupe à sa manière ; il fauche, rude faucheur, les pavots trop élevés qui lui portent ombrage, les plantes parasites et gourmandes qui étouffent le bon grain populaire. Les gens de moyen état doivent à sa politique une protection qu'ils ne sauraient payer trop cher contre les brigandages des seigneurs, et sont dispensés de la reconnaissance, car il travaillait pour lui. C'est pour lui aussi qu'il établit, en inventeur jaloux, la poste, qui profitera au public. Il choie les continuateurs de Guttemberg avec une innocence qui ne lui était pas familière ; il les héberge en Sorbonne, et vingt-cinq ans à peine écoulés, déjà les fruits de la révélation divine, comme disait Melanchton, pullulent dans la chrétienté entière. Les communes ont rédigé leurs coutumes, que le roi voulait fondre en une seule, projet plein de grandeur et d'avenir pour l'exécution duquel le temps n'était pas mûr.

Il faut, disions-nous à l'instant, aller chercher la démocratie sur le trône. C'est là qu'en Angleterre, en France surtout elle réside ; c'est là que l'aristocratie, aux grands fiefs et aux châteaux forts, rencontre son ennemi le plus redoutable ; là, personnifiée dans le prince, dont les intérêts sont les siens, arrachée par lui au morcellement qui fait sa faiblesse, la démocratie lutte avec toute la puissance de l'unité contre la féodalité aux mille têtes; c'est du haut du trône, qui a besoin d'une large nationalité pour base, qu'assailli, enlacé, mutilé par Louis XI, le monstre féodal sera écrasé par ses successeurs.

Sous Charles VII, il s'agit moins de liberté que de patrie. Il faut qu'une nation soit avant de songer à être libre : toute la vie démocratique est dans l'aspiration à l'indépendance nationale, à l'unité du territoire français que nous disputent et que démembrent les Anglais, longtemps encore après l'avoir envahi presque tout entier, et avoir été chassés de Paris. Ce n'est point l'aristocratie qui nous sauvera du démembrement : depuis un siècle elle fait aux Bretons d'Outre-Manche litière de vaincus; la plus grande partie a péri déplorablement ou s'est honteusement rendue à Courtray, à Crecy, à Poitiers, dans la plaine d'Azincourt; ce qui reste compte sans doute dans ses rangs des hommes de vaillance et d'honneur; mais tout a bien changé en France ainsi qu'en Angleterre. Celle-ci nous a dépêché ces recrues des communes et voilà qu'elles ont battu notre noblesse; il est temps que la place soit prise par nos gens de métiers et de charrue. Déjà le pouvoir est aux mains et le courage non moins que le patriotisme est au cœur des bourgeois; les campagnes se lèvent pour marcher au secours des villes qui tiennent bon ; le gros du pays réhabilite notre antique renom de prouesse et courre sus à l'Anglais, tandis que plus d'un grand vassal de la couronne partage avec l'ennemi les dépouilles du royaume, tandis que les nobles qui ne tombent pas en félonie tombent pour la plupart dans la dégradation. C'est l'esprit démocratique qui nous reconstituera en nation indépendante ; c'est une fille du peuple, c'est Jeanne d'Arc que suscitera l'inspiration populaire ; c'est la Pucelle que la haute superstition de l'enthousiasme patriotique arme chevalier, dont elle devine le bon sens héroïque sous une enveloppe de mysticité ; la Pucelle, dont se moquait la cour et que la royauté sut comprendre. Le commerce aurait jailli de la même source sous un prince plus intelligent et plus ferme. Le commerce n'existait pas en France ; qui l'a créé un instant? qui l'a élevé tout à coup au rang de puissance presque royale? Le roturier Jacques Cœur. Victime d'un guet-àpens de cour, Jacques Cœur tombe du faîte de sa fortune ; la puissance commerciale, instrument d'émancipation entre ses mains, tombe avec ce grand citoyen que n'a pas compris son époque.

Mais si la démocratie était absorbée en France par ses combats pour reconquérir une patrie ; si, après la victoire, elle se ralliait au sceptre pour se reconnaître, pour conquérir un autre bien et faire succéder à l'indépendance du pays un peu de cette égalité sans laquelle il n'est point de liberté digne de ce nom; si, au-delà des Alpes, la démocratie, naguère pleine de verdeur, trop effervescente peut-être, mais qui n'a point, comme en deçà, préludé à son essor trop rapide par les préliminaires d'une large et forte unité, d'une nationalité grande et vigoureuse ; si la démocratie italienne s'étiole dans les serres chaudes de ses petits états, non sans avoir provigné dans les communes de l'ancienne Gaule, où ses rejetons, mieux abrités, plus lentement développés, produiront des fruits plus mûrs et plus abondants ; si, dans ces communes, elle pousse incognito pour ainsi dire; si, dans les villes italiennes, elle lutte contre une fin prochaine; elle vit toutefois, et languissante sur un point, elle renaît sur un autre. Nous l'avons dit : chez nous elle procède par l'affranchissement du sol et par la cohésion de toutes ses parties, par de nouvelles et larges brèches aux citadelles féodales, par l'institution de la bourgeoisie ; elle se dessine plus populaire, dès qu'il s'agit de repousser l'étranger ; elle se caractérise comme milice; elle s'organise après avoir repoussé l'ennemi du dehors pour la lutte intérieure contre la féodalité; elle tend à se suffire comme force armée. Les compagnies franches soldées par Charles VII, des deniers de Jacques-Cœur, étaient, en effet, de véritables gardes nationales mobiles qui accrurent la puissance des communes, les affranchirent de la chevalerie, et formèrent le noyau de l'infanterie française.

Soit, dira-t-on; mais vous omettez le règne de Charles VI. Mon Dieu! qui ne sait que la France ne fut alors guère moins folle que son roi? qui ne sait les extravagances et les convulsions de cette triste époque? Eh bien! même en ce moment, l'Université professe cette doctrine, observe M. Michelet, qu'un roi qui accable ses sujets d'exactions injustes peut et doit être déposé. Au front de la cathédrale de Chartres, témoin de l'humiliation des princes, on sculpte la figure de la liberté morale, proche parente de la liberté politique. Il y a plus; un grand acte de sagesse vient contraster avec la démence générale : c'est une ordonnance de réformation, c'est tout un code administratif, séparant les pouvoirs et les concentrant tout à la fois dans leur ensemble; tel est le monument inexécuté, mais écrit, le monument qui complète celui de la charte législative et politique de 1357. Mais pour regarder plus bas, le vertige des masses provoqué par l'insanité royale eut des symptômes remarquables d'analogie avec la fièvre populaire de 1791. La caboche, voulant enlever le jeune héritier du trône aux conseils pernicieux, aux exemples corrupteurs de la cour, a des violences empreintes du cachet de la démocratie parisienne ramenant de Versailles le boulanger, la boulangère et le petit mitron. Élargissons le cercle : nous verrons se multiplier, sous d'autres aspects, les preuves de la présence et de la puissance démocratique même au quinzième siècle.

Au quinzième siècle, en effet, les idées nouvelles fermentent, et l'enveloppe catholique se fend de toutes parts pour les laisser éclore; la vieille Église a la conscience d'une réforme nécessaire; Jean Hus, précurseur d'apôtres plus heureux, périt en martyr, mais de son bûcher sortent, avec les torches dont s'arma contre l'Église romaine la vengeance du peuple, les lumières qui, par l'examen, devaient détrôner la foi et l'obéissance aveugles; le huis-clos de l'école des libres penseurs commence à s'entr'ouvrir; la prise de Constantinople par les Turcs nous envoie, avec les Grecs fugitifs, toutes les hardiesses contagieuses de l'esprit civilisé: c'est une émeute de toutes les intelligences dans l'Occident; c'est une ligue des arts, des sciences, de la littérature, de la philosophie, qui va se former contre le plus dangereux ennemi de la liberté, l'ignorance. Cependant les crises de l'Helvétie tendent à une confédération républicaine mieux entendue; d'autre part, le parlement anglais prend une forme qui donne aux communes une grande importance; le commerce s'élève en rival de l'aristocratie des barons; le commerce affranchit quelques villes semées sur les bords des grands fleuves de l'Allemagne et sur le littoral de la mer du Nord. En Espagne, un souverain est jugé et condamné; un autre est proclamé à sa place; à Henri déclaré indigne et déchu, succède Alphonse proclamé par l'assemblée nationale. Ces juges et ces électeurs de rois étaient les nobles castillans, il est vrai; mais le spectacle qu'ils offrent à qui voudra les imiter est passablement démocratique, et le vaste amphithéâtre élevé en plein air, hors des murs de la ville, dans la plaine d'Avila, l'échafaud d'où l'on précipite l'effigie royale, est on ne peut mieux choisi pour frapper les regards de la multitude appelée à voir cette déposition dramatique, et ratifiant par ses imprécations la cérémonie du sceptre, de l'épée et de la couronne arrachés solennellement. Si la Castille a son aristocratie populaire, le gouvernement d'Aragon est une monarchie démagogique; l'unanimité des votes est requise pour toute mesure relative aux taxes nouvelles, à la paix ou à la guerre. Le roi reçoit l'investiture du droit national par l'entremise du tribun, grand-justicier, lequel prononce cette formule : « Nous, qui sommes autant que toi, nous te faisons notre roi et seigneur, à condition que tu garderas nos libertés; sinon, non. »

Telle est, dans ses éléments disséminés, hétérogènes, mais actifs, la démocratie au quinzième siècle.

Et une autre machine encore que celle de l'imprimerie semble cette fois sortir de l'enfer, et n'est, en vérité, qu'un nouveau présent du ciel : c'est la poudre à canon, dernière raison des rois contre leurs vassaux, devenus de petits et cruels tyrans, dernière raison des peuples contre toutes les tyrannies ; c'est la poudre à canon qui fait tomber donjons et armures de fer, qui permet à chaque homme de valoir, en bataille, un autre homme, qui restitue aux majorités nationales l'avantage naturel du nombre sur les minorités usurpatrices ; c'est le salpêtre, l'arme défensive du citoyen, la foudre qui, des mains de l'aristocratie et de la vieille monarchie passera dans celles de l'égalité et de la souveraineté populaires, et qui, en attendant, remplace l'escrime chevaleresque par la science stratégique de l'infanterie devenue la principale force des armées.

Reculons encore, suivons toujours cette trace démocratique qui, jusqu'à présent, est non seulement visible, mais palpable. A la fin du quatorzième siècle, il y a dans la chrétienté comme une guerre universelle des petits contre les grands. En Languedoc, ce sont les paysans qui, furieux de misère, dit M. Michelet, font main basse sur les nobles et sur les prêtres ; en Flandre les chaperons blancs suivent un Gantois ; les compagnons de Rouen font roi un drapier; en Angleterre, un couvreur mène le peuple à Londres, et dicte au roi l'affranchissement général des serfs. Si le tableau est grotesque, il n'en est pas moins expressif, et voici un plus beau spectacle : Les paysans frisons, cette souche des Gueux de Hollande, protestent contre la tyrannie des nobles par une résistance d'abord malheureuse bien qu'héroïque, et ne tardent point à fonder leur indépendance sur les ruines des châteaux forts construits contre eux. Un peu auparavant, la Jacquerie, en France, proteste aussi par des représailles atroces et succombe sous une atrocité égale et plus perfide. Mais tout ne périt pas avec elle, et si l'on dit alors : La faction du peuple, on dira plus justement un jour: La faction des nobles. En attendant, et vers le milieu de ce siècle, les états-généraux s'essaient au régime représentatif. Charles V fut sage en finance par peur de les assembler. Sous son prédécesseur, ils demandent, par l'organe du prévôt des marchands de Paris, ce qu'avait obtenu déjà le parlement anglais; car dès lors, les exemples réciproques d'outre-mer ne sont pas perdus; les états-généraux donc mettent le doigt sur la plaie des abus, indiquant, pour la guérir, le remède d'une juste répartition de l'impôt, sans distinction de naissance ou de rang; ils voudraient même qu'on renvoyât les ministres; ils voudraient encore surveiller l'emploi des taxes qu'ils votent; enfin, ils se refusent à ratifier le traité négocié en Angleterre pour la liberté du roi, traité qu'ils trouvent déshonorant. Ce roi prisonnier était Jean, qui n'avait convoqué les états que contraint et forcé par la pénurie de ses finances. L'ignorance du tiers-état en matière d'économie politique, les troubles qui agitèrent le royaume, les bandes qui l'infestaient, tous les fléaux, la guerre civile, la famine, la cour, la noblesse, le désordre moral dans lequel est plongé le peuple souffrant, ne permirent pas aux états-généraux de réaliser les améliorations dont ils avaient le sentiment; mais, pour une sorte de début, pour le moyen-âge où l'on n'allait pas au-delà des franchises municipales, les paroles du prévôt de Paris, Etienne Marcel, sont assez significatives, et au bout de cinq siècles, son langage n'a pas trop l'air vieux style; il respire un parfum de démocratie très-bien conservé.

Il y eut chance pour la bourgeoisie durant la captivité du roi et la régence du dauphin, d'arriver au gouvernement. La rançon des nobles qui s'étaient lâchement livrés aux Anglais ruinait la France et l'avait exaspérée. De vives querelles s'élèvent aux États. La noblesse se retire, la bourgeoisie reste; il ne manquait plus qu'un Mirabeau. Peut-être Etienne Marcel l'eût-il été autant que se peuvent comparer les temps et les hommes, lorsqu'il fut assassiné par les partisans du dauphin.

La démocratie était plus heureuse ailleurs. J'ai dit la résistance, la défaite, l'effort nouveau et victorieux des Frisons, dont la devise était : *Plutôt mourir libres que vivre esclaves.* Ils étaient trente mille paysans contre cent mille hommes d'armes : ils ne moururent point, ils reconquirent leur indépendance. Ce trait fût-il le seul dans le cours du quatorzième siècle, il suffirait, qu'on nous passe l'expression, au certificat de vie de la puissance démocratique. Mais voici d'autres témoignages : de la Frise, transportons-nous à Rome où Pétrarque et Rienzi dans une commune amitié, dans une étude commune de l'antiquité, réchauffent leurs sentiments républicains. L'ami du poëte devenu l'idole du peuple, proclamé libérateur, nommé tribun, s'égare jusqu'à se faire tyran, et le capitole, témoin de son triomphe, l'est bientôt de son supplice. Édifiés par cette double péripétie démocratique, rentrons en France : Bordeaux, revenue de la domination anglaise à la domination française, et dépendante de nom plus que de fait, a si bien fortifié son organisation municipale, qu'on dirait du chef-lieu d'une petite république. Nous sommes au milieu du siècle. Au commencement, Lyon, libre de fait entre quatre suzerains, rivalise avec les plus florissantes républiques de l'Italie. D'où vient le prodige de ces prospérités républicaines si hâtives?

De l'industrie. L'élément industriel est tout démocratique; nous l'avons vu après Louis XIV, nous l'avons vu en Hollande, nous le reverrons de nouveau, le commerce ne va point sans liberté. La vie démocratique, qui se montrait dans l'héroïsme des Bataves, dans le délire même de quelques populations souffrantes, dans le génie industrieux des villes lyonnaise et bordelaise, dans l'énergie et le bon sens des états de la Langue-d'Oc et de la Langue-d'Oil, qui s'alimentait chez les esprits doctes et studieux par la récente restauration des antiquités grecques et romaines, la vie démocratique, encore abondante au-delà des Alpes, avait au-delà des Pyrénées une sorte d'exubérance : les Catalans déclarent, en 1327, leur souverain et ses descendants indignes du trône; ces façons d'agir étaient assez familières aux Espagnols.

Les Français n'en étaient pas là; ils avaient mieux à faire, ils avaient à déposséder une foule de roitelets, à constituer une France, à instituer une tête de peuple, une bourgeoisie. Depuis quelques années seulement, les députés des communes étaient admis à l'assemblée des états, composée jusqu'alors de prélats et de barons. Philippe-le-Bel généralisa ce qui avait lieu dans les états particuliers de quelques provinces; mais, dirigé par un intérêt d'argent et d'ambition, il se garda bien de régulariser en un système cette réminiscence des anciennes traditions, cette application, plus étendue, des coutumes provinciales; il n'eut, certes, en aucune façon, la pensée de fonder le régime représentatif, et il en jeta, néanmoins, les premières bases. Le tiers présenta sa requête à genoux, et, si dans la suite il murmura des plaintes à l'occasion de cette humble posture et des impôts arbitraires, elles furent dictées surtout, et ceci est remarquable, par le sentiment de l'égalité blessée : Que la noblesse, disait-il, soit assujettie aux mêmes commandements. Elle ne le fut pas; mais un jour ce cri retentira : « Les grands ne sont grands que parce que nous sommes à genoux! » Et le tiers se relèvera nation. Pour une ébauche informe et prématurée du gouvernement représentatif, qui ne devait s'établir qu'avec l'unité nationale, voyez, à certains égards, combien les progrès sont rapides. Quelques années à peine écoulées, Louis X reconnaît que les deniers ne seront levés désormais qu'autant qu'ils auront été consentis par les trois états; Louis X, qui, en proscrivant, moyennant finance, la servitude de ses domaines, proclamait la liberté de droit naturel. Que ne pouvait-il, dans ces temps d'effroyable misère, faire vivre ceux qu'il déclarait libres ! Quelques années encore et les états mettront en pratique la théorie législative de l'impôt reconnue par le roi ; il fallut plus de temps pour que le principe général de la liberté fût appliqué généralement, mais il avait prévalu dans les esprits.

Les principes de justice commençaient aussi à prévaloir en France, et il était heureux que leur organisation précédât celle de notre émancipation politique qu'ils préparaient tout en l'éclairant. Il faut considérer les institutions au point de vue de l'époque où elles s'établissent, et des besoins publics qu'elles ont satisfait. Les plus mauvaises, quand est venu le moment de leur décadence et celui d'institutions nouvelles, ont été quelquefois, et durant de longues années, les meilleures et les plus nécessaires. Tels furent chez nous les parlements, et surtout le parlement de Paris. Ce nom ne fut donné qu'à la fin du XIIe siècle aux conseils que les rois de la troisième race avaient composés de barons et d'évêques, conseils où se traitaient les affaires de l'État. Mais le mouvement imprimé au treizième siècle par les franchises communales, ayant accru l'autorité du roi en même temps que le nombre des propriétaires et la masse des intérêts, il fallut des juges pour prononcer sur les litiges multipliés auxquels ne pouvait suffire le conseil royal. De là sortit, et admirez l'enchaînement des faits, admirez les conséquences rapides d'un droit acquis, de là sortit l'établissement d'un conseil suprême investi du triple pouvoir administratif, judiciaire et politique.

Ce fut le parlement. Il ne se réunissait pas d'abord à des époques fixes; mais, après avoir reçu un commencement d'organisation plus régulière, après avoir été convoqué de deux en deux années, il finit, en 1316, par devenir permanent. Grâce à l'ignorance des nobles et à leur prédilection pour les armes, grâce à l'éloignement du clergé pour l'étude de la législation civile; ce fut la bourgeoisie qui devint la pépinière de la magistrature, laquelle tint à honneur de rester bourgeoise. Elle fut éclairée, presque toujours désintéressée, courageuse, dévouée souvent jusqu'au martyre au culte de la justice. Elle lutta pour la royauté contre l'Église, contre l'aristocratie; elle fut généralement favorable au droit commun contre tous les genres de priviléges; elle dota la France de grands magistrats et de grands jurisconsultes. Et dans les rangs de ceux-ci, devait naître Pothier, qui a préparé le *Code civil*, cette constitution réelle de la démocratie.

Autour des corps judiciaires, il se forma une population de légistes soumis à une discipline austère, et dans laquelle se constitua la roture par les lumières, par les mœurs et par l'organisation. Ce que l'on appelait la noblesse de robe n'était, à proprement parler, qu'une illustration dans quelques familles sorties du peuple. La vénalité des offices, odieuse en soi, donna naissance à l'inamovibilité, qui devint la garantie des justiciables. Une magistrature inconnue des anciens et à peu près ignorée des autres nations modernes, le ministère public est contemporain des parlements. Avant lui la justice était inaccessible aux petits, et le crime puissant échappait à la vindicte des lois. Du moment où il a existé un magistrat *requérant d'office*, les faibles ont eu contre les grands un tuteur officiel.

Parlerons-nous d'un autre genre de justice, burlesque dans ses formes, et parfois très sérieuse au fond, de la justice des tréteaux prononçant contre les vices des grands, voire même des rois, de bons arrêts en manière de *moralités?* Elle tenait ses assises dans la grand' salle du Palais où siégent aujourd'hui nos tribunaux. On voit qu'il s'agit des *clercs de la Bazoche* et des *Enfants sans souci*, émules plus que joyeux, dans leurs farces et leurs *soties*, des *confrères de la Passion*. C'étaient là des aristophanes d'un esprit peu attique; mais dans leur gros sel il entrait une certaine dose de vérités qui se tambourinaient à toutes les portes, et notamment à celles des églises et des castels que le populaire n'avait point en révérence ni en dévotion. Faute de mieux, l'opposition d'alors, tantôt faisait des *miracles* et des *mystères*, tantôt prenait le masque du carnaval; mais bien qu'il y eût licence par manque de liberté, c'était une opposition, c'était une tribune satirique.

Ainsi, le pamphlet dramatique montant de la halle au séjour des princes; chez la bourgeoisie, le sentiment de l'égalité, de la dignité humaine, l'idée du droit; les chartes bigarrées des communes, l'essai d'une législature centrale, le goût répandu de l'instruction, le développement industriel de quelques grandes villes, l'activité, ajoutons la mutinerie parisienne, l'organisation naissante, sur une vaste échelle, du tiers-état, l'honneur français, la religion patriotique, l'insurrection, quand le peuple trop malheureux ne pouvait pas exprimer autrement ses griefs; enfin l'institution de la Judicature, celle d'un avocat général; et dans cette sphère la position prise par les hommes de loi, par le barreau, qui, recrutés dans la roture, se mêleront à tout en attendant qu'ils arrivent au gouvernement de l'État : tels étaient chez nous les caractères ou les conquêtes de la démocratie au quatorzième siècle; et la plupart de ces caractères, plus ou moins empreints d'énergie ou de civilisation, se retrouvaient dans une partie notable de l'Europe. Tout au commencement de ce siècle, un grand exemple est donné; la patrie de Guillaume Tell, après avoir secoué le joug de la maison d'Autriche, fonde cette ligue qui deviendra celle des cantons suisses.

C'est l'âge héroïque de la démocratie helvétienne.

§ X.

Le treizième et le douzième siècles ne sauraient être séparés. C'est une même période, qu'un même esprit domine et entraîne; c'est le moyen-âge dans ses phases d'enthousiasme religieux et chevaleresque, et presque aussitôt d'émancipation intellectuelle et sociale, et tout à la fois d'élan industriel. Après une torpeur apparente, et certainement une action profonde et cachée, le sol s'ébranle jusqu'en ses fondements, tout se volcanise, la révolution s'élance de toutes parts : ce sont crises locales, municipales, mais multipliées et simultanées dans l'ordre politique; c'est une secousse universelle dans l'ordre moral. Au début, nous sommes en pleines croisades; l'Occident, saisi de je ne sais quelle pieuse et guerroyante ardeur, de je ne sais quelle curiosité aventureuse, s'est précipité vers l'Orient. L'impulsion est partie d'en bas; les peuples, exaltés, ont poussé les rois; les serfs, leurs seigneurs; et il s'est trouvé que, sous mille dénominations diverses, il y avait une même et immense démocratie chrétienne, gouvernée par une loi qu'elle imposait à ses maîtres; il s'est trouvé qu'il existait en Europe une opinion générale assez puissante pour organiser tout à coup une fédération européenne, indépendamment des liens et des intérêts particuliers, une pensée qui, dans son exaltation poétique, qui par la voix du peuple était la voix de Dieu. En ce temps-là, l'imagination mena le monde.

Nous n'avons point à redire cette épopée magnifique et désastreuse, à raconter les incidents merveilleux de ce pèlerinage armé, de cette invasion dévote qui ne prétendait conquérir, le fer à la main, qu'un tombeau et le droit d'y venir prier, et qui en rapporta une autre ferveur, celle de se convertir à la civilisation, un autre culte, celui des lettres et des arts. La contagion grecque et musulmane n'eût point, au reste, si vite gagné les barbares d'Occident, si ces barbares eussent ressemblé aux Francs leurs aïeux, si le christianisme n'eût amolli ces dures cervelles, s'il n'eût rendu ces rudes épidermes plus délicats et plus accessibles aux impressions d'un pays policé. Dans ce besoin de déplacement, dans cette émigration générale vers des contrées inconnues, nous fesons la part des passions cupides et celle de la politique romaine; mais au-dessus planaient d'autres mobiles : la soif de connaître, un espoir de terre promise et de manne céleste; il y avait dans ce lointain une perspective lumineuse, une étoile orientale qui annonçait la rédemption. Là, en effet, le zèle des croisés se rachète, au prix du sang et de mille tortures, du péché d'ignorance; il voit, il compare, il apprend; les yeux de l'entendement se dessillent au spectacle des prodiges de l'esprit cultivé; le jour pénètre dans la prison où la pensée était détenue sous la garde de la foi. Toutes les libertés se tiennent; l'intelligence affranchie affranchira, un peu plus tôt, un peu plus tard, le corps de sa servitude.

C'est au bien-être matériel que s'appliquent naturellement les premières tentatives de l'intelligence; la prospérité commerciale se développe miraculeusement. De riches et puissantes cités s'élèvent, et quelques-unes sillonnent la mer de leurs flottes marchandes. L'élément industriel, on le sait, est de sa nature démocratique; ces cités sont républicaines. L'Italie en est semée. L'Italie a pris beaucoup plus de part aux bénéfices qu'aux périls et à la gloire des croisades; mais enfin c'est aux croisades qu'elle doit le développement de son industrie. En compensation de Venise, tombée en aristocratie héréditaire, Pise, Gênes, Florence, lèvent une tête libre; que leurs négociants se hâtent! car la découverte de l'Amérique va changer les voies du commerce. Mais à chacun son tour : des villes libres florissent en Belgique et en Allemagne; des villes libres ont atteint, dans le midi des Gaules, un haut degré de civilisation. Entre toutes ces républiques de nom ou de fait règne une émulation prodigieuse de courage, d'activité, de génie, de toutes les facultés humaines. Mais l'Italie le cède à la Gaule méridionale, sous le rapport d'une certaine élévation de sentiments, d'une certaine distinction de mœurs; les querelles intestines des cités italiennes font une ombre au tableau de leur splendeur; la liberté intérieure des anciennes provinces de Narbonne et d'Aquitaine est moins batailleuse, et se prend à des goûts plus intelligents. Ici se place une abominable iniquité du pontificat romain. Trois noms de rois de France, celui de Philippe-Auguste, de Louis VIII, et malheureusement de saint Louis, s'unissent, par une sanglante solidarité, dans cette expédition d'un fanatisme ou d'une politique sauvage contre la civilisation libérale du Languedoc. Les idées de réforme avaient devancé et dépassé peut-être celles du seizième siècle; Rome catholique y était combattue, dans sa tyrannie spirituelle et temporelle, par une réaction tout évangélique; Rome, s'armant du bras séculier d'un seigneur ambitieux, Simon de Montfort, dévoua aux bûchers et les réformateurs et, croyait-elle, les idées réformatrices.

Politique insensée, non moins qu'atroce! Les flammes dévorent par monceaux les corps des

Albigeois et des Vaudois; mais l'or pur de la pensée se dégage du milieu de leurs cendres. Il se conserve, avec quelques réfugiés, dans les vallées profondes des Alpes; il se transmet d'âge en âge jusqu'aux protestants du seizième siècle. Et au douzième même, que se passe-t-il? La poésie satirique est née en même temps que la poésie chevaleresque. (1) A défaut des clercs, il sortira des rangs du peuple, de l'aristocratie féodale elle-même, des hommes plus dangereux pour la papauté que de pieux hérétiques. Déjà le temps est venu de l'opposition railleuse, des questions indiscrètes en langue vulgaire, de l'esprit philosophique demandant raison au clergé romain de ses abus d'autorité, et bientôt de son autorité même. Ce mouvement rationnel coïncide avec le mouvement communal, et si, dans le nord de la France, ils ne se comprennent pas, ou s'ils vivent isolés par peur de l'exemple du midi, leur simultanéité fait prévoir leur concours, et celui-ci fera une révolution. C'en est une déjà que cet avénement général des populations urbaines aux franchises municipales : qu'elles les achètent ou s'en emparent; qu'elles les doivent aux embarras des suzerains ruinés dans les guerres de Palestine ou aux calculs de la royauté, qui veut elle-même se créer des ressources pécuniaires, ou s'ai-

---

(1) *Littérature au moyen âge*, par M. Ampère.

der des villes contre les châteaux ; qu'elles aient nom chartes bourgeoises, royales ou seigneuriales, ces franchises, prélude de l'abolition définitive du servage, et dès lors de la féodalité, ces libertés si diverses, si restreintes, si égoïstes, si taquines au sein de la commune, n'en sont pas moins dans leur ensemble, aux douzième et treizième siècles, un phénomène tout démocratique. Que ceux qui en doutent aillent demander l'explication de l'avénement des communes, sous Louis-le-Gros, aux états-généraux assemblés sous Louis XVI. Mais déjà la grande charte qui régularisait la tenue du parlement en Angleterre et l'admission à ce parlement des députés des communes; déjà, en Espagne, la présence de la première députation des villes aux cortès de Léon, pouvaient faire pressentir cette explication aux esprits qui rapprochent, comparent et apprécient les faits.

Ainsi, parlementaire chez deux nations voisines de la France; religieuse, et pour ainsi dire romanesque en même temps que belliqueuse en Europe; industrielle dans une foule de cités, où elle prenait hautement le nom de république; réformatrice, ou, si l'on veut, hérétique sur quelques points; frondeuse et quasi sceptique sur quelques autres; communale, avec une sorte d'explosion, la démocratie, il y a cinq et six cents ans, avait les allures les plus variées, mais l'existence la plus incontestable. Elle forçait les portes du droit politique; elle imposait à des villes nouvelles le type municipal emprunté aux villes anciennes, ou elle surgissait spontanément d'associations locales, d'associations sous la foi du serment, favorisées par quelques princes, prohibées par quelques autres; de Cologne et de Trèves, d'Arras et de Tournay, elle agitait l'antique drapeau d'une libre constitution, signal de liberté sur les deux rives du Rhin, en Flandre et dans le Brabant.

Un jalon même est planté où se fixe le premier anneau de la tradition législative du tiers-état en France. Une ordonnance royale prescrit éventuellement l'assemblée d'un conseil auquel assisteront, avec les prélats et barons, les bourgeois des bonnes villes, et l'éventualité prévue se réalise, les bonnes villes nomment leurs députés. Cette ordonnance, origine des états du Languedoc, est de Louis IX, prince plus éclairé en politique qu'en religion, mais populaire par ses préjugés autant que par ses lumières et ses vertus. Un autre jalon plus lointain apparaît encore. Dans les premières années du douzième siècle, Louis-le-Gros établit une fédération, qu'un historien désigne par le nom de communauté populaire.

Aussi la révolution du douzième siècle est-elle dénoncée par un champion de l'aristocratie féodale, par M. de Montlosier, comme la mère de toutes celles qui sont venues depuis.

Il a raison, car elle eut dès ce temps des symptômes terribles, mais dont il faut accuser cette aristocratie elle-même ; les excès que dénonce son défenseur, c'est elle qui les a provoqués. À cette époque, elle ne voulait pas même garder la *paix de Dieu*. Et qu'était-ce que cette paix déjà publiée en France, et que décréta en Espagne le concile de Compostelle, en 1124? C'est pitié de le dire : On nommait ainsi la défense d'attaquer au milieu des chemins et des bourgs, de tuer, de voler ou de maltraiter qui que ce fût, pendant l'Avent, le Carême, les Pâques et autres jours solennels, et les ecclésiastiques dans toute l'année. Une telle prohibition parut aux nobles un privilége abusif accordé aux gens de rien. Ceux-ci, dans leur désespoir, formèrent en Espagne des confréries ou affiliations pour châtier les malfaiteurs, et résister aux violences de la noblesse. Ils faisaient à savoir, dit un chroniqueur contemporain (1), dans les marchés et dans les bourgs et villages qu'à tel lieu et tel jour indiqué, la confrérie devait se réunir, et que les maisons de ceux qui ne viendraient pas seraient démolies. Ils se soulevèrent de tous côtés comme des bêtes féroces, c'est le chroni-

---

(1) Cité par M. Sainpéré, auteur des *Considérations sur les causes de la grandeur et de la décadence de la monarchie espagnole*.

queur qui parle, contre les seigneurs, leurs majordomes et leurs agents, reconnaissant pour chef tout noble qui leur donnait faveur et aide de son épée. Ces confréries ibériennes qui ne sont pas sans analogie avec les associations flamandes, les insurrections de la Frise, la jacquerie française, les conventicules normands, qui traduisent en action les plaintes des *vilains*, traduites en poésie par les trouvères; ces confréries se multiplièrent de telle sorte qu'elles finirent par former une partie de la constitution politique de ces temps. Et de là sortit, armé de droits nouveaux, le tiers-état espagnol.

§ XI.

Il semble que la riche période que nous venons de parcourir ait dû tout absorber, et que des révolutions qui occupent deux siècles ont dû y naître aussi bien qu'y finir. Il n'en est rien. De même que leurs conséquences se prolongent et deviennent causes à leur tour, leur principe remonte plus haut. Le mouvement des communes a sa date en-deçà du règne de Louis-le-Gros à qui l'histoire princière en fait uniquement honneur. Vers la fin du onzième siècle, de puissantes municipalités existaient déjà dans le midi de la Gaule et se gouvernaient d'après les traditions des municipalités romaines. Des communes considérables avaient reconquis leurs droits par l'insurrection, et les citoyens qui méditaient cette légitime conquête sur la tyrannie seigneuriale s'appelaient conjurés, suivant la remarque de M. Augustin Thierry.

A cette date remontent les premières applications connues d'un ressort révolutionnaire essentiellement barbare. Ce ressort vient rendre l'énergie à la vieille curie romaine, là où elle languit, et la suppléer là où elle n'existe pas. Fille de l'association fraternelle des Germains, importation de la conquête, produit de la résistance naturelle, demeurée longtemps à l'état de conspiration, la commune jurée, découverte récemment par l'auteur des *Récits des temps mérovingiens*, dans une de ses fouilles les plus profondes au sein de nos chroniques, la commune jurée apparaît, vers la fin du onzième siècle, dans les villes septentrionales de la Gaule. Deux courants de la révolution municipale agissent, depuis cette époque, simultanément. L'un part des côtes du Sud, l'autre de l'extrême nord, laissant toutefois une zône moyenne, qu'envahira plus tard le mouvement de rénovation; l'un apporte l'étude et la pratique du droit romain conservé sous la domination franke, l'autre ravive les municipalités anciennes, et organise beaucoup de villes nouvelles; il se propage des provinces belges sur les terres de l'empire d'Allemagne, au-delà comme en-deça du Rhin. Ces deux courants se rejoignent et se confondent pour rajeunir ou créer des constitutions municipales, élément républicain dans plusieurs cités, élément du tiers-état dans les pays de royauté aristocratique. Avec ce double mouvement communal coïncide la formation d'un peuple mixte issu du mélange des races diverses qui se heurtaient au cinquième siècle sur le sol de la Gaule; c'est l'avénement de la société européenne qui se prépare sous l'influence des lois de l'homogénéité naturelle et de la sympathie religieuse. Là, au moment qui préside à cette fusion définitive, alors que le temps et la même foi ont effacé les traditions de la conquête, au moment où l'Église, la commune du nord, le municipe du midi ont fait alliance, là sans doute, est le point de jonction saisissable des trois démocraties gallo-romaine, barbare et chrétienne; alors s'opère la combinaison visible d'où sortira la démocratie moderne; déjà s'élaborent pour s'identifier les éléments de celle-ci au sein des populations qui se soulèvent.

Deux mobiles d'ordre moral incitaient encore au soulèvement et lui donnaient une action qui devait se prolonger à travers les siècles. Les vieilles cités gauloises avaient des traditions de liberté civile et politique bien antérieure à la conquête franke et à toutes les seigneuries du moyen-âge, et leur droit immémorial leur inspirait un patriotisme énergique, capable de lutter contre l'orgueil de la noblesse. L'excès de l'oppression féodale produisait sur la classe des laboureurs, des *vilains*, un effet de sombre indignation analogue à celui de la fierté des souvenirs chez les bourgeois. « Nous sommes des hommes comme les seigneurs qui nous accablent de tailles et de corvées, murmuraient les paysans des onzième et douzième siècles, par la voix de leurs trouvères, nous avons les mêmes membres, la même force pour souffrir, et nous sommes cent contre un... » (1). Cette clameur plaintive, que formule la poésie contemporaine, que recueille et développe longtemps après l'ami de Montaigne, grandira d'âge en âge, se traduira en insurrections, comme nous l'avons vu en Espagne et dans la Frise, en actes de désespoir farouche, en jacqueries, et un jour en révolution sociale.

Le mouvement des croisades, plus éclatant alors et toutefois plus borné que celui des communes, a aussi dans le onzième siècle sa date antérieure, son explosion première et sa phase la plus démocratique. C'est par le peuple qu'il commença sous l'inspiration de Pierre l'Ermite, agent secondaire

---

(1) *Récits des temps merovingiens.*

lui-même de la pensée spirituelle qui gouvernait l'Europe, instrument de l'unité morale qui déjà réunissait les populations courbées sous tant de jougs différents. A sa voix nombre de paysans rompent les liens qui les attachent à la glèbe, et vont chercher sous l'étendard de la croix une sorte d'égalité chrétienne et militaire; une partie de ceux qui ne partent pas se donnent, en l'absence des barons, à des maîtres plus doux, et se font serfs de Jésus-Christ; ils demandent aux seigneurs abbés une protection que l'église toute puissante est en mesure de leur accorder et qu'elle a intérêt à ne point refuser.

Hors des campagnes, la démocratie, à cette époque, eut un meilleur auxiliaire encore et même une instigatrice, dans la théocratie; elle eut pour patron et pour chef de propagande, l'ambitieux Hildebrand. Dans sa querelle contre l'Empire, au sujet des investitures, Grégoire VII fomenta l'esprit d'insurrection municipale et lui ouvrit une large voie par les anathèmes dont il frappa les évêques du parti impérial, devenus seigneurs féodaux. C'était le moment où les populations urbaines, dont ils avaient usurpé le gouvernement temporel, supportaient le joug avec impatience; les foudres pontificales le brisèrent, et sous cet aspect encore, le onzième siècle est l'avant-scène des deux siècles qui le suivent.

Bien jeune encore, Abailard est déjà prêt à engager la lutte dans laquelle il ne sera vaincu un instant par saint Bernard que pour assurer, dans la personne de ses disciples, un triomphe chaque jour plus incontesté aux doctrines de la liberté humaine. Quelques cités italiennes avaient commencé à se déclarer indépendantes. Dès le commencement du onzième siècle, ces cités, unies étroitement entre elles, s'étaient érigées en corps politiques soumis à l'autorité de lois rendues d'un consentement commun. Une ville est fondée, vers ce temps, *sous la liberté romaine*, par l'impératrice, femme d'Othon Ier. Ces mots, écrits plus de cinq siècles après la chute de l'empire romain, sont une grande révélation historique. Ils montrent vivante, près de l'époque où s'élèvent les communes du moyen-âge, la tradition des origines du gouvernement municipal. Telle était la tendance républicaine des villes méridionales de France, qu'elle effrayait la féodalité du nord qui bientôt étouffa dans le sang cette tendance trop vive. Affreuse et salutaire leçon pour la démocratie trop précoce, trop peu fortifiée dans son isolement contre le nombre, trop exiguë dans les étroites limites de son territoire, danger qu'elle ne conjure ni par une fédération bien entendue, ni par sa patience à laisser venir le temps chez ses voisins d'une certaine communauté d'idées, d'une certaine assimilation de mœurs.

Leçon aussi contre la mollesse de cette civilisation mûre avant la saison et qui est impuissante à se défendre! Il faut, par une loi terrible, que la barbarie vienne la retremper, qu'elle se régénère par le croisement; il faut qu'après avoir été purifiée au creuset d'une dissolution violente, l'idée démocratique anime des natures plus vigoureuses.

Encore un peu de patience; cette idée, qu'on refoule si cruellement au midi, s'agite au nord. Une grande association de paysans de la Normandie s'est formée contre les seigneurs et les chevaliers. Une assemblée centrale lie de nombreux conventicules, comme nous avons vu, de nos jours, la charbonnerie s'organiser en *ventes* qui communiquaient entre elles par des députés réunis dans une vente suprême. La tradition des opprimés qui conspirent leur affranchissement est immémoriale. La conspiration normande n'eut pas le succès qu'obtinrent un peu plus tard les confréries espagnoles; il fallut en France se contenter de la *trêve de Dieu;* et nous savons ce qu'était cette trêve ou cette paix que ne ratifiaient pas toujours les nobles malfaiteurs auxquels l'Église l'avait imposée.

Dans le cours du onzième siècle, nous voyons rassemblées les matières combustibles prêtes à s'enflammer pour le grand incendie communal et insurrectionnel du siècle suivant ; nous apercevons les premières lueurs auxquelles va se rallumer le flambeau de la conscience populaire et de l'intelligence publique.

Ces traits généraux, renforcés de quelques faits notables, paraissent-ils des indices insuffisants de démocratie? Nous en ajouterons d'autres qui montrent le triple principe des grandes assemblées délibérantes, de l'élection politique, de l'insurrection nationale en activité : Guillaume le Conquérant convoque, en 1066, les états de Normandie. « Il vous faut demander aide et conseil, lui disent ses plus intimes, à la généralité des habitants de ce pays ; car il est de droit que celui qui paye la dépense, soit appelé à la consentir. » Cette dépense avait pour objet l'expédition d'Angleterre. Guillaume ayant donc réuni une grande assemblée d'hommes de tous les états, gens de guerre, d'église et de négoce, leur exposa son projet et sollicita leur concours. L'opposition fut vive. Guillaume, dissimulant, usa d'adresse ; il gagna, l'un après l'autre, dans des entretiens particuliers, ceux qui lui avaient résisté en masse, et les subsides de guerre furent accordés. N'est-ce pas là du gouvernement constitutionnel jusque dans son jeu le plus délié ?

En 1025, la royauté s'étant rendue méprisable en Pologne dans la personne de Miecislas et montrée d'une avidité tyrannique dans la personne de la régente, les Polonais se révoltent; la reine-mère s'enfuit avec son fils Casimir. Quelque temps après celui-ci est rappelé en vertu d'une détermination prise en assemblée. Bien que sous son règne la nation n'ait pas eu lieu de se repentir de l'avoir été chercher à l'abbaye de Cluny pour le remettre sur le trône, ce ne fut pas sans peine qu'elle couronna son fils, tant elle craignait de voir s'établir, par l'usage, le principe de l'hérédité. Enfin, en 1081, échappés au joug d'un prince voluptueux et sanguinaire, de Boleslas, dégagés envers lui du serment de fidélité par ses crimes plus légitimement que par l'excommunication de Grégoire VII, les Polonais ressaisissent leur droit d'élection et nomment Uladislas Herman.

A ceux qui dans ce dernier exemple méconnaîtraient notre principe comme trop entaché de superstitieuse et brutale anarchie, et qui, cherchant un de ces phares promis aux plus mauvais jours, nous sommeraient de le signaler, nous dirions : tournez les yeux vers Milan et regardez bien ce qui s'y passe en 1041. Un gentilhomme ose, en plein jour, dans la rue, frapper un plébéien; la cause de celui-ci devient aussitôt celle de tout le peuple. Un noble est déclaré chef comme il arrive souvent; mais, par une précaution qu'on ne prend pas toujours, de nouveaux magistrats, ils se nommaient consuls, sont choisis dans les rangs des simples citoyens. Les tours et les forteresses que possédaient les seigneurs dans la ville sont assiégées, prises, démolies, rasées; les seigneurs reviennent à la charge avec leurs vassaux des campagnes. La politique d'Henri III, empereur d'Allemagne, s'interpose entre les combattants et la paix est signée; une part du gouvernement est laissée aux nobles, le peuple retient l'autre part.

Milan vous paraît-il jeter un éclat assez vif, un rayon démocratique assez lumineux dans la nuit du onzième siècle? Plus haut encore et plus loin, vers l'année 1010, un foyer jadis immense, sujet à des éclipses intermittentes, Rome se ranime et lance de vives étincelles. Crescentius, digne fils d'un père fort en crédit dans la ville, épris du saint amour de la liberté, rend à la république son antique forme, ses consuls, un sénat peu nombreux et des assemblées du peuple (1). La petite république romaine est écrasée par son nom; de ses sept collines la plupart sont désertes; l'Italie ne forme plus son apanage et comme sa première ceinture; mais le monde est encore sous le charme du souvenir de sa grandeur et sous la loi de son ascendant religieux; Rome pontificale sauve du ridicule la nouvelle république romaine qui soumet quelquefois à son autorité les pouvoirs dominateurs du

---

(1) *Histoire des républiques italiennes*, par Simonde de Sismondi.

reste de la chrétienté, et que bien des villes de la chrétienté contemplent dans ses manifestations de liberté intérieure avec une émulation féconde pour un prochain avenir.

L'influence des villes républicaines de l'Italie s'exerça promptement sur la Lombardie soumise au gouvernement féodal. Après une foule de petites querelles confuses entre les vassaux et les vavassaux, l'esprit d'indépendance gagna de proche en proche jusqu'aux serfs, qui prirent les armes contre leurs seigneurs et demandèrent un affranchissement général. L'excès de l'anarchie amena une paix qui valut à la plupart des esclaves leur liberté, et de grands adoucissements au sort des autres. Enfin les gentilshommes, désirant acquérir une patrie, prirent presque tous le parti, vers l'an 1039, de se faire admettre à la bourgeoisie des villes voisines. Tel était en Italie, en Pologne, dans les Gaules, au midi et au nord, tel était, dans les villes et dans les campagnes, le mouvement démocratique au onzième siècle.

§ XII.

Le fil conducteur qui, dans notre course ascensionnelle, nous a maintenus constamment sur la trace généalogique que nous poursuivons d'âge en âge, va-t-il tout à coup se rompre et nous échapper? Voici que nous avons atteint ces régions nébuleuses de l'histoire, signalées par nous d'avance et où il se pourrait que la démocratie n'eût laissé aucun vestige, sans que nous fussions autorisés à nier sa présence, puisqu'en deçà comme au-delà de ce nuage obscur, elle reparaît distinctement; voici que nous traversons les couches les plus épaisses de cette zône de ténèbres et d'orages, qui s'étend de la seconde moitié du neuvième siècle à la première moitié du siècle que nous venons d'explorer. Là, tout est confusion et conflit, tout est en proie, comme dit Bossuet; là règne un inexprimable pêle-mêle de débris, et pèse sur le regard qui veut observer ce spectacle, l'image difforme de l'universelle destruction.

Nos pieux ancêtres durent aisément s'y tromper et croire que les temps étaient accomplis. Les temps sans doute accomplissaient, avec la période millénaire, une de ces grandes phases, au terme desquelles le bouleversement de ce qui fut n'est que le commencement de ce qui sera. Mais quelle énigme calamiteuse pour l'humanité que celle de ces enfantements d'un ordre social nouveau, dont le travail se confond avec l'agonie convulsive de l'ordre ancien! Quelle énigme douloureuse pour la raison! Philosophes du dix-neuvième siècle, ou chrétiens du dixième, il faut également nous prosterner, pleins d'effroi, devant cette loi de la fatalité ou de la Providence.

Voyez, durant cette laborieuse et longue transition, toutes les anomalies sont aux prises; morales, intellectuelles, religieuses, politiques, territoriales, toutes les anarchies sont déchaînées, tous les fléaux sévissent à la fois; l'Occident tout entier se voile d'un crêpe sanglant : guerres générales, partielles, étrangères, intestines, nationales, provinciales; guerres entre les villes, entre les châteaux, entre les familles, entre les frères, entre le père et ses enfants; guerre entre le peuple et ses pasteurs; brutale ignorance, vices et crimes à l'avenant de cette ignare brutalité; dépopulation par le fer, le feu, le pillage, la famine, enfin par l'épidémie; retour à la barbarie là où la civilisation avait reparu; nouvelle avalanche de barbares païens sur la Gaule chrétienne : ici, les Normands, âpres au butin et au sac, vendant à prix d'or des trêves qu'il faut sans cesse acheter; là, les escadrons pillards et insaisissables des Sarrasins; plus loin, des bêtes féroces, des hordes vomies par l'enfer. On ne savait, à cette époque de superstitieuse et légitime terreur, et sait-on bien aujourd'hui ce que furent en effet ces Hongrois, sortis comme les Huns des déserts de la Scythie, ces *ogres* de la tradition populaire, venant fondre sur les ruines de l'Occident, non pas en conquérants, ou même en brigands ordinaires, mais en ennemis fanatiques de ce qui n'était pas sauvage comme eux, se délectant avec orgueil aux cruautés inutiles, aux longs massacres, aux vastes embrasements?

Tels sont les souvenirs sous la vive impression desquels on se retrouve; tel est, en bloc, le tableau que l'imagination se retrace, quand on se reporte vers le commencement du second âge de la féodalité. Les contemporains, nous le répétons, durent s'y méprendre, et croire que le dernier jugement prédit approchait, et que c'étaient là les signes avant-coureurs de la fin du monde. C'était, du moins, la fin de l'empire de Charlemagne, dont la gloire n'avait déjà plus, pour monument, que des débris : résultat infaillible de la puissance de l'homme luttant contre la nature des choses; misères de la grandeur, qui ne se fonde pas sur la juste appréciation des circonstances, sur l'intelligence des besoins et des ressources de l'époque. On se prend à en vouloir au génie qui se complaît en des tours de force qu'on admire tant que dure l'équilibre, mais dont une prompte chute fait justice; au génie qui, dédaignant le possible, ne s'abaissant pas jusqu'aux considérations d'utilité présente, de stabilité à venir, réalise les rêves de son orgueil dans des créations qu'il se console de savoir éphémères, pourvu qu'elles soient prodigieuses. Ainsi, le monstrueux empire construit par Charlemagne à grands frais d'activité, de talent, de sanglantes victoires, d'exterminations froidement calculées, de populations entassées et contenues par la violence, cet empire sans liens réels, sous l'unité nominale que lui impose le maître, comme un joug toujours prêt à se briser, cet empire, œuvre de cinquante années, se disjoint de toutes parts, sur la tombe du conquérant à peine enseveli, et ses décombres écrasent la race du fondateur.

Au milieu de cet amas de ruines, au sein de ce chaos apparent, nous cherchons les lois providentielles qui président aux destins populaires de l'Europe. Il en est une, dont l'action nous frappe d'abord ; c'est la loi naturelle de salut et de conservation dans cet universel naufrage de tout droit, de toutes garanties, de toutes règles générales, de tout ordre public, dans ce débordement de la violence brutale qui a presque repoussé l'Occident vers l'état sauvage. Les populations qu'aucune force centrale ne protége, qu'aucun pouvoir organisé ne gouverne, se groupent en une foule de petits centres, sous la protection des murailles qu'elles élèvent, et, dans chaque centre, s'organise une sorte de gouvernement : villes, citadelles, monastères hérissent le sol comme des camps retranchés, pour ainsi dire, camps de défense, d'attaque, de simple refuge. Et, pour ne parler ici que des villes où les germes démocratiques sont plus faciles à saisir, réduites à se défendre, d'ouvertes qu'elles étaient, obligées de s'entourer de murs et de trouver en elles-mêmes les moyens de résister aux incursions des barbares, aux dévastations des brigands qui infestaient la contrée, les villes durent former des milices, élire des magistrats; les villageois d'alentour accourant y chercher un asile, prirent part à l'action; et c'est alors, observe M. de Sismondi, que bourgeois et paysans acquirent cette énergie qui bientôt en fit des citoyens.

Nous verrons un peu plus loin, et lorsque le concours de plusieurs circonstances l'aura suffisamment éclairé, nous verrons le travail lent et complexe de la germination démocratique dans les campagnes moins voisines des cités; rendons-nous compte auparavant d'une loi générale, qui plane en quelque sorte au-dessus de la loi de salut individuel à laquelle obéit, en ce moment, la société réduite à ses molécules, pour emprunter cette expression à l'un de nos plus doctes et de nos plus habiles chimistes en histoire (1). Cette loi générale est celle qui doit substituer l'unité sociale vraie, l'unité morale européenne avec ses grandes divisions nationales, ses grands centres d'action politique, à l'unité occidentale hâtive, factice, forcée, trop vaste d'ailleurs, au despotisme barbare

(1) M. Guizot.

verni de civilisation. L'unité durable, parce qu'elle résulte de l'essence des choses, les masses, une fois soustraites au péril le plus pressant, la chercheront comme les ondes leur niveau. Mais elle ne peut renaître que de la fusion complète des races, des provinces, des mœurs, des idées, des langues, des croyances abandonnées à leurs analogies et à leurs aptitudes naturelles. Et cette fusion ne peut résulter elle-même que du dégagement préalable de toutes les parties arbitrairement amalgamées, et de la décomposition de leurs éléments. C'est ce travail préliminaire, ce travail convulsif, qui s'accomplit dans la période au milieu de laquelle nous sommes au dixième siècle.

L'Europe déchirée, broyée, pulvérisée, sort du chaos sous la forme féodale qui est déjà un amendement à la barbarie, un point d'arrêt au mouvement de dissolution, un commencement de recomposition sociale. C'est assez dire que les germes de tout ce qui se reconstituera plus tard sont là plus ou moins confus, plus ou moins actifs; l'aristocratie, à l'état de brigandage organisé au dehors, de patronage hautain et dur à l'intérieur; la théocratie s'emparant de la suprématie nominale de l'antique Rome, se faisant une auréole du reflet de la civilisation dont elle occupe l'ancien foyer, se posant médiatrice entre les serfs et les seigneurs; la monarchie s'efforçant de rassembler les tronçons du cadavre de l'empire carlovingien. Déjà Othon donne le premier souffle de vie aux membres de ce vieux corps qui deviendront l'empire d'Allemagne; les autres membres, que Hugues Capet réchauffe d'une haleine moins puissante, ne sont encore que l'embryon du royaume de France.

Quel est à son tour le mystère de la conception ou plutôt du rajeunissement de la démocratie? De quels éléments nouveaux ou transmis se combine-t-elle sous l'étreinte de la féodalité? Nous avons déjà montré quelques villes, car beaucoup sont abandonnées, et dans une grande partie des Gaules le gouvernement a passé aux campagnes; nous avons montré les villes s'entourant de murs protecteurs, exerçant leurs milices, s'administrant par des magistratures de leur choix; elles entrent comme puissances collectives dans le classement féodal, mais avec une tendance incessante, invincible à en sortir. Là s'aguerrissent des citoyens, là se forment les mœurs simples et graves de la bourgeoisie. Le midi de la Gaule, moins profondément sillonné que le nord par la conquête germanique, a conservé un peu de la vie des anciens temps. Déjà brille la civilisation provençale qui, sortie des cendres de la Gaule romaine, sera étouffée si jeune sous la cendre des bûchers catholiques. Au même temps où se forme peu à peu cette civilisation originale, il s'organise sur les ruines de la vieille curie un gouvernement municipal dont l'influence, dit M. Fauriel, crée rapidement de petits États libres, des puissances républicaines que dirige et seconde le clergé dans la lutte qu'elles vont soutenir avec énergie et succès contre le pouvoir féodal.

Au nord, le haut clergé recruté parmi les Franks, exerce sa portion de tyrannie suzeraine; les évêques ont troqué la mitre contre le casque, le bâton pastoral contre l'épée ou la lance; mais Cambrai donne le signal de la guerre aux seigneurs, par la lutte acharnée qu'elle engage avec son tyran épiscopal. A Cambrai se forme une association de garantie mutuelle, obligatoire pour tous les habitants. Ce nouveau type de liberté et de communauté municipales est le point de départ d'un mouvement de propagande qui s'étend de proche en proche, et s'avance vers le sud comme la propagande italienne marche dans le même temps du sud au nord. En moins de quarante ans ses progrès seront prodigieux. Aux approches du onzième siècle, les populations s'agitent et machinent la guerre, les cités réagissent contre les seigneurs laïques ou ecclésiastiques. L'âme de la révolution communale se manifeste (1).

(1) M. Thierry.

L'âme démocratique qu'on découvre dans les Gaules au dixième siècle apparaît avec une bien autre évidence en Italie. Venise est en pleine prospérité. Bâtie sur des montagnes arides, Gênes a conservé sa vieille indépendance; surprise toutefois et pillée par les Sarrasins, en 936, cette rude leçon lui a profité. Son caractère belliqueux s'est retrempé, et voilà pour longtemps sa liberté à l'abri sous le gouvernement de ses consuls. Padoue se gouverne aussi en république. Pise a devancé ses émules; située sur la mer Tyrrhénienne, liée par des relations de commerce avec les Grecs de la Calabre, elle a secoué le joug qui avait longtemps pesé sur elle, et développé les premiers germes de cette puissance qui contre-balancera celle des Vénitiens. Pise, en 980, est déjà grande. L'adversité a bien servi la race italienne. De l'accouplement de cette race avec la barbarie sort une nation nouvelle, remarquable par l'énergique indépendance de son caractère. Las de l'anarchie royale à laquelle succédait, par intermittence, un despotisme sans grandeur et sans force nationale, peuples, grands, prélats de la Lombardie, par une inspiration, cette fois heureuse, s'adressent à un étranger. Ils appellent des extrémités de la Germanie (on ne saurait aller trop loin, en pareil cas) un Saxon, le roi d'Allemagne, et se donnent volontairement à lui. C'était Othon, surnommé à juste titre le Grand. Il avait, par une victoire éclatante, délivré enfin les Germains et l'Italie des incursions des Hongrois, et de vastes contrées lui étaient redevables d'une paix longtemps ignorée. Othon, certes, était ambitieux; mais cette ambition, étonnamment éclairée pour son siècle, n'use que de nobles moyens. Il voulait que la chrétienté entière fût une république, qui reconnût dans l'empereur son unique chef temporel, et qu'il appartînt à ce chef suprême de convoquer les conciles (1). Il en assembla un, en effet, à Rome, qui déclara le pape Jean XII déchu de sa dignité, et cette déchéance était justice.

Aussi grand que Charlemagne, dit un historien recommandable (2), Othon exerça une influence plus salutaire sur le sort des peuples qui lui étaient soumis. Il se servit de sa puissance pour jeter les fondements de la liberté. C'est avec le règne des Othon que commence l'histoire des villes italiennes; car une habile et généreuse politique dirigea longtemps les princes de la maison de Saxe. Ajoutez que ceux-ci passèrent de longues années hors de l'Italie, dont les cités durent en partie à cette circonstance, en partie à la munificence impériale, leurs institutions républicaines. L'éloignement de la cour fut favorable à cet esprit d'indé-

---

(1) Daunou, *Puissance temporelle des papes.*
(2) Simonde de Sismondi.

pendance. Grâce à cet éloignement, la souveraineté nationale, qui ne pouvait pas rester suspendue, retournait aux provinces. Alors se publiaient les lois municipales, alors des préteurs et des consuls étaient élus par le peuple; chaque corps reprenait le droit de se défendre, chaque citoyen devenait soldat; les magistrats, nommés par leurs égaux, fixaient, pour les dépenses municipales, une contribution presque volontaire, et un conseil de confiance administrait les deniers de la cité. Ainsi parle M. de Sismondi, lequel ajoute: « Ce fut plus tard, à l'extinction de la famille des Othon, aux guerres entre les princes qui prétendaient à la couronne, que les villes durent l'habitude des armes et le droit de combattre sous leurs propres bannières. »

Il est bon d'embrasser quelquefois, d'un même coup d'œil, le fait principal et ses suites afin de connaître sa portée. Et, pour revenir au principe, les villes italiennes, abandonnées à elles-mêmes, se donnèrent toutes, sous le bon plaisir de l'empereur Othon, un gouvernement municipal. Pendant son règne et celui de ses descendants, ces constitutions s'établirent sans opposition, sans tumulte, en vertu de leur utilité bien sentie et de leur légitimité propre. Le dixième siècle si sombre, aperçu de loin, n'est donc pas déshérité de toute lumière, vu de plus près. En gros, pour ainsi dire, c'est le cataclysme où se submergent tous les éléments de la société; en détail, ces éléments se distinguent, se détachent, se meuvent, et celui que nous cherchions avec toute l'anxiété du doute, l'élément démocratique nous étonne par son animation et son activité.

Qu'est-il besoin de l'aller surprendre encore, comme principe électif, dans l'échevinage appelé alors scabinat; dans la nomination des papes, à laquelle noblesse, clergé, peuple, concourent de leurs suffrages; dans le *plaid* tenu en Aquitaine, en 918; dans cette ombre des champs de mai qu'on appelle aussi, en 924, le plaid de Soissons, dans ces assemblées, réduites à quelques seigneurs copartageants des dépouilles de la monarchie carlovingienne : assemblées pleines d'intrigues et de violences, où de petits souverains donnent et ôtent la souveraineté nominale, et après avoir interrompu, à trois reprises, la succession des rois franco-germains par le choix d'Eudes, de Robert et de Rodolphe, reviennent à la dynastie de Charlemagne, pour la chasser définitivement de son trône dérisoire, ou plutôt l'oublier, dans la personne de Charles de Lorraine, et passer outre en proclamant le plus riche et le plus puissant de leurs égaux? Arrêtons-nous toutefois à cette dernière élection, car enfin c'en est une, à cette époque où l'électorat était le privilége des grands propriétaires, et leur choix a son importance dans l'ordre des faits et des idées que nous suivons. Le roi élu est roi en effet, car avec lui commence e véritable royaume. Propriétaire d'immenses domaines, duc de l'Ile de France, au premier degré de l'échelonnage des fiefs, à la tête de la hiérarchie féodale, Hugues Capet lègue sa suzeraineté à ses successeurs, avec son île, qui formera le noyau où reviendront, par attraction graduelle et par la force de l'unité centrale, où reviendront se joindre les principautés usurpées par les grands vassaux de la couronne, où se réuniront à la longue, par alluvion monarchique, les provinces homogènes de la vieille Gaule; autour de ce noyau se reconstituera la nationalité territoriale, politique, administrative, l'identité française. Les Capétiens sont désormais les protecteurs-nés de tous ceux qu'oppriment les seigneurs, ils sont les chefs naturels de la démocratie, avec laquelle seule ils déposséderont la féodalité.

Après cette vue d'avenir lointain, rétrogradons vers les seigneurs féodaux tels qu'ils s'offrent à nous au dixième siècle. Eh bien! tout brigands qu'ils sont, ils ne tardent pas à s'amender quelque peu à l'égard des vaincus. Ils ont, du moins, mieux compris leur intérêt. Ils sentent que la force et la puissance appartiendront à qui pourra disposer du plus grand nombre d'hommes vigoureux et déterminés. Ils s'efforcent, en conséquence, de faire renaître les populations qu'ils avaient appauvries, exténuées; ils concèdent des terres labourables, sous charge de service militaire, à tout vassal qui offre ses bras pour cultiver et combattre : nobles sans fortune, bourgeois des villes, hommes libres, colons étrangers, serfs mêmes, sont donc admis, à des conditions diverses, aux bienfaits territoriaux, et bientôt les populations rurales pullulent (1). Heureuse exubérance, lorsque tant de villes brûlées et saccagées deviennent désertes! Cette multitude refluera derrière leurs murs, relevés en des temps meilleurs; elle se parquera en troupeau, plus humainement traité, dans les bergeries des monastères, capables de la défendre contre les châteaux; elle sortira de terre en armées qui embarrasseront leurs chefs; elle fermentera jusqu'à la révolte, elle se disciplinera jusqu'à l'association; elle échappera, par le nombre, à la tyrannie; car le nombre c'est, en définitive, la puissance.

Et dans les conditions même qui l'incorporent au sol, le servage vaut mieux encore que l'esclavage du temps des Romains. Le vasselage est le degré par lequel les dernières classes du peuple s'élèvent de cet ancien esclavage à leur affranchissement futur. Le sort du serf est tout à la fois moins dur et moins humiliant que celui de l'esclave

(1) Henri Martin.

qui cultivait les terres de la république romaine corrompue. Les campagnes se dépeuplaient alors, elles se couvrent de cultivateurs sous la noblesse féodale, qui ne peut se dissimuler après tout qu'elle dépend, si elle est attaquée, de ses vassaux et de ses paysans. Les petits vassaux trop froissés, se liguent contre les grands feudataires; et dans cette société même, les liens ne sont pas tellement relâchés qu'il n'y ait des droits et des devoirs réciproques, qu'il ne domine certaines idées de justice et de loyauté, d'égalité même entre les gentilshommes, d'humanité, la religion intervenant, entre le châtelain et sa domesticité. Dans l'intérieur du manoir, l'esprit de famille se fortifie; autour du manoir, l'esprit de famille se constitue, grâce au christianisme, par le mariage que ne connaissaient pas les anciens esclaves; les maîtres nouveaux ne disposent plus de leurs serfs comme d'un meuble; le christianisme en a fait des hommes, le sacrement a sanctionné leur union avec des épouses, leur droit envers des enfants dont on ne peut plus les séparer. Il y a là tout une trame d'obligations religieuses et de garanties individuelles où le seigneur se trouve lui-même enlacé comme chrétien. Enfin, la chevalerie, avant de dégénérer, appelle les femmes au secours des mœurs qu'elles adoucissent; et de Cordoue, de ce foyer de l'élégance mauresque, la politesse, les arts, la galanterie exercent une heureuse influence sur les Francs, dont le christianisme n'a point amolli la grossière enveloppe.

A prendre les choses dans le cercle du petit nombre qui impose les lois du vainqueur, et se considère, à l'exclusion des masses, comme la nation, dans ce cercle, la féodalité militaire n'est elle-même qu'une confédération hiérarchique d'hommes libres, d'indépendances individuelles. Cet esprit d'indépendance, élément germanique, entrera profondément dans nos mœurs, et constituera cette conscience de notre droit et de notre valeur personnelle qui se révolte contre toute humiliation, contre toute tyrannie. Les paysans des onzième et douzième siècles ne s'écrient-ils pas déjà pleins d'amertume: Nous sommes des hommes aussi bien que les seigneurs! Il est, dans un autre ordre d'idées, un principe tout démocratique que des yeux pénétrants (1) ont remarqué avant nous: c'est le principe de la liberté de penser qui n'a pas cessé d'être debout, c'est cette vague influence de l'antiquité qui plane sur les esprits malgré leur abrutissement; c'est cette suprématie de l'intelligence que porte en soi la société spirituelle, bien qu'elle prétende à gouverner l'intelligence même. Nous avons un frappant exemple de l'énergie de

(1) M. Guizot.

ce principe qui va rendre à l'autorité affaiblie de
l'Église son ascendant et lui conquérir la domination. Un précurseur de Grégoire VII, non par
l'ambition, mais par la supériorité intellectuelle,
Sylvestre II, ceint la thiare en 999. Qu'est-ce que
le pontife Sylvestre ? La mise en action la plus
résolue, la plus éclatante du principe de la pensée
libre et suprême. C'est elle, c'est le savoir, le
talent, le grand clerc, l'esprit audacieux que l'opinion d'alors investit de la triple couronne : esprit
audacieux, disons-nous ; car Gerbert n'a pas craint
d'aller demander à la civilisation musulmane les
connaissances que lui refusait la barbare ignorance de sa patrie. Il a étudié les mathématiques,
la chimie, la mécanique chez les mécréans, et
l'élève de l'université de Cordoue est devenu le
chef de la chrétienté.

Tandis que l'Espagne des Sarrasins forme un
pape pour la république chrétienne, l'Espagne reconquise sur eux par les indigènes, la Castille
reçoit d'Alphonse V les premiers rudiments de
l'institution des communes. Dans ce vaste déluge
du dixième siècle on voit sur combien d'îlots surnage la démocratie.

§ XIII.

Les règles que dans, sa faiblesse, l'esprit de l'homme a inventées pour la mesure et la division du temps ne sauraient être, avec leur exactitude arithmétique, à l'usage de l'histoire; celle-ci ne marche ni au pas des années ni par grandes étapes séculaires; elle n'a point de haltes chronologiques. Aussi est-ce comme à peu près que nous avons donné deux cents ans à cette période de perturbation ténébreuse qui précède et accompagne l'établissement de la féodalité, période qu'il est possible de dater en deçà et de prolonger au-delà, ou, au contraire de restreindre en de moins vagues limites. Nous en dirons autant des jets de lumière qui percent de moment à autre cette obscurité. S'ils vont bien plus avant se perdre dans un océan de clarté, ils viennent de beaucoup plus loin; et pour faire à la démocratie l'application de cette vérité historique, la plupart des symptômes qui nous révèlent son existence au dixième siècle se rencontrent dans les deux siècles précédents. Mais de même qu'au moment où nous abordions l'époque d'où nous venons de sortir, elle se dérobait à nos regards épouvantés par le spectacle de la confusion et de la désolation générales, de même, à l'époque où nous entrons, elle est comme interceptée par cette grande figure de Charlemagne dont l'éclat éblouit nos yeux, par ce colosse, à cheval sur deux siècles, d'où il semble exercer encore son droit de conquête, et absorber en despote, pour lui seul, tout ce qui s'est fait de son vivant. Nous lui laisserons sa juste et large part, la part du lion, mais nous revendiquerons la nôtre.

A Charlemagne donc le commencement du neuvième siècle et le tiers du huitième, les jours et le génie de trois conquérants et les vues d'un organisateur pour refaire, s'il peut, la société romaine avec des instruments barbares, et l'administration civile sous le patronage militaire, pour subjuguer tout ce qui résiste, sauf à provoquer des résistances sans cesse renaissantes qu'il saura vaincre ou étouffer dans le sang; à Charlemagne quarante-six ans de prospérité presque infatigable pour rassembler les fragments de tant de peuples, mutilés et soumis, en un corps qui n'a d'autre vie que la sienne, pour former de tant de races mêlées mais non assorties, de tant de pièces disparates sous une même décoration, de tant de bannières courbées sous le même drapeau, un ensemble pompeux, pour composer de tant de natures divergentes, de tant de provinces ennemies, que tient enchaînées sa main de fer, un monde suspendu à son épée.... Place immense à l'empereur d'Occident! que reste-t-il à la démocratie ?

Il lui reste d'abord l'hommage que lui rend Charlemagne. La victoire, la force, prenant pour conseillère l'habileté, s'inclinent devant le droit, devant la puissance morale du temps, devant la majesté de Rome, doublement république et comme chrétienne, et comme état populaire. Ce n'est point par le pape seul, observe M. Daunou, que Charlemagne a été promu à la suprême dignité; c'est aussi par une assemblée du clergé, de la noblesse et du peuple. Que cette cérémonie, dont il aurait pu se passer, mais qu'il crut apparemment utile à son pouvoir; que ce simulacre de comices fut l'exécution théâtrale d'un plan concerté d'après ses ordres, il y a lieu de le croire; qu'il ait feint la surprise et presque le mécontentement lorsqu'il fut couronné empereur, cela pouvait entrer dans sa politique de ménagements à l'égard des Grecs; mais enfin, Charlemagne n'en fit pas moins acte solennel de déférence pour les représentants de la démocratie religieuse et romaine, qui en reçut une nouvelle force; il n'en accepta pas moins d'une assemblée électorale, sous forme d'acclamation spontanée, un titre qu'il jugea plus légitime et plus imposant que s'il l'avait pris de lui-même. Ecoutez l'histoire et presque la chronique du temps :

Le jour de Noël de l'année 800, le roi vint à Saint-Pierre entendre la messe. Comme il était debout, incliné devant l'autel pour faire sa prière, le pape lui mit sur la tête une couronne très-précieuse, et en même temps tout le peuple de Rome s'écria : A Charles, auguste, couronné de la main de Dieu, grand et pacifique empereur des Romains, vie et victoire! On répéta plusieurs fois ce cri, en invoquant plusieurs saints. Ainsi, il fut reconnu empereur de tout le peuple, qui lui donna cette marque de reconnaissance pour la protection qu'il avait accordée à la ville de Rome. Après les acclamations, le pape se prosterna devant lui, le reconnaissant pour son souverain, et dès lors au lieu du titre de patrice, on lui donna celui de César et d'Auguste. Aussitôt, le pape l'oignit de huile sainte, lui et son fils le roi Pepin (1).

L'onction, comme on voit, ne vint qu'après l'élection; le prêtre fut précédé par le magistrat; Léon III, se prosternant devant le patrice devenu son souverain, devant le roi des Francs et des Lombards, proclamé empereur d'Occident, n'est que l'exécuteur du plébiscite rendu suivant les mœurs de l'époque; le devoir de sa magistrature temporelle accompli, Léon remplit son ministère spirituel et consacre, en qualité d'évêque, celui qu'il a couronné en qualité de mandataire de la volonté générale. Descendant de cette race qui

(1) *Hist. ecclés*

élevait sur le bouclier les chefs choisis par elle pour la commander, héritier d'un roi élu, le petit-fils de Charles Martel était naturellement disposé à donner au fait de sa puissance la sanction du principe électif, d'autant plus disposé que cette sanction, au moins apparente, avait paru nécessaire aux empereurs dont il se portait le légataire. Les conséquences de la conduite de Charlemagne dans cette conjoncture sont telles aux yeux de plusieurs historiographes d'une parfaite orthodoxie monarchique, qu'ils s'efforcent de les atténuer en affirmant avec beaucoup de naiveté qu'il y eut fraude subie par le glorieux conquérant, lequel n'avait pas besoin des suffrages d'une ville italienne pour mettre sur sa tête une couronne qu'il tenait de son épée. Le guet-apens populaire et pontifical est, à coup sûr, un argument péremptoire; nous sommes persuadé, avec messieurs les historiographes, que l'épée était assez puissante pour exclure le vote; mais, subi ou réclamé comme auxiliaire de la puissance de fait, le vote a sa valeur démocratique.

Cette valeur s'accroît des circonstances dans lesquelles se trouvait Rome au temps de Charlemagne, de ce qu'elles étaient avant, de ce qu'elles furent après lui. Avant lui, et cela durant un espace de soixante-dix années, nous voyons Rome désignée sous le nom de république. Depuis 731 surtout, et pendant tout le pontificat de Grégoire III, cette dénomination s'accrédite, et Rome est connue au dehors et se comporte au dedans comme une association républicaine. Elle a relevé ses murailles. On voit nobles, consuls et peuple se joindre, dans un concile, au clergé. Elle conclut un traité avec Luitprand, roi des Lombards. Elle se gouverne enfin et agit en état indépendant. L'historien du pape Etienne, successeur de Zacharie, ne désigne Rome et plusieurs des provinces qui, comme elle, se sont détachées de l'empire grec que sous le nom de républiques. Voilà pour le temps qui touche d'assez près l'avénement de Charlemagne; et pour le temps qui suit nous trouvons que, sous l'administration d'Albéric Ier, les droits du peuple romain sont reconnus et qu'il les exerce en assemblées périodiques. Sa confiance envers Albéric laissait, il est vrai, à cet administrateur un pouvoir presque illimité; mais le peuple reprit toute sa liberté sous Octavien. On peut rire de ce petit état se donnant des airs de république au moment où il abdique de fait entre les mains de son empereur; le mot cependant n'était pas tout à fait vide de sens, comme on voit, et nous avons pu reconnaître qu'au dixième siècle il n'était pas privé de vertu. Et le mot et la chose survivent d'ailleurs à la race carlovingienne comme ils l'ont précédée. Mais la démocratie doit à Charlemagne plus que les honneurs d'une solennité d'apparat.

Cette école des libres penseurs que nous avons rencontrée dans le cours des âges et qui se perpétue jusqu'au dix-huitième siècle; cette république intellectuelle et invisible, qui tenait à l'antiquité et parlait sa langue, suivant l'expression de M. Villemain; cette tradition vivante du passé littéraire, historique, philosophique, qui longtemps se résuma dans un petit nombre d'esprits supérieurs échappés comme par miracle au débordement de la barbarie, et réfugiés dans l'arche de l'Église et du cloître, dit un docte écrivain (1); cette colonie de Romains et d'Athéniens, conservant les franchises de la pensée et du savoir au milieu de l'universelle servitude et de l'universelle ignorance contre lesquelles ils protestent, et lorsque le temps qu'ils abrègent est venu enfin, donnant une main à la liberté antique, l'autre main à la liberté moderne; cette pléiade qui rayonne, comme l'arc en ciel, de la civilisation ancienne à son couchant jusqu'à l'aurore de la civilisation nouvelle; cette incarnation successive et continue des idées autrefois révélées au monde, c'est en grande partie à Charlemagne qu'il faut rendre grâce de son énergie vitale et persistante : elle se place avec re-

---

(1) M. Onésime Le Roy.

connaissance sous l'invocation du disciple d'Alcuin, du monarque initié en grammairien et en homme d'état aux études grecques et latines, qui, rassemblant les interprètes dispersés, les rares dépositaires de la science et des arts, fondant par eux des écoles dans les villes, ouvrant pour eux dans son palais des conférences académiques où il discute avec eux, les associa presque à son immortalité, leur communiqua quelque chose de son autorité souveraine dont ils transmirent, de groupe en groupe, le reflet, comme une sauvegarde, à leurs continuateurs : sous la splendeur d'un tel souvenir, ces derniers se rallièrent en esprit, ne manquèrent pas d'asile aux époques les plus orageuses, et recouvrèrent, par intervalles, leur ascendant, à la faveur du protectorat de quelques princes jaloux d'imiter un grand exemple.

Si la république des lettres restaurée par Charlemagne, et remise en honneur, puisa dans cette activité d'un demi-siècle un nouveau principe de vie, qui s'est entretenu au feu sacré de l'étude, au fond des sanctuaires où se conservaient ses archives; si la république intellectuelle a pu attendre en Occident les secours qui lui arrivèrent d'Orient et lui donnèrent une nouvelle impulsion; ne peut-on pas attribuer une influence analogue, dans l'ordre politique, aux assemblées nationales du champ de mai tenues avec plus d'appareil sans doute que de liberté véritable? Elles n'étaient convoquées, il est vrai, elles n'étaient présidées par l'homme qui résumait en lui la souveraineté du peuple absent, que pour manifester la volonté du prince sous les apparences d'une manifestation générale; mais il y avait dans ce mensonge même l'aveu d'une vérité, il y avait un principe méconnu quant à l'application et toute fois entouré d'un idéal de grandeur bien propre à en éterniser le souvenir; il y avait un nom qui demeurait, qui survivait, une institution enfin qui recevait une sorte de consécration glorieuse, et à laquelle nous verrons la démocratie se rattacher un jour.

Nous avons voulu appréhender celle-ci, là où elle semblait se dissimuler le mieux, nous l'avons poursuivie jusque dans la sphère la plus active du despote, nous l'avons atteinte jusque dans l'intérieur de son palais; que sera-ce donc si nous l'allons chercher plus loin et hors de sa surveillance habituelle? Au neuvième siècle, dit M. Fauriel, les pays dont se composait le royaume d'Aquitaine, non plus que les autres parties méridionales de la Gaule, n'avaient subi aucun changement formel quant à la législation générale. Dans l'ordre civil, c'était toujours le code théodosien abrégé et modifié que suivait la population romaine, c'est-à-dire la population presque entière. Les villes n'avaient point d'autre régime municipal que celui de la curie romaine, altéré toutefois par la barbarie. Le duché d'Aquitaine, le comté de Toulouse et la Provence jouissaient d'une existence quasi nationale qu'ils avaient défendue contre les maires du palais et que reconnut la politique de Charlemagne. Un des commissaires chargés par ce prince, en 802, d'inspecter les juges, parle de Nismes comme d'une ville plus vaste et plus riche en monuments qu'elle ne l'est aujourd'hui; il donne à Toulouse l'épithète de belle; il célèbre comme opulente la ville d'Arles, il salue Narbonne d'un titre équivalent à celui de noblement décorée (1). D'où venait tant de prospérité ? Du commerce, des arts, de l'industrie, dont le développement est l'indice non équivoque de la liberté conservée ou reconquise. Et cette prospérité démocratique dure encore sous Louis-le-Débonnaire; elle rejoint, non sans variations, le mouvement rénovateur des communes comme elle se rallie aux premières origines municipales.

Nous n'avons considéré dans ses rapports plus ou moins directs avec Charlemagne que la démocratie civilisée; il est curieux de voir le conquérant germain, paré de la pourpre romaine, aux prises avec la démocratie barbare. Nous ne voulons point parler ici du peuple saxon, d'où sortit, un

(1) M. Fauriel.

siècle après la mort de Charles, un empereur moins fastueux que lui, mais plus véritablement civilisateur. Vous souvient-il de cet étrange élément de révolution communale, qui se prolonge comme une traînée de poudre, fait explosion au Nord, se combine avec le vieil élément municipal du Midi, et paraît véhémentement suspect de ramifications occultes avec nombre de conjurations et d'insurrections dans les villes et dans les campagnes aux quatre coins de l'Occident ? Cette poudre fulminante se nomme *ghilde*. Qu'est-ce que cela ? C'est un principe de résistance, répond M. Thierry, principe actif et politique des associations sous le serment. La ghilde, continue notre historien, avait essentiellement le caractère personnel; son application à l'affranchissement des villes, à la rénovation des municipalités, la fit passer à l'état de loi territoriale. Si le premier effet d'une chose inconnue jusque là, d'un mot qui n'est point encore entré dans notre langue, est de nous frapper d'une manière bizarre, un vif intérêt succède bientôt à cette impression lorsqu'on commence à se rendre compte de l'importance de la découverte. Or, la ghilde est ce ressort révolutionnaire que nous avons reconnu à Cambrai et ailleurs dans la commune jurée et qui, sorte de courant électrique, s'avança dans la direction du midi, où il rejoignit le courant venu de cette région et chargé à son tour des étincelles de la vieille civilisation républicaine. La ghilde est le ressort révolutionnaire qui prêta non seulement aux cités des Pays-Bas, mais à celles de l'Allemagne, aux cités du nord de la France septentrionale, de nouvelles formes politiques; les cités du Danemark, de la Suède et de la Norvége lui durent en grande partie l'existence; et, pour elles, le droit de ghilde fut tout le droit municipal. Quelque chose de semblable se passa en Angleterre, à l'époque de la conquête saxonne. A une époque et dans une contrée bien différentes tous les traits principaux de cette affiliation singulière et puissante se retrouvent sous le nom de confréries, ces ligues de peuples que nous avons vues s'introduire comme éléments du tiers-état, dans la constitution politique de l'Espagne.

Les ghildes encoururent la colère de Charlemagne; atteintes déjà par les censures ecclésiastiques, elles furent proscrites par l'empereur. Était-ce comme saxonnes, comme barbares, ou, par antipathie native de despote, comme démocratiques, qu'il les proscrivait? Toujours est-il qu'elles furent traitées en puissance ennemie par les puissances d'alors. Et quand on songe que plus tard elles firent des révolutions, elles changèrent la face de la société, elles fondèrent des états, on éprouve le besoin de les connaître mieux, et d'apprendre quelque chose de plus complet sur leur histoire.

Ce que nous savons par celui qui en a fait une étude approfondie, c'est que les ghildes, ainsi que nous l'avons déjà indiqué, sont originaires de l'ancienne Scandinavie; entrées dans les mœurs et dans les habitudes des Germains, elles furent portées avec eux dans leurs émigrations, et se convertirent au christianisme. Comme associations chrétiennes, on les trouve en vigueur chez les Anglo-Saxons; en Danemark, en Norvége et en Suède, elles furent patronisées par quelques rois. Elles se présentent, d'après les lois des empereurs franks, sous le triple aspect de réunion conviviale, de conjuration politique et de société de secours mutuels. Les ghildes étaient une association de liberté et de protection extra-légale, où les rites et l'esprit de vengeance de la vieille barbarie germaine s'associaient aux bonnes œuvres de l'esprit évangélique.

Cette association ne fut point extirpée des habitudes de la population gallo-franke par les prohibitions de la dynastie carlovingienne; mais sur ce sol où elle n'était pas née elle s'assouplit et devint capable de s'appliquer à de nouveaux besoins politiques. Lorsque le banquet fraternel fut tombé en désuétude, deux choses subsistèrent, l'association jurée et la protection mutuelle jointe à une police domestique exercée par les associés entre eux. On voit par le capitulaire de 884 qu'à cette époque la pratique de l'assurance mutuelle était fréquente, non seulement parmi les hommes de descendance germanique, mais parmi les habitants de toute origine et de toute condition, jusqu'aux serfs de la glèbe. Il y eut alors des ghildes spéciales, des associations de paysans contre les rapines et l'extorsion, premiers symptômes sans doute de la résistance populaire à l'envahissement de tout droit civil par la féodalité. Puis viennent, comme applications successives et diverses de la ghilde, et la grande association des paysans de la Normandie, et les règlements de la *trêve de Dieu*, et la fédération établie par Louis-le-Gros contre le brigandage des seigneurs, et peut-être les confréries espagnoles, et certainement cette forme originale de constitution urbaine qu'on appelle commune jurée; et dès lors la propagande qui prit naissance entre le Rhin, la Vienne et le Rhône, agit sur les deux tiers septentrionaux de la France actuelle, organisa les habitants des villes en corporations régies par elles-mêmes, tandis qu'une autre forme politique, le consulat électif, né dans les villes italiennes, passait les Alpes, se propageait dans la Gaule, où il prit racine sur le tiers méridional, et gagna même, au bord du Rhin et du Danube, les anciennes cités de la Germanie. Mais, comme au-delà d'une certaine limite la forme consulaire italienne ne rencontrait plus les traditions nécessaires à son établissement, un autre instrument de régénération intervenait, à savoir le mobile élémentaire, la force indigène de la ghilde.

Il était impossible de ne pas mettre en relief dans ce tableau, quelque abrégé qu'il soit, de la généalogie démocratique, cette branche naturelle, et en quelque sorte brute, ce sauvageon, si l'on nous passe le mot, des contrées incultes du nord, sur lequel a prospéré la greffe municipale du midi. L'occasion surtout était belle, alors que nous trouvions la démocratie attirant les regards et en butte aux rigueurs de Charlemagne. On a dit, pour le justifier, que deux races d'hommes en présence, l'une victorieuse, l'autre vaincue, offraient à la ghilde des motifs de désordre et des moyens de rébellion : que ne dit-on pas de toutes les libertés qu'on étouffe, de toutes les associations qu'on proscrit? Quand on persécutait l'association chrétienne, de quoi ne l'accusait-on pas? Combien de tentatives d'émancipation communale ont été châtiées comme de criminelles conspirations! Combien d'essais d'affranchissement ont passé pour d'odieuses machinations, dignes du dernier supplice, jusqu'au jour du succès définitif! Un écrivain distingué a fait, sous le titre de *Rome souterraine*, le roman ou plutôt l'histoire de cet esprit permanent de conjuration qui mine, par de sourds efforts, une domination tyrannique. Tout le monde connaît les catacombes d'où s'élança le christianisme. Nous étions témoins naguère de l'énergie nationale qui, après avoir couvé au fond des conciliabules teutoniques, éclata en défection vengeresse, puis en réaction ardente contre l'invasion française. Dans les souterrains de la société officielle, il est souvent une société qui travaille en secret, soit pour se délivrer de l'oppression, soit pour accomplir l'œuvre d'une régénération providentielle. Les gouvernements dédaignent cette action latente, ou, s'ils s'en préoccupent quand elle leur est dénoncée, c'est pour sévir contre elle, et dès lors pour l'ensevelir dans un mystère plus profond. C'est ce que fit Charlemagne à l'égard des ghildes qui s'agitaient sous ses pieds, et qui labourèrent, après lui, la moitié du sol de l'empire, pour faire éruption deux siècles plus tard. Si Charlemagne avait eu le génie qui sait créer pour l'avenir comme il avait le génie qui dompte les résistances, s'il avait eu la sagacité du fondateur autant que celle du despote, peut-être eût-il deviné que le principe vital et organisateur était là précisément où on lui dénonçait un élément de révolte et de perturbation.

Qui oserait affirmer que l'élément de l'association barbare mêlé de main de maître avec celui de l'élection urbaine, qu'une combinaison habile de la tradition civilisée et de la spontanéité instinctive, que ce double principe, bien dirigé, bien appliqué au temps, aux mœurs, aux besoins des populations, n'eût pas revivifié le champ de mai tombé en haute tutèle et plus encore en impuissance? Au lieu de surveiller ses nombreuses provinces, soit personnellement et en des courses rapides et nécessairement rares, soit par les yeux de ses envoyés qui devinrent autant d'usurpateurs, supposons un instant qu'il eût fait un appel aux provinces elles-mêmes, aux forces vives qu'elles recélaient, et qu'il eût demandé à ces forces vives leurs organes naturels, aux villes l'un de leurs magistrats, aux corporations diverses un de leurs membres, à l'effet d'exposer leurs vœux, et d'éclairer le chef suprême sur la situation de chaque localité : dans cette hypothèse, nous le répétons, qui oserait affirmer que Charlemagne n'eût pas fondé une sorte d'empire fédéral, ayant un centre politique capable de subsister par lui-même, ayant un concile de laïques, de guerriers et d'ecclésiastiques; un empire dont l'unité législative aurait rallié les provinces admises, par des hommes de leur choix, à la délibération commune? Lui était-il impossible de créer ainsi la force morale et politique qui manquait à son autorité militaire et administrative? D'un tel centre, du moins, ne se seraient détachées, après la mort de Charlemagne, que les parties les plus éloignées et les plus hétérogènes ; il serait resté un corps assez énergiquement constitué pour échapper à la dissolution.

Mais soit que cette dissolution complète fût, comme il semble, la loi préalable et nécessaire d'une recomposition sociale, soit que ce temps d'horizon borné pour la plupart des intelligences, d'intérêts et de besoins étroits dans leurs sphères, ne fût pas propre à une grande personnification de la démocratie dans un homme trop supérieur à son siècle; soit qu'au contraire le coup d'œil ait failli à cet homme, il est advenu à Charlemagne pour la ghilde ce qui est arrivé à Napoléon pour la vapeur : ces deux puissants moteurs, l'un dans l'ordre moral, l'autre dans l'ordre physique, ont apparu sous leur règne, et, avec eux il y avait chance de changer la face du monde ; Napoléon et Charlemagne ont passé outre.

§ XIV.

Durant le demi-siècle qu'emplit Charlemagne, la démocratie peut donc revendiquer une place dans l'histoire ; et nous approchons du septième siècle sans qu'il y ait eu, depuis le dix-neuvième, solution de continuité. Récapitulons les résultats de notre dernière enquête : dans la Gaule méridionale, il existe non seulement des villes, mais des provinces entières, qui, malgré les invasions précédentes, sont demeurées ou redevenues florissantes et industrielles, provinces gardiennes et usufruitières du trésor de la législation romaine et des institutions municipales; en Italie, Rome populaire et chrétienne, état républicain, grand électeur des rois francs; ajoutons Bénévent qui réussit à maintenir son indépendance sous le règne du nouveau monarque des Lombards. Le champ de mai, convoqué pour toutes les affaires importantes et auquel l'empereur demande même la ratification du partage qu'il a fait entre ses fils, le champ de mai est du moins un pompeux vestige des assemblées d'hommes libres. La liberté intellectuelle a un temple dans le propre palais du maître qui propage le culte du savoir. Enfin, la présence de la démocratie, sous deux aspects bien différents, nous est signalée, au temps de Charlemagne, par Charlemagne lui-même; elle se montre un jour tout enthousiaste, en habits de fête, unissant la voix de Dieu à celle du peuple pour crier : *Vive César!* elle est la bienvenue. Une autre fois, elle revêt une physionomie accentuée avec la farouche indépendance de l'association germanique; elle est frappée d'anathème; et nous ne savons qu'elle parut alors sous cette forme que par l'anathème qui l'a frappée; mais nous savons également qu'elle en a bien rappelé depuis.

Nous ne sommes pas sortis, dans cette récapitulation, des limites de la période demi-séculaire qui embrasse la fin du huitième siècle et le commencement du neuvième. Veut-on grouper encore quelques faits contigus à cette période, faits postérieurs ou antérieurs à Charlemagne? En Lombardie la royauté est élective; on trouve des assemblées nationales, plaids, synodes ou conciles, à Pavie, à Milan, et, comme chez les Germains, en rase campagne. En Espagne, les vaillants guerriers qui ont fondé le royaume de Soprarbia établissent, entre le roi et le peuple, un juge moyen, le premier modèle du justicier des Aragonais. A Modène, que protégent ses murailles rebâties, se forment des milices, s'élisent des magistrats. Le schisme de Photius, patriarche de Constantinople, a sa portée démocratique en ce qu'il préserve la civilisation grecque de cette unité catholique nécessaire à l'Occident, mais dont il ne faut pas que l'invasion absorbante soit universelle. L'Orient est destiné à rallumer le flambeau de la science presque éteint en Occident et à nous rendre le type oublié de la liberté morale. Aux alentours de la même période, les républiques grecques de la Campanie sont, par leur marine, maîtresses de la Méditerranée. Leurs flottes guerrières et marchandes tout ensemble défendent le territoire et augmentent chaque année la richesse de Naples, de Gaëte, d'Amalfi.

Amalfi réclame une mention toute spéciale. Après avoir recouvré sa liberté, en 839, cette république couvre la mer de ses vaisseaux et s'acquiert au loin une réputation de sagesse, de courage et de vertu. L'Europe, dit l'historien des républiques italiennes, a reçu de ce peuple trois legs bien propres à perpétuer sa mémoire : c'est à un citoyen d'Amalfi que l'Occident doit la boussole; c'est dans Amalfi qu'on retrouva l'exemplaire des *Pandectes* qui fit renaître l'étude des lois de Justinien, l'étude et la pratique, par conséquent, plus éclairée et mieux entendue; car on n'ignore plus aujourd'hui que la législation romaine, plus ou moins mêlée de coutumes barbares, plus ou moins travestie dans le langage, a toujours persisté, qu'elle a toujours régi les Gaules sous la domination des envahisseurs germains, lesquels furent assez bien avisés pour approprier à leur gouvernement ou laisser aux vaincus cette utile dépouille de la civilisation. Enfin, la jurisprudence commerciale et maritime est venue d'Amalfi. Voilà certes de beaux fruits républicains, et ils germaient comme les successeurs de Charlemagne, peu d'années après sa mort, recueillaient les fruits amers semés par le despotisme!

Après nous être avancés du huitième au milieu du neuvième siècle, tout en glanant çà et là des faits démocratiques, et avoir fait une pointe vers l'avenir, rebroussons chemin et plaçons-nous, pour bien fixer nos souvenirs, au temps des trois fondateurs de la dynastie carlovingienne, au temps de Pepin-le-Bref, de Charles-Martel et de Pepin d'Héristal. Alors parurent aussi le pape Grégoire III et Léon l'Isaurien, empereur d'Orient. De grandes séries d'événements se rattachent à ces noms et datent de cette époque; Léon le brûleur d'images, et malheureusement de manuscrits qu'il livra par milliers aux flammes avec de savants bibliothécaires qui ne partageaient pas son opinion, l'iconoclaste Léon, excommunié par Grégoire, prépara le schisme religieux de l'Orient et avança le schisme politique de l'Occident. Sa tyrannie fantasque et incendiaire gâta quelques beaux faits d'armes contre les mahométans ; elle excita en Italie un soulèvement populaire. Ce fut pour Grégoire et ses successeurs un motif ou un prétexte de gouverner en souverains l'exarchat de Ravenne. Mais, cette souveraineté leur étant disputée par les rois lombards, les papes eurent recours à Charles-Martel et à Pepin-le-Bref. On sait ce qu'il advint de leur intervention, et la reconnaissance pontificale envers la famille de ces puissants bienfaiteurs. Cette famille eut bientôt une autre occasion d'accroître ses possessions et son influence et de se substituer, plus tard, à la race mérovingienne tombée sous la tutèle des maires du palais. De telles occasions ne profitent, du reste, qu'aux hommes habiles et braves, et comme il leur faut des instruments, ces hommes doivent représenter les idées ou satisfaire aux passions de leur temps. Cette époque de nos annales frankes était malheureusement très-peu celle des idées, et beaucoup celle des passions brutales, de l'ardeur des conquêtes et du pillage. Le midi s'offrait comme une riche proie à l'avidité des hordes du nord. Il y avait, comme on l'a dit de nos jours dans une antithèse révolutionnaire, il y avait alors les Franks repus et les Franks déçus. Ces derniers, arrivés après les autres, n'acceptaient point l'exclusion, ils aspiraient au partage, et ne reculaient pas devant la dépossession de leurs devanciers. La politique ambitieuse qui jeta les fondements de l'empire de Charlemagne eut donc pour principal levier l'appât du butin offert à ces peuplades teutoniques demeurées entre le Rhin et la forêt des Ardennes, et conservant dans toute leur férocité les mœurs et les appétits sauvages. De telles recrues étaient admirables pour vaincre, mais elles devinrent difficiles à manier dès qu'il s'agit de régulariser les résultats de la victoire. Derrière elles, d'ailleurs, s'avançaient toujours de nouveaux affamés à repaître. Ce fut l'une des impossibilités de l'empire d'Occident. Il semble que l'aïeul de Charlemagne, Pepin d'Héristal, l'ait pressentie. Il porta ses armes victorieuses dans deux directions opposées, refoulant les Saxons, les Bavarois et les Suèves du haut Danube, presque en même temps que, par la bataille de Restry, il soumettait les pays neustriens et bourguignons, se faisait ouvrir les portes de Paris qui livra son fantôme de roi, et remplaçait Ebroïn dans le poste de maire du palais, cette active royauté grandissant à l'ombre de la royauté fainéante des derniers descendants de Clovis.

Charles-Martel eut aussi à repousser les Germains; mais sa tendance prononcée et celle de sa nation le poussaient vers le midi. L'invasion des Sarrasins en Aquitaine vint à propos l'appeler dans cette contrée en auxiliaire presque aussi redoutable que l'ennemi. L'armée de fer qu'il commandait avec autant de sagesse que de vaillance écrasa de son choc la cavalerie légère des Arabes, prise à dos par Eudes, duc d'Aquitaine, et dont les débris regagnèrent l'Espagne, laissant les riches dépouilles que les Arabes avaient enlevées dans leurs incursions. Ces dépouilles ne suffirent point au vainqueur, qui convoitait celles des opulentes cités du Languedoc. Ce fut plus que jamais, à chaque printemps, irruptions nouvelles des Franks d'Austrasie chez les Franks neustriens et dévastations nouvelles. La Septimanie fut désolée par Charles-Martel. Pepin-le-Bref mit le comble aux calamités de la Neustrie par une guerre d'extermination.

Ces faits que nous avons dû rappeler sommairement comme points de reconnaissance sur notre route démocratique, ces faits qui préludent tout à la fois à l'empire d'Occident et à la féodalité, obéissent à la loi qui veut que la vieille civilisation se retrempe complètement par la barbarie, qui veut que de leur union violente sortent la société moderne et une démocratie plus largement et plus fortement constituée. A la fin du septième siècle, la Loire est la limite qui sépare la civilisation de la barbarie; la Loire est cette limite où elles pourraient se joindre au lieu de se heurter si chacune d'elles ne reprenait son caractère d'antagonisme à mesure qu'elle se rapproche de sa source; la civilisation, en s'échelonnant vers les Alpes et les Pyrénées, la barbarie en refluant vers le Rhin, se prononcent avec un contraste toujours plus marqué, se sentent plus incompatibles et plus hostiles. Si elles ne se touchaient que peu à peu, si leurs points de contact ne se multipliaient qu'à la longue, l'action civilisatrice serait la plus puissante; elle gagnerait, elle amollirait, elle apprivoiserait la barbarie; mais il est dans la nature effrénée de celle-ci de se ruer sur sa proie; chez les barbares ce sont les plus impétueux, les plus avides, les plus barbares qui font la loi, et c'est là surtout que les derniers rangs poussent les premiers. Il faudrait à la civilisation, pour qu'elle eût chance possible de résistance heureuse, il lui faudrait un peu de l'énergie qui surabonde chez ses adversaires et, avec cette énergie, de l'accord et une forte organisation. Ce n'est pas que les provinces de la Gaule méridionale, menacées dans leur commune indépendance, n'eussent formé plusieurs fois des confédérations; ce n'est pas qu'elles n'aient suscité plus d'un valeureux champion et obtenu même plus d'un triomphe, au temps, par exemple, où la ligue des belliqueux Gascons avait à sa tête le duc de Toulouse; mais les intérêts momentanément liés n'allaient pas jusqu'à une fusion durable; les efforts ne se combinaient pas dans un centre commun. Des chefs capables, courageux, se montraient de temps à autre; il manquait une direction uniforme, constante, un gouvernement. Après avoir acclimaté jusqu'à la mollesse, assoupli jusqu'à la corruption, les anciens envahisseurs, sans rompre les liens qui rattachaient ceux-ci aux envahisseurs nouveaux, sans amener cette homogénéité complète qui constitue le patriotisme, ces provinces trop favorisées du ciel, trop promptes aux retours vers les réminiscences de la culture romaine, vers l'isolement des mœurs locales, demeurées, chacune, un assemblage de petits états ou de cités, au lieu de former, toutes ensemble, une seule nation, ces provinces achevaient de s'affaiblir par leurs divisions intestines. Assaillie sur les entrefaites du côté des Pyrénées, envahie ou secourue, ce qui ne vaut guère mieux, du côté de la Loire, ne sachant quel est le pire ennemi, invoquant les redoutables auxiliaires qui campent au-delà du fleuve contre les brigands qui, de la montagne, viennent s'abattre sur elle, se jetant dans les bras des Sarrasins pour se soustraire aux dévastations des Austrasiens, l'Aquitaine tombe définitivement au pouvoir de ces derniers déjà maîtres de la Neustrie; et, dans cette suprême collision, la Gaule presque tout entière est de nouveau remaniée, partagée et pour toujours francisée. Une seconde race de rois succède à une race énervée; la civilisation renaissante au midi, déjà contagieuse pour le centre, au grand scandale des leudes, est refoulée par la barbarie du nord que ceux-ci avaient appelée à leur aide.

Plus vivace que la civilisation elle-même, la liberté municipale est modifiée dans son germe, mais non pas étouffée par les farouches embrassements du vainqueur. Ce qu'a enfanté cette violente union, nous l'avons vu; qu'étaient auparavant, et prises chacune séparément, la démocratie du nord et celle du midi? qu'étaient-elles au huitième et au septième siècle, et que se passait-il à cette époque d'invasions *recrudescentes?* C'est ce qu'il nous reste à voir. La démocratie franke a dégénéré dans la Gaule centrale depuis la première conquête; mais voici le ban septentrional qui vient rendre quelque activité aux institutions germaines. Pépin d'Héristal cède à cette influence et obéit en même temps à la loi de son ambition en rétablissant les assemblées générales dont la convocation avait cessé d'être annuelle. Il régularise ainsi son pouvoir, et pour marcher contre ceux qui prétendent secouer le joug, contre les Frisons auxquels pèse l'alliance dominatrice des Francs, c'est à une réunion d'Austrasiens, de Neustriens et de Bourguignons, qu'il s'adresse, sinon avec toute la simplicité familière aux anciennes assemblées teutoniques, du moins avec un certain air de liberté qui, de la part du maître réel de la France d'alors, a son mérite et un certain retentissement. Cette tradition profitera un jour aux états-généraux qui ne seraient pas émanés du municipe romain tout seul. Charles-Martel, à son exemple, convoque les grands près de Compiègne, et c'est après avoir obtenu leur consentement qu'il partage ses propres conquêtes entre ses fils. Pepin-le-Bref à son tour imite son père et son aïeul. Il expose à la nation franke, représentée à Soissons, en 750, la réponse qu'il a reçue du pape Zacharie touchant les droits que lui donne à la royauté, sa puissance de fait, l'autorité royale qu'il exerce sous le titre de maire du palais. Proclamé roi, il se regarde comme lavé par le suffrage des siens de toute usurpation; élevé sur le pavois, il lègue à une longue série de monarques le devoir de recourir à l'élection; il donne, en outre, une sanction nouvelle aux anciennes assemblées du champ de mars, en les transférant au mois de mai d'où elles gardent leur nom; et cet autre legs, dans ses mutations successives, éludé, répudié, redouté, enfoui, retrouvé, arrivera jusqu'à nous.

Voilà dans son action, en quelque sorte officielle, la démocratie barbare dont l'action intime et permanente, physique et morale, s'exerce plus puissamment encore, mais ne saurait être saisie. La démocratie, que nous appellerons comparativement civilisée ou que la civilisation a dégrossie, pour ainsi dire, se présente au huitième et au septième siècle sous des aspects très-variés. En Lombardie, le comte, dans ses plaids particuliers, choisissait parmi les bourgeois des échevins qui formaient la magistrature des villes; confirmés par le suffrage des citoyens, ces magistrats suivaient leur comte aux plaids publics du royaume; chaque ville se trouvait ainsi représentée dans l'assemblée générale par son gouverneur et par ses échevins. Ce mode de représentation est bizarre sans doute, mais il contient un élément de tiers-état en Lombardie, bien avant le jour où devaient naître le tiers-état en France et le royaume de France lui-même.

Nous venons de voir les vainqueurs Austrasiens ravivant les institutions germaines dans la Neustrie, où elles languissaient, la liberté barbare essayant d'y refleurir; avant cette tentative et cette domination nouvelles, quel spectacle offrait la Gaule centrale? Dès le milieu du septième siècle, la richesse, le rang, le pouvoir, la liberté, n'étaient plus des priviléges possédés par une classe d'hommes, ni les caractères exclusifs d'une descendance germanique; un peuple et une société mixtes travaillaient à s'y former (1). Ce travail interrompu reprendra son cours; cette heureuse tendance réprimée par l'invasion teutonique y puisera une vigueur qu'elle n'aurait pas eue sans ce retour momentané de la barbarie. Celle-ci règne dans sa pureté native à l'orient et au nord de la France; c'est de la Meuse aux forêts de la Thuringe qu'elle a dressé ses tentes et qu'elle s'apprête à fondre sur les terres gauloises qu'à l'instar des fléaux célestes elle est destinée à bouleverser et à rajeunir. A côté d'elle toutefois, entre la Meuse

(1) Amédée Thierry.

et le Rhin, subsiste, comme dans un asile sacré, une espèce de colonie romaine. Que dirons-nous, à plus forte raison, de cette partie des anciennes provinces gauloises de la république, de cette contrée qu'habite, entre les Pyrénées, la Méditerranée et la Loire, la nation aquitanique que, dans les formules du temps, dit l'auteur de l'*Histoire abrégée de la Guyenne*, on désignait sous la dénomination de *peuple romain?* Cette dénomination seule nous révélerait ce que nous confirme la langue romane, quelles racines profondes ont poussées les lois et les coutumes du peuple avec lequel l'Aquitaine s'était identifiée. Ces lois et ces coutumes subjuguèrent les Visigoths; elles reparurent après la conquête des premiers Franks venus avec Clovis et satisfaits du tribut qu'ils percevaient; elles trouvèrent même dans l'ambition de quelques-uns des gouverneurs nommés par les rois mérovingiens, de puissantes garanties de conservation. Lorsqu'arrivent les irruptions de ces autres Franks accourus à la suite des Pepin et de Charles-Martel, et c'est le temps où nous sommes, il semble que les patriotiques et jusqu'à un certain point les libres coutumes du peuple romain de l'Aquitaine vont disparaître : le compte-rendu de l'un des envoyés de Charlemagne nous apprend le contraire.

Au huitième siècle, Rome pontificale est témoin

d'une élection toute populaire. Aux funérailles de Grégoire II, l'an 731, le peuple, comme par inspiration divine, dit l'histoire ecclésiastique, enlève le prêtre Grégoire qui assistait à cette cérémonie et le proclame pape. C'était un homme instruit, éloquent, d'un caractère résolu, et qui le prouva en se déclarant indépendant des empereurs byzantins. Le peuple de Rome fut bien inspiré. Le peuple de Venise en est à son troisième doge, et déjà celui-ci, fatigué des entraves qui gênent sa volonté, prétend se rendre maître absolu ; cette prétention lui coûte la vie. Au milieu de ces agitations, Venise poursuit le cours des prospérités qui l'élèvent au rang des grandes puissances ; fière de sa civilisation, elle traite les Franks d'oppresseurs, de barbares, et, fidèle alliée des Grecs, elle fait avec eux échange de bienveillance. Venise peut se nommer à juste titre, sinon la seule fille légitime, du moins la fille aînée de la république romaine.

Venise donc, Amalfi, Rome, quelques républiques grecques de l'Italie méridionale, quelques duchés et comtés électifs et indépendants au midi de la Gaule, du moins avant la dernière invasion franke, voilà des états qui tiennent assez haute et assez brillante la bannière de la démocratie pour qu'elle ne soit pas méconnue par ceux qui la trouvent trop déguisée dans le scabinat lombard, trop féroce chez ces hordes qui campent sur la lisière de leurs forêts natales, trop hideuse dans le viol que subit la Gaule romaine et d'où naîtra la France. Sur cette bannière toutefois nous persistons à inscrire le champ de mai, principe des grandes assemblées représentatives inconnues aux anciens. En effet, les assemblées nationales, appelées, selon les pays et les époques, conciles, parlements, diètes, congrès, états-généraux, cortès, chambres, ont leur type primitif dans les coutumes germaines. Les *comices* des Romains se composaient non de députés ou représentants des diverses classes, des communes, des provinces, mais seulement des habitants de la métropole qui jouissaient du titre de citoyens. Les habitants des autres villes n'assistaient point aux comices de Rome; leur droit se bornait à des assemblées de district, chargées d'établir l'ordre dans les contributions et de pourvoir à quelques intérêts de localité. Rome était donc, par rapport au reste de la république, une aristocratie patricienne et plébéienne, et, dans cette aristocratie, celle du patriciat s'érigeait habituellement en un despotisme tempéré par les séditions populaires. Inscrivons donc sur le drapeau de la démocratie aux neuvième, huitième et septième siècles le nom des républiques qui l'ont arboré ouvertement, celui des cités et des villes qui, sous leur devise municipale, marchent dans le rang que leur assigne leur indépendance plus ou moins réelle, leur action purement administrative ou déjà politique; mais gardons-nous d'omettre cette institution primitive, même lorsqu'elle est affaiblie, cette institution source de nos assemblées délibérantes, ce champ de mai où s'agitaient les questions de paix, de guerre, de gouvernement, de souveraineté.

§ XV.

A l'époque des grandes irruptions en Septimanie, de 791 à 795, se passe un fait digne de quelque attention. Les populations effrayées fuient de toutes parts avec ce qu'elles peuvent sauver de leurs biens, et se retirent de la plaine dans les montagnes. Un de ces groupes fugitifs, traversant plusieurs branches des Cévennes, se porte jusqu'au fond d'un désert, et là s'élève un monastère qui devint célèbre dans l'histoire littéraire du midi, aux onzième et douzième siècles (1). Voilà donc la lumière intellectuelle, qu'on dirait éteinte, et qui se cache et se conserve pour briller plus tard. Ce n'est pas le seul exemple, et il se présente sous divers aspects. Teutons ou Arabes se précipitent tour à tour et chassent devant eux la civilisation,

(1) M. Fauriel.

sous ses formes libres, industrielles, éclairées, nationales; nationalité, instruction, industrie, liberté, se réfugient dans les lieux les plus sauvages, bâtissent, sous le nom respecté de monastères, des habitations au dedans ou autour desquelles se groupent ou se constituent de petites et quelquefois de nombreuses associations qui reviennent ensuite soumettre les conquérants par leur influence ou les chasser par leurs armes.

Plusieurs *moustiers*, aux époques de bouleversement et de terreur, surgirent comme des lieux d'asile et devinrent des centres de populations laborieuses; d'autres s'érigèrent, avec approbation ecclésiastique et diplôme latin, en véritables maisons de commerce ayant leurs facteurs, leurs dépôts, leurs correspondants, et se développèrent plus tard en sociétés importantes. Dans cette mine démocratique que nous avons creusée çà et là, ce ne serait pas un filon indigne d'être exploité que celui qui serpente à l'ombre vénérée de l'église et dont la veine première se retrouve au fond des solitudes autrefois impénétrables, aux creux inaccessibles des rochers, près de la tanière des fauves habitants de quelques forêts. Mais nous ne pourrions la suivre sans excéder les bornes de cette esquisse, déjà trop étendue.

Choisissons entre tous, sinon un ordre religieux, du moins un groupe également animé de la foi chrétienne et de la ferveur patriotique. Il s'agit d'un trait de nationalité espagnole. L'action a pour théâtre les Asturies, dont les habitants autrefois furent le dernier peuple de l'Ibérie que soumirent les armes romaines. La monarchie gothique n'existe plus. Les Arabes sont maîtres des plus belles et des plus riches provinces de la Péninsule. Les Asturiens se sont retirés vers les escarpements de leurs montagnes. Un même péril, une même religion amènent près d'eux les réfugiés de la plaine, et la communauté s'organise en silence dans les anfractuosités sombres et protectrices que couvrent des forêts séculaires. De là, regagnant les vallées voisines, ils élisent pour chef un homme de grand cœur, nommé Pélage, comme eux plein de colère contre l'Ismaélite qui était venu ravir ses sanctuaires au Christ. Au bruit de ce mouvement, le gouverneur arabe, qui se disposait à franchir les Pyrénées pour porter l'invasion dans la Septimanie gothique, envoie quelques milliers d'hommes pour contraindre les rebelles à payer le tribut. Pélage s'enferme, avec une partie des siens, dans une caverne et place le reste en embuscade dans les bois. C'est de là que les chrétiens, favorisés par une tempête, accablent la troupe musulmane, sous les pieds de laquelle s'éboule un étroit sentier, d'où elle se précipite et s'engloutit dans les eaux débordées du torrent. Ce fut le berceau de l'indépendance espagnole. Là se rendirent tous ceux que chassait la guerre civile ou la douleur de voir les églises livrées au culte de leurs ennemis; et parmi ces fugitifs, plusieurs abandonnaient leurs richesses plutôt que de transiger avec les hommes d'une autre race et d'une autre foi. La vie des montagnards, réduits à des cabanes dans cet âpre climat, était rude, mais elle était libre; et l'espoir de reconquérir une patrie soutenait cette association, qui se grossit de ceux qui cédaient soit aux remords de leur conscience, soit à l'attrait de la liberté; l'émigration devint telle, que les hameaux et les villages se multipliant et s'étendant sur les dunes, il fallut les entourer de retranchements. La culture des campagnes, les arts, l'industrie, repeuplèrent, agrandirent ce petit-état, qui fut le noyau de la nation future. Pélage gouverna dix-neuf ans ce naissant royaume chrétien des montagnes, qui avait quarante lieues de long sur douze ou quinze de large; il le gouverna en chef populaire, en bon administrateur, en homme qui sait affermir comme il a su fonder, qui sait attendre comme il a su agir; et le temps arriva, vers le milieu du huitième siècle, où l'un de ses successeurs, Alphonse, put prêcher une croisade heureuse contre les Arabes, battus par les Francs, et commencer cette guerre de vingt années, au bout desquelles le petit royaume des montagnes traita de puissance à puissance avec l'émir souverain de Cordoue, grâce au courage et à la prudence de son chef, grâce à ces redoutables milices que nous désignerons ici par l'expression moderne de *guérillas* (1).

L'héritage, en bonnes mains, continue à prospérer, et un autre Alphonse, à peine maître de la Castille, fonde les *communeros*, fruit de la victoire conforme aux goûts et aux habitudes des vainqueurs.

Cette petite épopée démocratique, dont Pélage fut le premier héros, date de 711, et nous ramène au septième siècle, que nous avons effleuré déjà, et dans lequel nous rentrons pleinement. Qu'on ne s'étonne pas de ces excursions, suivies de retour, en dehors et quelquefois fort loin du milieu où nous avons en quelque sorte pris position. Ce que nous avons dit ailleurs de la marche des événements est applicable à l'ordre des idées : les événements ne se scindent pas tout juste au point où se coupe le temps par siècle ou par fraction de siècle; les idées ne se classent pas non plus symétriquement selon l'ordre des années. De l'endroit d'où elles jaillissent, on les voit ricocher çà et là. C'est par courses en apparence irrégulières qu'on parvient à les suivre, à les saisir, à les ramener à

(1) *Histoire d'Espagne*, par M. C. Romey.

une moralité commune. Cette irrégularité toutefois a sa méthode dans notre exposition rapide, où il ne faut pas oublier que nous remontons l'histoire au lieu de la descendre : ainsi nous indiquons avant tout la période générale que nous avons dessein de parcourir, le siècle où va s'opérer le recensement des faits ou des éléments démocratiques; puis, nous explorons ce siècle, cette période, dans ses limites approximatives, tantôt prenant les choses de la fin au commencement, tantôt procédant avec plus de clarté dans le sens inverse, tantôt revenant sur nos pas, ou bien nous plaçant tout d'abord au point central, obéissant de préférence à l'impulsion logique, quelquefois à l'intérêt mieux gradué de la narration, quelquefois enfin aux devoirs de la conviction que l'écrivain veut faire partager, et qui l'oblige soit à laisser les esprits sous l'impression la plus forte, soit à grouper en un faisceau les preuves les plus incontestables ou les indices les plus concluants.

Dans cette autre zône de confusion où nous sommes entrés, et où un seul fait dominant, l'invasion, l'occupation des Gaules par les barbares, se compose d'une foule infinie de faits accessoires, l'explication qui précède nous a semblé nécessaire, et notre méthode connue guidera le lecteur comme elle nous a guidé nous-même.

Nous voici donc en plein septième siècle, inclinant vers le sixième et les comprenant dans la même phase, qui est celle de la race mérovingienne. La décadence de cette race, l'élévation graduelle des maires du palais, jusqu'à leur substitution finale aux descendants de Clovis, occupent à peu près un siècle. La domination des Goths en Espagne était chancelante. L'Aquitaine, dont la population se recrutait incessamment parmi les Basques des Pyrénées occidentales, se renouvelait grâce à ces montagnards, tandis que de nouvelles immigrations germaniques renouvelaient l'Austrasie. Alors elle s'appelle la France, et le midi, la Gascogne. L'Italie appartient aux Lombards. Du septième au sixième siècle, en remontant jusqu'à Clovis, nous avons le spectacle de l'antagonisme des races, des lois, des langues; la vie barbare et la vie romaine sont mêlées sur le même sol. Cet antagonisme éclate non-seulement par des guerres sans fin, mais par des crimes sans nom, par une dépravation sans mesure : l'assassinat sous toutes les formes, égorgements, piéges infâmes, empoisonnements, absence complète de sens moral, sentiments naturels pervertis, abrutissement féroce; tel est, dans sa révoltante monotonie, le tableau de cette époque, qui se résume en deux personnifications significatives, Frédégonde et Brunehaut.

En ces temps de désolation et d'abomination,

quelle physionomie reconnaissable et digne d'arrêter nos regards peut revêtir la démocratie? Pour n'être pas suspect de la voir partout, nous invoquerons le témoignage de M. Augustin Thierry : « Il existe, dit-il, deux conditions de liberté, la liberté par excellence, qui est la condition du Franc, et la liberté de second ordre, le droit de cité romaine. » Faisant allusion à celle-ci, M. Fauriel déclare que, « nombreuse encore dans l'Aquitaine, naturellement vive et mobile, forte de son organisation municipale, la population des villes était toujours prête à tout risquer pour le maintien de ce qui lui restait de liberté, de richesse et de dignité. » M. Michelet, à son tour, nous la signale sous forme d'intronisation de l'Église dans l'assemblée des Leudes. Ce sont deux aristocraties, celle des évêques, celle des laïques, qui dressent une *constitution perpétuelle*, en 614; mais la forme suivie est celle de la délibération représentative; mais les évêques surtout sont ici les représentants de la classe populaire. Plusieurs articles d'une remarquable libéralité, indiquent la main ecclésiastique. La vie de l'esclave est garantie à l'égal de celle de l'homme libre. L'élection des évêques est assurée au peuple. C'est dans la Neustrie que cette constitution est formulée. Écoutez maintenant M. de Sismondi, et transportez-vous avec lui à Héraclée, ville de l'état vénitien. Les ennemis du dehors et les factieux de l'intérieur ont fait sentir la nécessité d'élire un chef supérieur aux tribuns des îles réunies, et qui, d'une main ferme, arrête les discordes et punisse les usurpations. L'expédient est dangereux, et le remède deviendra pire que le mal ; mais l'intention est louable et d'une sagesse qui fait honneur à la démocratie. Nobles, clergé, citoyens, les trois ordres sont réunis ; la nation délibère et prend la résolution de nommer un duc ou doge, mais avec la réserve expresse de conserver des assemblées générales.

L'auteur d'une savante histoire d'Espagne, M. Romey se joignant à MM. Thierry, Fauriel, Michelet, Sismondi, nous appelle à Tolède, pour assister au quatrième concile. C'est une des assemblées nationales des Goths. Ses actes sont presque tous des actes politiques. Le roi y figure, mais ne la préside point. Nous verrons en France les députés du tiers à genoux ; à Tolède, cette attitude est celle du prince : genou en terre, il prie d'un ton humble l'assemblée de réordonner l'état. En 681, un autre concile de Tolède dégage les sujets de Vamba de leurs obligations envers ce prince. Cette déposition d'un roi, observe M. Daunou, n'excita aucun scandale, et nul obstacle ne vint s'opposer à l'exécution. Il paraît que ce traitement n'était pas mérité. Nous n'avons point à défendre la démocratie, qui peut, comme les monarques, faire mauvais usage de son pouvoir. Nous constatons seulement ce qu'était ce pouvoir en Espagne, chez les Visigoths, dans le septième siècle. On en jugera mieux encore par un des canons de ce quatrième concile de Tolède, auquel nous assistions tout à l'heure, et qui fut convoqué par le roi Sisenand, du temps du roi Dagobert. Voici ce canon, ou plutôt cette loi : « Et quant aux rois des âges futurs, nous promulguons en toute vérité cette sentence : si l'un d'entre eux, au mépris des lois, avec un despotisme orgueilleux et un dédain royal, faisait peser sur les peuples une domination cruelle, pour assouvir ses débauches, son ambition et son avarice, qu'il soit frappé d'anathème au nom du Christ; qu'il soit séparé de Dieu par son jugement. » Et le concile, comme on a pu voir, était, le cas échéant, l'exécuteur de la sentence. Il est bien fâcheux que ces anathèmes, et les assemblées qui les fulminaient, sans reculer devant l'application, n'aient pas franchi les Pyrénées, en ce temps où des monstres de débauche, d'avarice et de cruauté, pesaient, avec un dédain tout royal, sur la France. Sévère justice au-delà, impunité en deçà; ce contraste afflige la morale à toutes les époques; mais enfin n'est-ce pas beaucoup qu'il y ait une démocratie puissante et morale en Espagne, à l'état d'assemblée constituante à Venise, d'organisation municipale prête à se défendre en Aquitaine, de législation évangélique rappelant les droits de l'humanité en Neustrie, de liberté sauvage en Austrasie, n'est-ce pas beaucoup pour le septième siècle ?

A la fin du sixième, le duché de Gaëte et celui de Naples ont réussi complètement à se donner un gouvernement républicain, qu'ils surent maintenir pendant cent cinquante ans au milieu des Lombards. Leurs institutions se conservaient peut-être depuis le temps des républiques de la grande Grèce. Leurs magistrats étaient élus, dans des assemblées annuelles, par les citoyens qui s'imposaient eux-mêmes les taxes nécessaires à leur dépense. Au commencement du même siècle, la législation et l'administration romaines n'avaient presque pas changé dans les parties de la Gaule gouvernées par des chefs visigoths et par des Burgondes, ou bien les changements qu'elles avaient éprouvés tendaient à l'agrandissement de la juridiction municipale. Certains officiers municipaux, outre le *défenseur*, qui est une sorte de ministère public, sont élus par le corps entier des citoyens. La simple notabilité suffit. Telle est la constitution urbaine sous Alaric II, par les ordres duquel les lois romaines sont recueillies en un code où ce principe des Visigoths, que les hommes ont une égale valeur devant la loi, se trouve consacré.

A l'époque où nous sommes, au début du sixième

siècle, la Gaule se divisait en quatre états : le royaume des Visigoths, qui embrassait presque toute la Provence et s'étendait, au-delà des Pyrénées, dans l'Espagne presque entière; le royaume des Bourguignons, qui de la haute Loire se prolongeait jusqu'à la Savoie; la Bretagne, renfermée à peu près dans ses limites actuelles, et demeurée purement gauloise; enfin tout le reste de l'ancienne Gaule romaine jusqu'au Rhin. Ce dernier et vaste fragment de l'empire d'Occident, désolé tant de fois par les courses des ancêtres de Clovis, séparé de la métropole, mal défendu par son gouverneur Siagrius, était échu définitivement, suivant les lois de la guerre, au jeune et habile chef venu d'abord avec une seule tribu et rejoint, à chaque succès, par des tribus nouvelles, qui lui composèrent une force militaire considérable. Après avoir repoussé diverses agressions, au nombre desquelles la plus dangereuse fut celle des peuplades de la Germanie, qui lui disputaient le fruit de ses victoires, après s'en être assuré la possession à Tolbiac, de sanglante mémoire, Clovis avait fixé sa résidence à Soissons. De là, il surveillait sa conquête, l'organisait en chef barbare, en chef de guerriers, partageant terres et hommes entre les siens et ne s'oubliant pas; il publiait la loi salique, et surtout il brûlait de conquérir encore, lorsque l'occasion lui en fut offerte par les divisions qui agitaient le royaume de Bourgogne, dont il s'empara, et par les évêques orthodoxes du midi, qui voulaient substituer leur foi et probablement leur influence à celle des Ariens dans le royaume des Visigoths, dont Clovis s'empara aussi. Époux de la belle et catholique Clotilde, il s'était fait baptiser plus encore par calcul que par conviction et par amour; une grande partie de son armée avait suivi son exemple, mêlant, du reste, une foule de superstitions païennes aux rites de la nouvelle religion.

Ce n'était point sans doute une semence perdue que celle de l'évangile dans ces esprits grossiers, elle devait fructifier un jour; en attendant, les bataillons francs et leur chef ambitieux recueillaient un autre fruit de leur conversion : la Gaule méridionale fut le paradis terrestre dont l'Église leur livra la clef, d'où ils chassèrent les Visigoths, amollis par les délices de la paix et du climat, et où ils se précipitèrent en dévastateurs. Ils n'y restèrent pas, heureusement. Clovis choisit un centre d'où il pouvait rayonner vers les extrémités diverses des régions soumises à ses armes. Paris, ancienne résidence de quelques-uns des Césars, devint celle du nouveau vainqueur et le chef-lieu des Gaules Revêtu du manteau de pourpre, ceint du diadème, paré du titre d'auguste, que lui décerna, par ambassade, Anastase, empereur d'Orient, le fier Sicambre, pour lui donner le nom que lui donna l'évêque Remi, affermit son pouvoir et en constitua l'unité en sauvage qui met sans difficulté la perfidie et l'assassinat au nombre de ses moyens. Son commandement, qui dura trente années et ne se termina qu'avec sa vie, en 511, fut, à dater de sa conversion, un mélange bizarre de politique atroce et d'actes religieux, qui n'étaient sans doute aussi que des actes politiques.

L'avénement de Clovis et des siens à la domination des Gaules importe à notre esquisse : il marque l'époque, il dessine la situation; il rappelle la prépondérance que prit alors le christianisme; il montre l'origine des résultats issus de la régénération brutale des Gallo-Romains par les Franks; il signale, à l'instant des premières approches, l'alliance forcée entre la démocratie urbaine et la démocratie barbare.

Que sont-elles l'une et l'autre au temps de la conquête nouvelle et par quels symptômes se manifeste leur existence? Le champ de mars est dans toute sa verdeur; c'est là qu'en assemblée générale des guerriers, qu'en conseils publics, s'agitent toutes les questions. Avant d'entreprendre la guerre, après la bataille et ordinairement pour le partage des dépouilles, avant de recevoir le baptême, pour tous les intérêts communs, Clovis provoque une délibération commune. Simple chef de tribu, arrivé à une sorte de royauté, il ne comprend pas d'une autre façon le gouvernement. Aussi le voit-on présider le concile où fut consacré le droit d'asile, privilége d'impunité plus tard, mais qui était alors une mesure d'humanité : double et remarquable intervention du conquérant dans une assemblée gallo-romaine, du clergé gallo-romain dans une mesure législative qui limite le droit de la conquête. En général, cependant, à cette époque, chaque peuple vécut sous sa coutume particulière. Les vaincus eurent la permission de conserver leurs lois, à moins qu'ils ne vinssent à préférer la loi des vainqueurs. Mais ceux-ci ne tardèrent pas à reconnaître tout ce qu'il y avait d'inapplicable à leur nouvelle situation dans l'ancienne simplicité de leurs usages, et ils firent de nombreux emprunts à la législation romaine.

Nous avons pris d'abord le sixième siècle à la fin, puis d'une enjambée, nous sommes remonté au commencement, non sans entamer le cinquième. C'est la partie intermédiaire, comme on voit, que nous explorons maintenant.

La Provence et la Septimanie, soumises un moment à Clovis, retournèrent, par un accommodement de celui-ci, à l'ancienne domination des Goths, c'est-à-dire à une domination fort tolérante et façonnée par la civilisation. C'est là surtout que les villes étaient romaines et que les libertés administratives, comme on dirait aujourd'hui, avaient jeté de profondes racines. Pendant toute la durée, du moins peu s'en faut, de la race mérovingienne, elles ne cessèrent de fleurir. Du temps des Romains la noblesse ou plutôt la notabilité municipale, c'est-à-dire l'ordre des décurions, venait après la noblesse impériale. Cette classe des notables formait alors le lien entre les grands dignitaires de l'empire et la population libre des villes, la population plébéienne. Sous cette dernière dénomination étaient comprises toutes les classes industrielles et laborieuses, organisées en corporations indépendantes, ayant chacune ses chefs, ses règlements, ses priviléges, et l'on pourrait dire sa personnalité (1). Ces corporations, ainsi que nous l'avons dit de certaines communautés, sont encore un de ces filons de la mine démocratique qu'il serait curieux de suivre dans les souterrains de la société; devenues abusives, comme tant d'autres institutions quand il n'y eut plus qu'une grande corporation sociale, elles furent longtemps une forme de liberté, un moyen de garantie, un refuge pour le droit humain. Sous la domination des empereurs qui traînaient à leur suite le cortége de plus en plus nombreux des clients, des colons, des esclaves, ce legs déplorable de l'aris-

---

(1) M. Fauriel.

tocratie républicaine, la classe des plébéiens voués au travail et à l'industrie ajoutait ses corporations aux classes de la noblesse impériale et de la notabilité municipale et composait ainsi une masse d'hommes libres qui ne put que s'accroître et se fortifier à mesure que se relâchaient les liens avec la métropole et que les villes abandonnées à leur propre impulsion durent se suffire à elles-mêmes. Il se créa des sénats municipaux à qui l'épithète de sacré, cette formule de la majesté impériale, fut attribuée comme qualification. Malgré ces formes plus ou moins aristocratiques, le régime municipal, dit M. Thierry, devint partout démocratique. Il le devint avec plus de largeur sous les Mérovingiens. La curie romaine, en effet, fut un *mâl* pour la race germanique. Si nous comprenons bien le sens de cette observation d'un historien compétent, si ce nom de mâl, d'assemblée générale des hommes libres, appliqué par les vainqueurs à l'assemblée urbaine des vaincus, a sa valeur naturelle, c'est toute une révélation; c'est la preuve que nous n'étions pas dans l'erreur en attribuant une grande part à l'influence des mœurs et des idées des barbares sur celles des Galloromains, une véritable importance aux champs de mars. Le municipe a dû se rapprocher quelquefois du modèle auquel on l'assimilait et se faire assemblée nationale au petit pied, comme on dirait aujourd'hui.

Les administrateurs municipaux, appelés *bons hommes* dans l'idiome germanique, c'est-à-dire citoyens actifs et capables, devaient tendre, par une propension naturelle, à justifier cette appellation en se montrant hommes en effet, et en agrandissant la sphère de leur capacité et de leur activité de citoyens.

Notre opinion, appuyée par un mot expressif, s'éclaire par ce passage explicite : « La vie romaine et la vie barbare, distinctes d'abord, sur le même sol, se mêlent ensuite, et, pour ainsi dire, se pénètrent par degrés. » Notre opinion se fortifie encore du sentiment formel de deux autres savants : l'auteur de l'histoire de la civilisation moderne, parlant de la fusion des éléments d'où est sortie la société nouvelle, s'énonce ainsi : « Alors l'association, la légalité nous fut léguée par Rome, la moralité par le christianisme, la liberté individuelle par les Germains. » De ce triple legs s'est formé, suivant M. Guizot, l'esprit général qui domine l'Europe. Nous qui sommes particulièrement à la recherche de l'élément démocratique, nous nous emparons, sans discuter les autres legs, de celui que nous tenons des Germains, et que l'historien philosophe définit le droit et le bien de chaque individu maître de lui-même; et nous ajoutons, avec M. de Sismondi : « Dans la grande refonte des nations, le nord et le midi donnèrent les vertus qui leur étaient propres. Les peuples du nord ne connaissaient que la liberté sans patrie; ceux du midi avaient une patrie sans liberté. » Ce qui est vrai, en prenant le mot de liberté dans toute son extension. M. de Sismondi applique avec plus de développement à l'Italie ces idées qui, sous beaucoup de rapports, sont communes à la France, et dont voici le résumé :

Les nations septentrionales, par leur mélange avec les Italiens, avaient rendu à ces derniers le sentiment de la dignité de l'homme, l'amour de la patrie et le désir de la liberté; mais elles leur avaient apporté aussi un système nouveau de gouvernement et des notions sur les droits de l'homme différentes de celles des anciens. Les droits de la patrie étaient plus grands chez les Romains et chez les Grecs; la fière indépendance de chaque individu était plus respectée chez les nations barbares. Les peuples du midi étaient libres dans les villes; les peuples du nord libres dans les bois. Jusqu'à la fin de l'existence des républiques italiennes, nous retrouvons en elles les effets des idées apportées du nord. De celles-ci vinrent les associations pour repousser une puissance oppressive, et naquit surtout le droit de résistance au gouvernement.

Telle est, du septième au cinquième siècle compris, la double démocratie barbare et civilisée, dans quelques-uns de ses actes et dans les premiers symptômes de son travail réciproque de transformation; un trait, celui du droit électif, en usage chez les Lombards, ajoute à sa physionomie qui, vue sous un autre aspect, se poétise par un beau phénomène.

§ XVI.

Cette nation qui, toujours indépendante et longtemps libre, a observé comme un spectacle, dit un historien (1), les révolutions de l'univers; qui a vu la longue agonie et la fin de l'empire romain en Occident, la naissance de l'empire français lorsque Clovis conquit les Gaules; l'élévation et la chute des Ostrogoths en Italie; des Visigoths en Espagne; des Lombards succédant aux premiers; des Sarrazins dépossédant les seconds; qui a vu l'empire des califes croître, menacer d'envahir la terre, se diviser et se détruire; l'empire de Bysance tomber, et sur ses ruines s'élever les fa-

(1) M. de Sismondi.

rouches musulmans; la monarchie française commencer et finir; tous les royaumes, toutes les nations passer devant elle; cette république inébranlable jusqu'à nos jours et que nous venons seulement de voir succomber, Venise, fille de l'antique Vénétie, naît dans les lagunes du golfe Adriatique au temps où Attila exerce ses ravages. Ce n'était encore que la bourgade de Rialto accueillant les fugitifs d'Aquilée, de Padoue et d'une portion de l'Italie dévastée. Des cabanes faites à la hâte servent à cacher durant l'orage dévastateur hommes, femmes, enfants, vieillards réfugiés dans ces bas-fonds, dans ces îles fangeuses. Là, nobles, ouvriers laborieux, marins, fondent un état où tous devaient vivre non plus du produit des terres, mais de celui d'une industrie active et croissante. La petite ville de Rialto paraît avoir reçu de Padoue les consuls ou les tribuns qui formèrent son premier gouvernement municipal. D'autres pensent que le tribunat était pour Rialto une magistrature ancienne. Quoi qu'il en soit, en 523, Venise est déjà une république dont on vante le génie industrieux, l'esprit d'égalité, de liberté, les bonnes mœurs. En 568, l'invasion de l'Italie par les Lombards procure aux îles vénitiennes des habitants nombreux, un clergé indépendant, de nouvelles ressources, et bientôt ces îles sont unies avec les villes par une constitution fédérative. Nous avons vu comment, à Héraclée, une assemblée générale créa, sous le nom de doge, une magistrature suprême avec l'autorité de laquelle le droit populaire fut souvent aux prises, mais qui contribua sans doute à la longue stabilité et à la prodigieuse puissance de Venise.

A cette invasion des Lombards qui donna un nouvel élan à l'activité vénitienne, il faut rapporter encore la renaissance des peuples en Italie. Des principautés indépendantes, des communautés, des républiques commencèrent à se constituer de toutes parts, et un principe de vie fut rendu à cette contrée longtemps ensevelie dans un sommeil léthargique.

Nous avons nommé Attila, le fléau de Dieu, le chef des Huns que défirent, sous Mérovée, les Franks, ces hordes des forêts de la Germanie, non moins féroces que les hordes accourues du fond de l'Asie orientale pour se ruer sur les Gaules. Nommer encore les Ostrogoths, les Wisigoths, les Bulgares, les Gépides, les Hérules, les Vandales, c'est assez dire l'effroyable crise, au cinquième et au quatrième siècle, de l'empire romain, cette proie qu'ils déchiraient et dont ils se disputaient les lambeaux, s'exterminant entre eux sur les restes de cet empire qui expira sous un prince doublement voué au ridicule et au contraste; car il se nommait Romulus Augustule. L'empire, passant alors aux barbares septentrionaux, devient, en 476, simple royauté d'Italie sous Odoacre, massacré par Théodoric, dont le royaume tombe des mains des Goths vaincus aux Lombards en 568.

Au milieu de cet épouvantable débordement de peuplades, qui s'entre-choquent, se culbutent et se remplacent, nos regards se sont reposés avec quelque douceur sur cette arche vénitienne qui sauva du déluge la démocratie de la civilisation antique heureusement unie à la démocratie du christianisme. Nous pouvons regarder ailleurs encore non sans espoir et sans consolation. Rome, la ville éternelle, a conservé je ne sais quel prestige, quelle majesté qui lui vaut les respects pour ainsi dire superstitieux des barbares et prépare son nouvel ascendant. Elle fut saccagée, il est vrai, en 410, par Alaric; mais Attila lui-même n'osa suivre cet exemple, et nul conquérant ne fit sa résidence de Rome qui n'appartint désormais qu'à elle-même, sous le patronage nominal de Constantinople. Odoacre laissa aux magistrats de cette première cité le soin de recueillir les impôts, ne changea point les lois et les usages, rétablit au contraire le consulat en Occident. A son entrée à Rome, Théodoric reçut les honneurs suprêmes du pape, du sénat et du peuple; l'Italie, sous son règne, était redevenue florissante par l'agriculture et le commerce, lorsque survinrent les déplorables luttes entre les Ariens et les catholiques. Cependant ses anciennes formes de gouvernement ne furent point enlevées à l'ancienne capitale du monde par les Goths. Dans la Gaule romaine, au sein de la société générale, parmi les classes diverses de noblesse impériale et municipale, de clients, de colons, d'esclaves, il s'est formé, depuis deux siècles, une classe particulière qui tient à toutes les autres, qui, se multipliant, se renforçant, s'élevant peu à peu, a fini par être la plus active et la plus puissante de toutes, dit M. Fauriel: c'est le clergé chrétien. Il forme au cinquième siècle une société nombreuse, forte, compacte; et cette société est indubitablement ce qu'il y a dans le pays de plus énergique, de plus moral et de plus éclairé; ce qui avait le plus de droit et le plus de chances de survivre à ce vieux monde romain qui croulait. Les évêques, devenus chefs de la curie de leurs villes, constituaient non-seulement une vraie magistrature, ajoute M. Fauriel, mais une magistrature éminemment populaire.

Si de la partie méridionale des Gaules, moins foulée par les Barbares ou plus apte à les transformer, nous passons à celle où les barbares dominent et transforment tout, le prodige de la vitalité du principe municipal nous frappera mieux encore. Dans les cités romaines des bords du Rhin, tant de fois mises à feu et à sang, et qui, cernées enfin par le flot des invasions, furent transportées au sein de la Germanie, suivant l'expression d'un écrivain de ce temps, l'idiome romain disparut et la municipalité subsista. On retrouve à Cologne, de siècle en siècle, une corporation de citoyens notables qui ressemble de tout point à la curie (1).

Dès le commencement du cinquième siècle et même bien avant, lorsque la Gaule, sous la dénomination de préfecture du prétoire, formait une des deux grandes divisions de l'empire d'Occident, comprenant, outre la Gaule proprement dite, la Péninsule espagnole et la Grande-Bretagne, il était dans les attributions du préfet, du vicaire et du président, de convoquer, à des époques déterminées et en un lieu convenu, leurs subordonnés respectifs et les citoyens notables de leurs arrondissements qui, réunis en assemblées, délibéraient sur les affaires et les intérêts de la portion du territoire à laquelle ils appartenaient (2).

Si l'on veut marquer d'où procède le principe mobile, progressif, et en quelque sorte militant, de la municipalité gauloise du moyen-âge, dit M. Thierry, il faut remonter jusqu'au temps romain, jusqu'à l'institution du *défenseur*. C'est par cette institution qu'au milieu du quatrième siècle

---

(1) M. A. Thierry.
(2) M. Fauriel.

un premier germe de démocratie s'est introduit dans le régime, tout aristocratique jusque là, du municipe romain. Le défenseur, élu pour cinq ans d'abord, puis pour deux ans, par le suffrage universel des citoyens, fut une sorte de tribun du peuple avec tendance à la dictature. Il avait mission de garantir les habitants de toutes les classes contre la tyrannie des fonctionnaires impériaux ; il surveillait la conservation des propriétés municipales, la répartition des charges publiques, l'exécution des lois, l'administration de la justice, le commerce des denrées de première nécessité ; il était juge de paix, avocat des pauvres, et, selon une formule officielle, protecteur du peuple contre les abus du pouvoir et contre la cherté des vivres. C'est cette magistrature, d'abord purement civile, puis partagée par les évêques, puis envahie par eux avec l'assentiment populaire, qui devint le fondement de la puissance temporelle de l'épiscopat dans les villes. L'invasion des barbares trouva dans chaque cité de la Gaule deux pouvoirs, celui de l'évêque et celui du défenseur, tantôt d'accord, tantôt en concurrence. Tous les deux étaient électifs dans le sens le plus large de ce mot; par eux le principe de l'élection dominait sur la curie héréditaire et tendait à entraîner toute la constitution urbaine vers un changement de forme et d'esprit. Là fut, ajoute M. Thierry, auquel nous empruntons ces documents précieux sur l'institution du défenseur, là fut, je n'en doute pas, la source d'une série de révolutions partielles, isolées, inconnues, par lesquelles s'est préparée la grande révolution du douzième siècle, et s'est accompli graduellement le passage de la municipalité du monde romain à la municipalité du moyen-âge. De ce côté encore la démocratie n'éprouve aucune solution de continuité.

A qui ne voudrait pas faire quelque effort pour la démêler, au cinquième siècle, dans ce tourbillon de barbares qui fondent sur l'empire romain comme les nuées de sauterelles sur l'Égypte, elle répond, avec l'éclat du soleil, par Venise; au quatrième siècle, elle s'éparpille sur beaucoup de points, et toutefois se résume en deux grandes personnifications : le *défenseur* et le clergé. Dès le commencement du même siècle, le clergé formait une corporation déjà fortement organisée et dont le pouvoir moral tenait tout à la fois à son zèle religieux, à ses lumières, à la gravité et à la pureté de ses mœurs, pouvoir moral auquel s'associe bientôt le pouvoir administratif et politique. Certes, la démocratie est là, vigoureuse et pleine d'avenir; et voyons la suite, voyons ce qui advient quand la Gaule méridionale a pour maîtres les Franks.

Le clergé ne tarde point à trouver pesant pour lui-même le joug que, dans son orthodoxie ou dans un instinct de domination catholique, il a substitué au gouvernement, alors bien adouci, des Visigoths ariens; et pour soutenir la lutte, ou par sa tendance naturelle, il prend en main les intérêts populaires; quelques exceptions ne sauraient infirmer le principe général; presque partout, il y a entre le peuple et le clergé alliance naturelle; la cause est commune, et quand elle vient à être désertée par les évêques, c'est par le pontife suprême qu'elle est défendue. Et pour revenir au quatrième siècle, aux premières années du règne de Constantin, nous trouvons le clergé à l'œuvre en une occasion qui ne saurait être passée sous silence; le concile d'Ilibéris appartient aux fastes de la démocratie. Échappé à peine aux bourreaux de Dioclétien et de Galère, le christianisme fait à ce concile acte de puissance dans la vieille société et donne à l'Espagne (1) le modèle religieux d'un corps délibérant sur les affaires communes des fidèles. Dès ce premier congrès chrétien, les évêques s'occupent des choses temporelles en même temps que des matières spirituelles. Les bienfaits de ces grandes assemblées qui devaient dans la suite régir l'Espagne, non sans quelque grandeur, et créer et contenir le pouvoir des rois, prirent ainsi naissance de bonne

---

(1) *Hist. gén. d'Esp.*, par C. Romey.

heure sur cette terre où subsista jusqu'au seizième siècle la liberté parlementaire, si l'on peut ainsi dire, instituée par le christianisme et l'Église. Les conciles sont la première forme des assemblées délibérantes qui, élues de tous, revêtiront dans l'avenir le caractère complètement représentatif; et là encore est un des anneaux de la chaîne qui rattache à l'ère chrétienne la démocratie moderne, le présent au plus lointain passé.

§ XVII.

Ainsi le cinquième, le quatrième siècle, et ceux qui les précèdent, et que nous abordons, sans que le flambeau de la démocratie, malgré quelques instants de lueur vacillante et douteuse, se soit jamais éteint dans le cours de cette longue pérégrination, sont riches de témoignages en faveur de la tradition vivante et non interrompue de notre principe. Il vit, en effet, suivez-le bien, il vit, dans les débris encore palpitants de la société romaine, société municipale et industrielle des villes de la Gaule; dans les villes italiennes soustraites à l'invasion, ou renaît après cette invasion passagère ; il couve silencieux au fond de ces vieilles institutions qu'il rajeunira. Les municipalités établies par Rome, puissante et jalouse de sa puissance, ne sont que des réunions de citoyens chargés de s'imposer eux-mêmes, de rendre la justice, de faire des levées de troupes; quant aux pouvoirs politiques, elles n'en ont point; Rome se les réserve; mais, Rome tombée, la désorganisation de l'empire succédant à la centralisation qui s'affaise et meurt, les municipalités deviennent peu à peu des centres autour desquels les intérêts se groupent, où la liberté en germe se montre tout à coup et s'empare de l'action politique. En attendant l'heure favorable à cette action, et aux jours les plus rudes des dominations germaniques, la vie civile concentrée dans les vieilles cités gauloises y crée un esprit public qui, de proche en proche, gagnera les villes d'une date plus nouvelle, les communes récemment fondées, les bourgades affranchies, et donnera aux classes roturières occupées de commerce et d'industrie, ce qui fait la force dans les luttes politiques, des souvenirs, de la fierté, de l'indépendance. L'organisation municipale non-seulement tolérée, mais garantie dans le royaume des Visigoths par la loi des conquérants, conservée çà et là dans le royaume des Burgondes; acquérant de la virilité dans le rude contact des Francs; passant, comme modèle d'administration, dans le gouvernement, sous les rois de France; y pénétrant mieux encore comme élément du tiers-état; l'organisation municipale devient lorsque l'idée féodale a cessé, lorsque l'idée de la chose publique a prévalu, lorsque le pouvoir central s'est définitivement fondé, elle devient l'organisation nationale elle-même.

La liberté est ailleurs encore, au temps des invasions, elle est dans le sang des Barbares eux-mêmes, dont la spontanéité vient secouer une léthargie presque asiatique, dont l'égalité, l'indépendance sauvage, s'incrustent, pour les modifier, dans les mœurs, que corrompaient des jouissances trop faciles, que dégradait l'insouciance de la dignité d'homme; elle est au cœur de ces Barbares, dont la susceptibilité guerrière créa l'esprit de résistance et d'opposition, créa l'honneur personnel, compensation nécessaire de l'abnégation chrétienne, stimulant inconnu aux meilleurs citoyens des anciennes républiques.

Où vit-il encore ce principe qui grandira en une démocratie immense, organisée, universelle? Suivez toujours : il vit dans la société ecclésiastique, dans la république chrétienne, société pleine de jeunesse, d'énergie, d'avenir, qui commença par la vie commune, par l'égalité absolue; qui, arrivée à cette période où le clergé s'élève au-dessus du peuple, reste populaire, car elle groupe autour d'elle les masses souffrantes, dont elle se fait la tutrice; elle appelle dans son sein le mérite, maintient l'élection, s'empare des attributions curiales par ses évêques, qui unissant ainsi le caractère civil au caractère religieux, deviennent à double titre les représentants et les patrons naturels des populations vaincues ; la république chrétienne gouverne par assemblées, propage l'esprit de discussion, qui se tournera contre elle à l'heure des abus trop criants, communique de toutes parts, fonde une autre unité quand toute unité politique a disparu, conserve dans le sanctuaire monastique l'organisation républicaine de la fraternité, se fait archiviste des trésors intellectuels, qu'elle dispense avec parcimonie, mais qui, au jour du réveil de l'esprit humain, fructifieront au profit de son développement, de l'application des doctrines de l'Église elle-même, au profit de la liberté, qui est au fond des dogmes qu'elle fait remonter à Dieu, et qui remontent, du moins, au sommet de cette pyramide historique, que nous venons de gravir, à la recherche de la vérité démocratique.

Tout près de ce sommet, à la distance de quinze siècles, nous trouvons une formule, qui semblerait celle d'une institution parlementaire de nos jours. C'est un cadre resté vide sans doute, à cause des difficultés d'exécution; mais il s'ouvrait, sans les incursions des Barbares et l'éloignement du siége impérial, à un progrès si large de la démocratie, nous dirions presque à une organisation si moderne, qu'il doit même, comme simple pensée, figurer dans son histoire. Nous voulons parler de l'assemblée des sept provinces de la Narbonnaise, convoquée par Honorius, au commencement du cinquième siècle. N'y a-t-il pas là une ébauche du gouvernement représentatif, une esquisse d'institution qui tient, d'une part, aux importations municipales romaines, de l'autre aux coutumes des Gaulois indépendants, institution vivace et féconde, à coup sûr, puisqu'elle revit dans les conciles, dans les états provinciaux et généraux, et se prolonge jusqu'en 1789 ?

La foi religieuse suppléa les grandes institutions politiques, alors impossibles. Mais la foi primitive, admirable dans son enthousiasme, toute démocratique sous un pouvoir persécuteur, va passer au pouvoir converti, lui prêter sa force, gouverner par lui, tourner au catholicisme, à l'unité absolue, qui universalisera le principe chrétien aux dépens de la liberté de l'esprit; déjà celle-ci fait ses réserves; les hérésies ne furent, dit M. de Chateaubriand, que la vérité philosophique ou l'indépendance de l'esprit de l'homme, refusant son adhésion à la chose adoptée. Elles consacrent un droit naturel et sacré, le droit de choisir. Eh bien ! les hérésies sont contemporaines de l'église primitive ; dès le milieu du quatrième siècle, l'esprit humain est en pleine révolte ; l'arianisme, presque triomphant, succombe enfin ; mais le schisme et l'hérésie, c'est-à-dire le libre examen, l'action libre de l'intelligence, l'émancipation de la pensée, se perpétuent, et un jour arrivera où la pensée affranchie et la foi chrétienne, où l'action philosophique et la réaction évangélique, se coaliseront contre le catholicisme, qui dépassait, outre mesure, le but après l'avoir depuis longtemps atteint.

A l'extrême sommet de la généalogie démocratique ascendante, deux faits, déjà signalés, doivent être bien reconnus. Deux peuples vont faire invasion dans l'ordre social, qu'ils changeront de fond en comble; l'un, le peuple industriel, est déjà né; l'autre, le peuple agricole, ne tardera point à naître; l'un et l'autre, avant l'ère chrétienne et féodale, étaient, sous le nom d'esclaves, non-seulement en dehors de la cité, mais hors la loi de l'humanité; le peuple industriel, sorti de la domesticité romaine, formait une classe déjà nombreuse au cinquième siècle, classe plébéienne et libre, composée d'artisans, de petits propriétaires, de marchands, classe des gens de métier, des gens de négoce, principe populaire et bourgeois de la démocratie, que nous verrons s'élever si rapidement à l'état de puissance souveraine sur quelques points favorisés, que nous verrons s'émanciper ailleurs du joug de l'aristocratie, et finalement dominer partout. Le peuple agricole, moins heureux, plus durement et plus longtemps exploité, mais se groupant autour de son pasteur, pour lequel il compte par âmes, quelquefois même autour de son seigneur, auquel appartient le service, non la personne, donnant parfois la main aux villes, ou s'abritant aux environs d'une communauté hospitalière, invoquant, à la fin, non sans succès, le suzerain de ses propres maîtres; le peuple agricole multiplie sous les pieds qui le foulent comme le blé qu'il moissonne, comme l'herbe qu'il fauche; il pousse, immense forêt, ses robustes racines sous les donjons qui le menacent, et dont il mine les fondements, dont il enlace, dont il étreint, comme le lierre, les murailles qu'il démolit; le peuple agricole deviendra seigneur, à son tour, de la terre qu'il laboure et qu'il ensemence; et voilà une démocratie, sœur cadette de la démocratie industrielle, et dont le principe est contemporain de la chute de l'empire et de la naissance du monde chrétien.

A la même époque, des populations entières, ou se faisaient barbares pour échapper à une autre barbarie, celle de la spoliation fiscale et militaire des Romains, ou, devenues la proie des uns et des autres, erraient dans les campagnes par bandes, dépouillant à leur tour ceux qui les avaient dépouillées. Ces bandes, nommées Bagaudes, s'attaquaient sans doute de préférence à leurs puissants et riches persécuteurs, puisqu'elles trouvaient souvent asile dans de pauvres villages, avec lesquels même elles faisaient une sorte d'alliance défensive. Ces brigands, il faut le croire, n'étaient insurgés que contre un brigandage mieux organisé, car, lorsqu'ils étaient pris et livrés au supplice, le peuple les proclamait martyrs; car plus d'un apôtre chrétien a plaidé leur cause, et ils ont trouvé une place honorable dans les récits contemporains que n'ont pas dictés les vainqueurs. Traquées de toutes parts, les Bagaudes armoricaines se cachèrent dans les forêts dont la Gaule était couverte, et s'y établirent en petites républiques qui disparurent peu à peu, dans leur lutte inégale contre une société oppressive, non sans léguer à d'autres l'esprit de révolte contre l'oppression. Les Bagaudes espagnoles, plus heureuses, se maintinrent dans les montagnes, où, soustraites aux ravages de l'envahissement, dit un historien (1), elles gardèrent durant de longs siècles encore leur liberté menacée.

La constitution politique de l'Espagne, jusqu'à l'introduction violente du pouvoir absolu, dit à son tour l'auteur d'un travail remarquable sur les assemblées nationales dans la Péninsule (2), la constitution espagnole a toujours reposé sur deux bases fondamentales, sur deux institutions, dont

---

(1) C. Romey.
(2) L. Viardot.

l'une était particulière à la cité, et l'autre commune à la nation entière. Ces institutions, si vieilles et toujours si jeunes, sont les municipalités créées par les Romains, et les assemblées importées par les Goths; elles sont combinées et confondues au point que les premières sont devenues les éléments des autres, et que, de leur fusion, s'est formée la constitution générale. L'histoire démocratique de l'Espagne n'est-elle pas, avec quelques variantes, celle de tout l'empire romain envahi par les Barbares? Les institutions ne sont-elles pas chez nous aussi le résultat de la combinaison des municipes et des assemblées frankes?

Nous avons vu tout à l'heure dans le spectacle désolant des Bagaudes, une des faces de l'empire romain au temps des premiers symptômes de sa dissolution, au temps des premières invasions germaines, une des crises de l'agonie de la liberté et de la résurrection future de la démocratie. Celle-ci se présente sous un autre aspect, celui de la civilisation. La Gaule, dit M. Amédée Thierry, ayant accepté la destinée que Rome victorieuse lui avait faite, travaille avec sa vive intelligence à devenir promptement romaine. De grandes cités s'élèvent, un vaste système de routes s'organise, l'Océan et la Méditerranée se couvrent de flottes marchandes, l'agriculture prend un essor inconnu, les arts et le luxe suivent de près l'industrie, la population s'accroît merveilleusement : c'était le spectacle que l'Amérique du nord renouvelle depuis cinquante ans. La législation municipale entra dans les Gaules avec les autres importations romaines ; la dépravation des mœurs s'achemina par la même route. La jeune société gauloise, fondée par le fils adoptif de César, choyée par Claude, grandie sous les Antonins, polluée par les monstres dont le gouvernement ne fut qu'une orgie ou un accès de démence, déchirée par les convulsions intestines qui bouleversaient l'empire, la jeune société gauloise vieillit vite ; mais quand les Barbares et le christianisme l'eurent transformée, il se rencontra en elle le germe d'une nouvelle civilisation, grâce aux débris de l'ancienne ; les instruments d'une liberté nouvelle, grâce aux traditions, aux coutumes et aux lois de l'ancienne république. Une de ces traditions date du règne de Dioclétien : en 284, chaque ville eut pour son gouvernement particulier, un corps ou collége municipal composé de ses citoyens les plus riches, ordinairement au nombre de cent ; ce collége se nommait ordre des décurions, curie, sénat. Voilà un corps d'une composition bien aristocratique, mais laissez venir le temps ; c'est beaucoup que le cadre existe : le *défenseur*, le clergé, les bourgeois y trouveront place.

Notre principe debout au troisième siècle, l'est

également au second; et l'Espagne, cette privilégiée de la démocratie, ce pays aux fières institutions, cette terre classique de l'insurrection légale, du droit d'*Union* qui autorise les sujets à se confédérer contre leur souverain, l'Espagne a l'honneur du plus ancien précédent des cités assemblées en états-généraux. Ces états se tinrent en l'année 123, sous Adrien. Ce n'est pas tout, et pour que les démocraties municipale, chrétienne, barbare, donnent la main à la démocratie antique, voici qu'en Grèce, dans l'île d'Eubée, il se trouve encore, vers le milieu de l'an premier, des assemblées du peuple qui jugent, portent des lois, qui ont leurs démagogues et leurs agitateurs ; dans l'île d'Eubée vivent toutes les institutions comme tous les abus de la plus absolue démocratie ; c'est un abrégé des anciennes républiques de la Grèce.

De là, que voyons-nous? Une assemblée de toutes les cités gauloises convoquées par Auguste, dans un but de classement, d'unité politique et d'organisation administrative ; et, à dater de cet empereur, l'égalité universelle se substituant à la liberté aristocratique, égalité par le despotisme impérial, par l'anarchie, par la domination germaine, par le christianisme.

§ XVIII.

Nous sommes arrivés au dernier degré de l'échelle chronologique, dans l'ordre ascendant des faits; au premier, dans l'ordre de la chronologie descendante; nous voici, près de l'histoire ancienne, à la limite d'où les événements commencent à prendre un nouveau cours. De ce point de départ, non pas au but final qu'on peut conjecturer et non découvrir, mais au point où la démocratie est aujourd'hui parvenue, nous ne saurions mesurer la distance sans prendre le vertige, et aussi sans avoir en quelque pitié nos impatiences de créature éphémère, comparées à la majestueuse lenteur de l'être qui a l'éternité devant lui. Et toutefois, malgré cette lenteur apparente, que de choses accomplies! Cet intervalle de dix-huit siècles, c'est l'immensité; mais aussi les résultats sont immenses, et, chaque fois qu'ils éclatent, ils révèlent ce travail sourd mais continu qui les a enfantés. Il est un autre travail plus caché encore, c'est celui dont l'étude, si elle était possible, constituerait l'histoire métaphysique de la démocratie, établirait la succession des influences morales qui ont agi en elle et sur elle, montrerait la filiation des idées qu'elle a reçues ou qui lui sont propres, leur développement, leurs modifications, et, pour ainsi dire, dévoilerait le mécanisme interne de sa vie et de ses progrès, nécessairement liés à la vie et au progrès du monde intellectuel. Cet ordre de phénomènes n'est point à notre portée. Observer dans l'individu les mystérieuses lois de l'âme est une science déjà délicate et incertaine; mais cette observation étendue à l'espèce, mais la psychologie collective, universelle, pour faire ensuite la part spéciale de la démocratie, c'est un essai que peu de personnes oseront tenter. Nous entrevoyons seulement, quant à nous, d'une manière générale, l'action intime exercée sur lui-même par l'esprit humain, grâce au mouvement naturel dont il est doué, grâce à l'excitation qu'il reçoit des choses extérieures, aux instruments qui arment ses aptitudes et multiplient ses forces, grâce aux communications toujours plus fréquentes, toujours plus vastes des intelligences entre elles; nous ne saurions douter de la perfectibilité dont un grand philosophe a tracé si admirablement la marche progressive; mais il ne nous est pas donné d'en pénétrer les ressorts occultes; nous ne pouvons la constater que dans ses effets, dans ses œuvres, dans la série des découvertes, des inventions de toutes sortes, des travaux de toute nature qui se sont accomplis: agricoles, scientifiques, littéraires, artistiques, industriels, politiques, philosophiques; et, ce tableau sous les yeux, il nous est permis de conclure que le cerveau de l'homme s'est profondément modifié dans le cours de tant d'élaborations et de situations diverses, que l'organisation humaine tout entière s'est ressentie des opérations de la pensée qui, les mœurs aidant, a transformé l'individu social, l'ensemble des populations, et dès lors la démocratie appelée à d'autres transformations encore.

A cette démocratie presque insaisissable aux premiers jours, dans la diversité de ses éléments, éparse, errante, informe; puis s'essayant dans les vieux types du municipe romain, se greffant sur les branches encore vives, transplantées de Grèce et d'Italie dans la Gaule méridionale, abritée çà et là, durant le naufrage de l'ancienne civilisation, derrière les murs de quelques cités où elle se fait bourgeoise; ici payant sa rançon, humble et vaincue, aux seigneurs féodaux organisés eux-mêmes en haute démocratie militaire, hiérarchique et fédérative; là, vivant au milieu des vainqueurs, dans les camps, sous les traits farouches de l'électorat armé, de la conjuration scandinave; ou bien, au contraire, dépouillant son âpreté sauvage sous la tiède influence de la civilisation romaine; en maints endroits se développant dans la société spirituelle, à l'insu, à l'encontre ou à l'aide du pouvoir temporel; puis, au temps des guerres aventureuses et des découvertes lointaines, au réveil de l'industrie et des lettres, créant de petites et florissantes républiques, des états libres, des communes, au-delà et en deçà des Alpes et des Pyrénées, de la Loire et du Rhin; faisant surgir du fond des marais et des lagunes de l'Italie et de la·Hollande, des états puissants qui ne déclinent qu'après une longue expérience de liberté prospère, trésor que d'autres recueillent à leur tour; parsemant les Flandres, et quelques parties des Gaules, de villes commerçantes et libres; tournée en oligarchie à Venise et morcelée en Suisse; disciplinée en Angleterre par les concessions habiles de l'aristocratie; contemplative en Allemagne sous un despotisme aux formes municipales; fondée depuis peu, dans l'Amérique du Nord, des débris du républicanisme religieux de l'Angleterre, et grâce à l'intervention philosophique et chevaleresque de la France; dans cette France elle-même déjà tout en réalité, bien qu'aux yeux de la noblesse et du haut clergé elle fût peu de chose, bien que par les institutions monarchiques elle ne fût rien : à cette démocratie, qui eut tant de noms différents, suivant les époques et les pays, qui s'est appelée curie, scabinat, défenseur, *mal*, grand justicier, consulat, ghilde, confrérie, ville affranchie, république, tiers-état; qui revêtit tant de formes, depuis la conspiration et l'insurrection jusqu'aux priviléges, aux chartes octroyées, jusqu'à à l'organisation parlementaire; qui eut tantôt pour organes des assemblées électives, tantôt pour instrument la royauté elle-même; à cette démocratie il fallait l'évidence d'un avénement formidable, la splendeur du météore et le bruit de la foudre révolutionnaires; il lui fallait une tête, une métropole à la vaste enceinte, au foyer ardent, expansif, à l'initiative intelligente, généreuse, à la propagande agressive et conquérante : la démocratie s'empara, en un coup de main et d'éclat, de Paris, comme le catholicisme s'était, jadis, furtivement emparé de Rome.

Ainsi, l'histoire de 1789 n'est que la conclusion première et la moralité féconde de ces précédents historiques, si lents, si multiples, si péniblement confus, si convulsivement accomplis; elle n'est que la conséquence efficace, à son tour, et la continuation plus significative et plus rapide du mouvement civilisateur sorti des ruines de l'ancienne civilisation, elle n'est qu'un chapitre majestueux et terrible d'une histoire incessante, chapitre ralenti, à certains égards, par le double épisode de l'Empire et de la Restauration, à certains autres poussé plus avant, creusé plus profondément, et repris chez nous, en quelques pages incisives, au mois de juillet 1830, pour dévier encore, au moins par d'apparentes hésitations, puis de nouveau

reprendre et poursuivre son cours, après un de
ces temps d'arrêt où les sociétés se replient sur
elles-mêmes pour se reconnaître, pour réorganiser
et rajeunir leurs forces, que le combat a momentanément énervées et jetées dans une sorte de
désordre et de confusion.

Sans ce long passé dont elle procède, sans ce
travail des âges qui enfanta, en 1789, l'époque de
dissolution et de rénovation dont celle de 1830
est issue, sans cet avenir qui sortira d'elle, que
serait une semaine d'émotion populaire et de barricades parisiennes, au bout de laquelle un trône
et quelques hauteurs gouvernementales auraient
changé d'occupants ainsi que des piédestaux de
statues? Mais, comme intermédiaire actif entre le
mouvement démocratique allangui ou détourné
de sa voie et ce mouvement rendu à son énergie,
comme ressort d'autant plus puissant qu'il avait
été plus longtemps comprimé, ressort dont la dé-
tente rapide lance au loin les conséquences fertiles
du principe qu'il recèle, c'est une semaine sécu-
laire que la semaine de Juillet ; c'est véritablement
une révolution, ainsi qu'on l'a nommée dans les
premiers transports de la victoire. Et quelle révolution, si, comme il nous a semblé l'entrevoir,
comme nous l'avons indiqué tout à l'heure, il ne
s'agit pas simplement d'une victoire nouvelle de
la démocratie, mais d'un acheminement à son

organisation sociale et politique en France, et, dès lors, avec le temps, de sa domination universelle!

§ XIX.

La démocratie, constituée définitivement, universellement, avec la diversité de formes que comporte la différence des tempéraments nationaux, que nécessitent l'exigence des mœurs, celle du sol et du climat et mille accidents, qu'adviendra-t-il aux générations futures? C'est un problème humanitaire que nous n'avons garde de résoudre en prophète; mais sur cette foule d'indices que nous livre l'expérience, ne peut-on admettre que le progrès, sans déserter l'unité collective, s'attachera simultanément à l'unité individuelle, et que chaque homme ira, dans son développement, jusqu'à l'apogée des facultés intellectuelles et physiques que lui a départies la nature? Ne peut-on croire que le développement de l'unité individuelle et celui de l'unité collective non-seulement parallèles, mais combinés, amèneront dans les sciences morales, naturelles, politiques, industrielles, des découvertes qui, pour être prodigieuses, ne le seront pas plus que celles dont les miracles sont déjà vulgaires? Ne peut-on prévoir que l'effet de ces découvertes sera d'élever la personnalité humaine et l'état social à un degré de puissance et de perfection aussi impossible à comprendre aujourd'hui qu'il l'eût été autrefois de deviner l'invention et les résultats de l'imprimerie, de la boussole, de la poudre à canon, des instruments d'optique, de la vapeur, et de tant d'autres forces qui ont, chacune, centuplé celles de l'homme?

Nous avons sous les yeux un fait irrécusable, qui, j'en conviens, se présente encore sous le double et fâcheux aspect de l'égoïsme et de l'antagonisme. Ce fait, c'est celui de l'activité individuelle, des efforts de chacun pour être quelque chose, et, du moins, pour améliorer son sort, pour arriver au bien-être; et, le nécessaire même à peine obtenu, pour conquérir les satisfactions morales aussi bien que matérielles, pour devenir enfin tout ce qu'il est possible qu'il devienne. Telle est, chez nous, l'universelle tendance. Jamais l'individu ne s'est plus senti, plus apprécié, n'a compté pour autant, ne s'est distingué de la masse dans une telle proportion numérique, au point que ceux qui en sortent avec quelque notabilité forment, à leur tour, une masse imposante, l'égalité, hautement réclamée par tous, n'étant peut-être qu'une prétention intime et générale à la supériorité; jamais, en un mot, les membres d'une société n'ont aspiré, avec une telle énergie d'ascension et d'accroissement, à devenir membres réels, actifs, influents, de cette société, à entrer en pleine possession des droits de l'homme et du citoyen. Il n'y a tantôt plus de cette longue résignation du grand nombre, de la plèbe inerte à végéter sous la domination florissante du petit nombre; tout le monde veut vivre. Que résultera-t-il de cette émulation croissante, de ces avènements à la souveraineté, non plus isolés et rares, comme autrefois; non plus partiels, successifs, et, en quelque sorte, hiérarchiques, comme au temps où la magistrature, le clergé, la noblesse elle-même, se recrutaient dans le tiers-état; non plus même par classe, comme la bourgeoisie nous en offre l'exemple? Que résultera-t-il de ces envahissements des pouvoirs de la société pour s'en distribuer les bienfaits, de ces envahissements par populations, par nation entière, toute composée d'hommes suffisamment instruits pour avoir conscience d'eux-mêmes, toute composée de citoyens suffisamment capables pour revendiquer les conséquences de ce titre, ayant ainsi le vouloir et le pouvoir de gouverner la cité, mais chaque individu prétendant conformer ce gouvernement à la loi de son bonheur personnel, qui est la loi de l'humanité? Les citoyens se disputeront-ils la proie sociale dans des guerres acharnées, interminables? Les hommes, réduits à s'entre-dévorer, tournerontils à l'état sauvage? Encore une fois, sans nous instituer ici prophète, nous osons dire que la civilisation, qui a touché presque tous les points du globe, qui a ses racines profondes en maintes contrées et dans un sol immense, la civilisation stéréotypée par l'imprimerie, vivante dans les langues, répandue en germes innombrables dans l'air que nous respirons, passée dans le sang des générations et faite peuple dans une grande partie du monde habité; nous osons dire que la civilisation, sans un cataclysme, ne saurait se désapprendre, ne saurait périr. Dès lors, il est nécessaire qu'elle avance, il est nécessaire que, sauf intermittences et perturbations passagères, et dût-elle se déplacer, elle progresse; et dans cette loi de mouvement et de progrès gît le salut de la démocratie, qu'il ne faut pas juger par son état de lutte et de fermentation, et dont la destinée, avant d'atteindre une situation normale et à peu près définitive, doit traverser encore bien des phases diverses, si elle est, en effet, comme il semble, le dernier mot de la civilisation elle-même; si, par démocratie, nous avons eu raison d'entendre un ordre de choses qui assurera concurremment au corps social et à chacun de ses membres, le plein et libre exercice, le plus haut développement des facultés humaines, et la satisfaction la plus complète des besoins matériels et moraux. L'émancipation graduelle de l'humanité, l'élévation progressive du plébéianisme, comme dit M. Ballanche, l'affranchissement du travail, la consécration exclusive des droits du mérite, la fondation de l'aristocratie des vertus, des talents et des sciences (1); n'est-ce pas là l'organisation définitive, l'évangile de la véritable démocratie, dont le messie est attendu?

Qu'il y ait utopie dans cette foi en l'avenir, ce n'est pas du moins l'expérience du passé qui nous donnerait cette crainte, du passé qui, s'il venait à sortir du sommeil de la tombe, croirait rêver encore en voyant tout ce que le génie du progrès a inventé. N'inventera-t-on plus rien? L'esprit est-il emprisonné dans un cercle de fer désormais rivé? nous en tiendrons-nous aux expérimentations matérielles chaque jour plus intelligentes dans leur application? La mine des sciences morales et politiques est-elle exploitée, est-elle seulement fouillée au-dessous de la surface?

Éclairée par les fautes de ses devancières et par les siennes propres, épurée en même temps que fortifiée par le concours des intelligences que formera une meilleure éducation, notre démocratie, on peut le présumer, arrivera un jour à mettre en action le principe qui ne sépare point les intérêts privés de l'intérêt public; elle

---

(1) M. Laurent, *Hist. de Napoléon.*

découvrira, elle pratiquera l'art de les concilier, de les coordonner pour mieux les satisfaire ; elle les passionnera pour qu'ils aient tout leur développement, toute leur activité, et les reliera en un faisceau pour qu'ils acquièrent toute la puissance de l'unité, pour que les citoyens ensemble, collectivement, parviennent où chacun d'eux isolément ne parviendra jamais, et placent sous cette même garantie mutuelle ce que chacun d'eux serait exposé à se voir ravi par un autre.

Ou la démocratie, dont les États-Unis offrent sur une vaste échelle un magnifique essai, dont la France, aux idées contagieuses, possède le fond et ne cherche que la forme, dont le monde occidental éprouve, à divers degrés, les symptômes qui gagnent jusqu'à l'Orient, ou la démocratie universelle est l'universelle dissolution, ou elle porte en elle-même son principe d'organisation définitive. Elle s'organisera donc, après de nouvelles et dures leçons peut-être, après des crises et des commotions nouvelles, si l'on veut, après avoir acheté chèrement le droit de réaliser d'autres progrès : c'est à ce prix que nous avons fait chaque pas vers un meilleur état social, que nous avons parcouru chaque degré de l'échelle politique, que nous avons obtenu chaque bienfait de la civilisation. Que de sanglants préludes ont marqué les premières tentatives d'un ordre quelconque, l'établissement des sociétés les plus élémentaires, les efforts successifs de ces sociétés pour se constituer en nations capables de subsister par elles-mêmes! Quelle confusion des choses, quels conflits meurtriers des personnes ont précédé et souvent accompagné chacune des conquêtes dont nous jouissons aujourd'hui fort tranquillement : le droit de vivre, de croire, de penser, de parler, d'écrire; celui d'avoir une famille, de posséder, de disposer de nos biens, de nous-mêmes, et tous les droits maintenant incontestés dans l'ordre naturel, religieux, civil et politique! Nos pères sont sortis d'un bien autre chaos que celui dont la perspective nous épouvante, d'une bien autre lutte que celle des opinions qui nous agitent. Pourquoi nos neveux ne finiraient-ils pas par s'entendre sur ce qui nous divise, par être unanimes ou en majorité immense pour faire jaillir du fond des choses leur forme la plus convenable, pour harmoniser le jeu des intérêts, des esprits, des éléments humains et sociaux, dans un large mécanisme d'institutions, mécanisme fort simple peut-être, quoique encore inconnu?

Ainsi le problème du mouvement démocratique aurait en lui-même sa solution; l'océan populaire, remué jusqu'à la fureur, reprendrait naturellement son niveau en vertu des lois qui auraient momentanément soulevé la tempête; l'instinct du bonheur individuel, développé tout à la fois et discipliné par l'intelligence sociale, par la conscience publique, se suffirait; l'organisation humaine, où gît primitivement le germe de la démocratie, s'agrandirait par la culture même de ce germe puissant, dont elle fertiliserait le monde, et s'instruirait à recueillir en commun une riche moisson d'idées, de perfectionnements, d'améliorations de bonheur que nous compromettons par notre ardeur rivale à nous substituer individuellement à autrui ; ce qui nous conduit à l'usurpation de quelques-uns sur tous.

De cette considération morale passant à la question politique, nous nous emparons d'un mot qui nous semble bien près de la solution : « Par un travail lent et caché notre société est arrivée à cette nouvelle forme de l'Europe moderne, où deux grandes figures occupent seules la scène historique : le gouvernement et le pays. » Ainsi s'exprime M. Guizot, lequel considère cet état comme définitif, et place, comme on voit, le gouvernement avant le pays. Définitivement, selon nous, le pays prévaudra dans l'ordre hiérarchique, ou plutôt il restera seul, se gouvernant lui-même par ses délégués. Ne sommes-nous donc pas, dès à présent, régis en France d'après ce principe? La charte nouvelle déclare que le roi règne par le vœu de la nation. Les ministres sont élus virtuellement par la chambre, composée des mandataires de nos colléges électoraux. Toute la difficulté est dans le mode d'élection; la question, en dernier analyse, se réduit à l'organisation électorale, au meilleur procédé de délégation de la part des citoyens, en d'autres termes, à la sincérité représentative. Le pouvoir n'est pas un être à part, existant par lui-même et qui s'érige comme traitant de supérieur à inférieur, ni même d'égal à égal avec la nation; le pouvoir émane de celle-ci : c'est une charge, une magistrature, c'est la personnification de la société agissant dans un cercle tracé par les lois, que discutent, votent et réforment les députés de la nation. Le travail lent et caché, qui a enfin amené cet ordre de choses, nous découvre ce qu'il contenait en lui-même : la démocratie. Les conséquences révèlent la nature du principe et démontrent, avec sa prééxistence, sa supériorité, si ce n'est encore sa prépondérance effective: ce qui doit tout absorber, ce qui survit à tout, ce qui se retrouve seul à la fin, était essentiel au commencement.

Tel est le fait principal auquel est venue aboutir la civilisation européenne, ajoute M. Guizot, parlant du gouvernement et du pays, qui occupent à eux seuls la scène historique; si ce double fait se résout en un fait unique, *le pays*, dont le gouvernement, de distinct qu'on le suppose, ne sera plus finalement qu'une forme politique et administrative, on peut affirmer que c'est à la démocratie qu'aboutira la civilisation européenne. La marche qui, à travers les siècles, a conduit où nous le voyons le principe démocratique, nous montre assez, dans ses développements actuels, ses progrès futurs ; et si, en jetant un coup d'œil sur cet avenir, un peu de poésie est permise, il nous semble que l'Europe, souvent ralliée à la bannière d'un homme, incarnation plus ou moins pure de la pensée de l'époque, s'avance désormais directement sous la bannière de cette pensée elle-même. Les peuples convergent non plus vers un centre de domination, mais vers une idée ; ils formeront un jour une immense fédération, dont on peut croire que le principe unitaire et régulateur s'organisera en France ; ils seront les membres d'un vaste corps, dont la tête sera Paris. Ces États-Unis de l'ancien monde auront chacun la vie qui leur est propre, le jeu, le mouvement, l'activité, la liberté, qui les constituent maîtres d'eux-mêmes dans leur sphère respective, qui conservent et accroissent, dans chaque pays, les éléments naturels de force et de prospérité ; ils auront de plus la stabilité, la perpétuité pacifique, la puissance incalculable de développements qui doivent résulter d'un lien moral et fraternel, d'une distribution naturelle et d'une association politique de territoires, sans collisions, sans lignes de douanes, sans frontières, pour ainsi dire, correspondant entre eux avec une rapidité magique, grâce à la vapeur, au télégraphe, à la presse; unis par l'intérêt bien entendu, par l'échange des idées et des productions, par un même système monétaire, une même langue peut-être, enrichie de dialectes; enfin, par cette concentration qui, sans rien ôter de son action à chaque gouvernement local, imprimera la vigueur d'un principe général à la communauté européenne tout entière. Ce que la diplomatie des cabinets fait mal, la diplomatie des nations ne peut-elle le faire bien un jour? ne peut-elle avoir ses congrès, où se règlent en famille, non plus les prétentions des rois, mais les affaires des citoyens de l'union démocratique?

Mais, pour revenir à la France, et du domaine de l'imagination retourner à celui de la réalité, l'étude de la démocratie, dont nous avons esquissé l'histoire, l'étude de ses moyens d'action, de réussite, de durée surtout; et plus encore de ses fautes, de ses erreurs, des vices qui semblent inhérents à sa nature; cette double étude expérimentale hâtera l'œuvre du progrès et des réformes; peut-être le véritable mode de gouvernement sortira-t-il de ces données positives. L'élection, la délibération représentative, l'association, voilà les trois grands ressorts de la démocratie, voilà les trois instruments que nous avons vus, dans le cours des siècles, fonctionner ensemble ou isolément; ce triple instrument, bien défini, perfectionné, régularisé, moralisé, agissant dans la vaste sphère de la publicité, ne saurait manquer à la longue d'améliorer le ressort exécutif. Il y a eu du bon dans les institutions aujourd'hui les plus mauvaises; les choses, en dégénérant, ont changé l'acception des mots; sous le mot rendu à son véritable sens, se retrouve souvent une chose excellente : *aristocratie* a voulu dire gouvernement des meilleurs; soit, ayons une aristocrtie dans notre état démocratique! Inventez le crible électoral à travers lequel s'opère de temps en temps le triage qui, de la masse, fera passer aux affaires, les plus dignes et les plus capables de représenter la nation. Nous en dirons autant de la royauté, qu'il faut distinguer de la monarchie, comme on distingue la démagogie de la démocratie, l'oligarchie de l'aristocratie; nous en dirons autant de la royauté : soit! Ayons en elle la règle, la loi vivante; ayons l'intérêt général, l'ordre public fait homme; ayons l'unité stable, où se rallie la mobile égalité, où se résume la nationalité, où s'harmonise la liberté; ayons, ce que demandait la révolution de juillet, non ce prince, réminiscence d'autrefois, ou reflet des cours voisines, non le chef de la bourgeoisie substituée à la noblesse, non le chef de dynastie ou de famille avant tout, non le fermier du royaume comme il le serait de son domaine; ayons un roi des Français, haute expression du concours des pouvoirs politiques et de la volonté souveraine du pays, mandataire spécial de ceux qui ne sont pas représentés, en attendant une complète représentation !

INTRODUCTION HISTORIQUE.

PREMIERE PARTIE.

LA RÉGENCE ET LOUIS XV. — LOUIS XVI ET LA RÉVOLUTION. — LA CONVENTION. — LE DIRECTOIRE. — LE CONSULAT ET L'EMPIRE.

Le dix-huitième siècle commençait quand Louis XIV mourut. Avec ce prince, qui compléta, en l'exagérant, l'œuvre de ces prédécesseurs, presque achevée par Richelieu ; qui, sur les débris de toutes les résistances, avait élevé sa majesté fastueuse et un peu théâtrale, et qu'environna jusqu'au bout de sa longue vieillesse le prestige plus vrai de la France agrandie par les armes, toujours conquérante par les lettres, et vigoureusement pourvue de frontières et de nationalité ; avec le monarque expirait la monarchie. A une cour dévote et hypocrite une brusque transition fit succéder la cour lubrique, effrontée, de la régence et de Louis XV. Versailles, devenu le plus mauvais lieu du royaume, exerçait cependant, à peu près sans conteste, l'autorité absolue dont aucune institution n'était en mesure de déposséder le *bon plai-*

sir. Jamais cette espèce de gouvernement n'avait été entendue dans la pratique d'une manière plus conforme au sans-gêne de cette maxime à l'usage de nos rois. Pour la jeunesse éternelle de Louis XV, digne élève du régent, gouverner ce fut jouir, s'ébaudir dans l'orgie, gaspiller, en fille de joie, les trésors, l'honneur, le sang de la France. La Bastille, forteresse avancée du Parc-au-Cerf, servait de plus au dénouement des intrigues politiques malheureuses; elle prévenait ou punissait les indiscrétions, et, dans ce nombre, ne fut point oubliée celle qui avait pénétré le mystère du pacte de famine. Ce pacte était une association de spéculateurs à la hausse, pour l'exploitation des céréales; c'était la combinaison habile de l'accaparement et de la disette. Grâce à cette ingénieuse machine, le peuple ne mourait pas tout à fait de faim, mais il achetait le pain à un prix suffisant pour faire vivre dans l'opulence les heureux entrepreneurs. De ce nombre étaient de fort grands seigneurs, qui avaient à soutenir leur rang ou à réparer les torts du jeu de la rue Quincampoix, grand jeu de bourse de cette époque; ils avaient pour compères des traitans qui s'arrangeaient à l'amiable avec les autorités, de peur que la justice, trop austère, ne vînt à rétablir la chambre ardente; on dit même que l'admirable procédé du pacte de famine trouva grâce devant le roi, dont l'épargne privée était souvent à sec, et dont la galanterie ne connaissait point de bornes. Un éclat fâcheux était à craindre lorsque la Bastille engloutit, avec le prévôt de Beaumont, le secret d'état que sa téméraire curiosité avait découvert.

Pour soulager le peuple dans sa détresse, diminuer le nombre des bouches affamées et purger Paris enfin des vagabonds et des mendiants, la politique avait son procédé aussi. Les exempts de police ramassaient avec plus de brutalité que de discernement et quelquefois dans la vue de rançonner de pauvres familles, ils ramassaient la *canaille* qui encombrait les rues et l'expédiaient pour un port de mer d'où l'on faisait des envois d'hommes aux colonies. Il y eut plus d'une méprise à ce qu'il paraît. Des enfants furent arrachés à leurs mères. Celles-ci imaginèrent que Louis XV se baignait dans le sang de ces innocentes créatures, essayant, d'après le conseil des médecins, si ses royales veines taries par la débauche ne reprendraient pas ainsi un peu de sève : absurde créance qui fait peu d'honneur au savoir du peuple et n'en fait pas beaucoup plus à la renommée populaire du roi ! Il y eut une émeute ; mais l'émeute était dans son tort ; elle s'en prenait à un crime fantastique lorsqu'il y avait tant de crimes réels ; la bourgeoisie, dont les griefs étaient plus raisonnables, ne se mêla point à la révolte ; inhabiles encore, les révoltés se dispersèrent devant la troupe; plusieurs furent saisis et pendus. C'était, si la comparaison est permise, la première manche de la partie insurrectionnelle : plus expérimentés, les Parisiens prendront de terribles revanches.

En attendant, les hautes classes de la société, atteintes de toutes les frénésies ignobles, luttaient d'émulation avec la couronne; et par le délire de l'agiotage qui avait bouleversé presque toutes les fortunes, et par le cynisme des mœurs, et par le désordre des idées, par une sorte d'abdication des rangs, d'abjuration des croyances que ne remplaçait point une autre foi, de ravalement général et volontaire, elles poussaient à l'égalité. L'épicuréisme était la religion du haut clergé et la philosophie de la noblesse : les parlements voulurent se relever d'un long abaissement; ils eurent des paroles énergiques et des magistrats pleins de courage et de vertu ; mais l'ambition de corps étant leur principal mobile, cette ambition dégénérait en mutinerie tracassière, au lieu de s'élever à l'indépendance patriotique ou du moins à l'intelligence de la situation. Assez forts pour donner à la compagnie de Jésus, que leur livrait une favorite offensée, le dernier coup d'un arrêt juridique après ceux que cette compagnie avait reçus et de ses propres excès, et de Port-Royal, et du gallicanisme auquel succédait une opposition autrement hostile à la thiare; assez forts pour oser autant qu'un pape du dix-huitième siècle, les parlements étaient trop faibles pour révoquer leur propre arrêt de mort. Ils achevèrent, par leurs remontrances, justes d'ailleurs, de déconsidérer le pouvoir sans se réhabiliter eux-mêmes; ils soulevèrent un nouveau coin du voile qui couvrait les abus de l'administration, et l'on entrevit que leur autorité n'était pas un des moindres abus dont la France aurait à demander la suppression. L'étrange accès de fanatisme judiciaire et de délire orthodoxe, qui fit condamner à la peine capitale Calas et Labarre, avec accessoire de tortures, suscita contre la magistrature un anathème dont elle ne se releva pas. Le parlement de Paris se mourait quand le chancelier Maupeou l'enterra. Ainsi tombaient en dissolution les diverses parties du corps monarchique; la plus fétide de toutes, les restes du monarque, allèrent bientôt rejoindre ces ruines. Que restait-il? La bourgeoisie croissant en forces, en lumières, en mépris pour des pouvoirs chaque jour en effet plus méprisables et plus impuissants; au-dessous de la bourgeoisie, bouillonnaient les rancunes légitimes et les soupçons irritables de la classe populaire.

Il y avait donc officiellement un trône du temps de Louis XV, et un exercice matériel du pouvoir royal assez oppressif; il y avait même un roi, et comme jadis, un roi très chrétien allant à la messe, proscrivant les nouveautés philosophiques, faisant la guerre pour les menus caprices de ses maîtresses, tenant lit de justice pour remplir ses coffres, partageant avec ses courtisans et ses courtisanes la prérogative des lettres de cachet, de la potence et de la maréchaussée; un roi que jeune on avait aimé à son grand étonnement, et on ne savait pourquoi, et qui fut haï en parfaite connaissance de cause; mais du vivant de ce roi, spectateur de son propre règne, la royauté n'existait déjà plus.

Ou plutôt elle était ailleurs qu'à Versailles; elle était autre et plus puissante que le despotisme de fait; il y avait une royauté morale que subissait le trône lui-même, tout en la détestant, qui envahissait la cour, se montrait toute puissante à la ville, et dont l'avénement était définitif et affermi quand Louis XVI recueillit le funeste héritage des fautes et des vices de Louis XV. Cette royauté, c'était celle de l'opinion publique. Elle avait eu ses précurseurs dans les chefs du mouvement réformiste, qui faisaient appel au libre examen, dans les philosophes qui avaient ouvert à la raison humaine une carrière d'une moralité plus vaste; elle comptait, parmi ses fondateurs, les écrivains du siècle précédent, auxquels était due cette suprématie littéraire qui conquérait l'Europe à l'initiative de la France, et ralliait celle-ci au pied de la tribune intellectuelle. Affranchie avec excès peut-être de toutes les entraves superstitieuses, et de tous les respects du passé, par les démolisseurs auxquels Voltaire, la sape de la critique moqueuse à la main, donna l'exemple, la royauté de l'opinion publique avait eu ses publicistes, et le premier de tous, Montesquieu, qui éclairaient les voies du progrès par l'esprit et l'exposé comparatif des diverses institutions; elle avait eu ses législateurs et le plus entraînant de tous, car il était apôtre et inspiré, Jean-Jacques Rousseau, qui n'allaient pas à moins qu'à reconstituer l'ordre social; elle en réunissait les matériaux dans une encyclopédie, vaste monument, où le recensement et la critique du passé préludaient aux améliorations à venir; elle s'appuyait sur la haine des vieux abus, sur le dogme naissant de la perfectibilité humaine, sur le besoin impérieux de changement dont toute la génération présente était saisie, lorsque Louis XVI fut revêtu de la pourpre, Louis XVI, jouet de la fatalité, victime désignée pour subir le sort mérité par Louis XV, pour être immolé en expiation des iniquités de la monarchie.

Nous venons de prononcer le mot de fatalité; nous ne sommes pourtant pas de l'école historique qui pense que toutes choses arrivent inévitablement, que les hommes sont subordonnés aux choses par une destinée fatale : nous n'entendons pas ce mot dans un sens aussi rigoureux. Il y a, ce nous semble, de certains résultats nécessaires ; mais ils peuvent être obtenus par des moyens fort différents auxquels les hommes ne sont point étrangers. Il est de grands politiques qui se donnent beaucoup de peine et ne se refusent pas les crimes pour hâter violemment ce qui fût naturellement advenu pour peu qu'ils eussent compris et favorisé dans une juste mesure le cours des événements; et c'est à ceux-ci qu'on s'en prend à tort de la nécessité de ces violences criminelles; il est d'autres grands politiques qui résistent *per fas et nefas* aux besoins de leur époque, aux vœux légitimes d'un pays; ils les provoquent, par cette résistance même, à se satisfaire en s'insurgeant; de là des conflits déplorables, tandis que cette satisfaction aurait pu être régulière et paisible. Les hommes par leurs passions, leurs erreurs, ou au contraire par une haute sagacité et par la puissance du génie, exercent donc sur les choses non cet empire qui leur donne la vie qu'elles n'ont pas, ou les rend au néant lorsqu'elles vivent, mais cette influence qui modifie en mal ou en bien les formes sous lesquelles ces choses s'accomplissent, qui les altère, les dénature, ou se borne à surveiller, pour ainsi dire, et à diriger leur accomplissement, lequel seul est indispensable tandis que ses modes peuvent varier dans leurs caractères. Quand l'action humaine est intelligente et morale, il n'y a point de réaction funeste; les contre-révolutions ne naissent que des révolutions qu'on déprave et qu'on lance par delà toutes limites ; les révolutions à leur tour sont bien souvent, dans leurs excès, ce que les ont faites les excès antérieurs, les longues aberrations du pouvoir et son obstination insensée à comprimer les plus salutaires élans.

Quant à la fatalité qui nous afflige pour l'honnête Louis XVI, elle consiste surtout dans le malheur d'être venu après ce roué, après cet enfant pourri nommé Louis XV, qui acheva de tout gâter. Les règnes intervertis, Louis XVI, entre Turgot et Malesherbes, succédant à Louis XIV eût écouté, sans qu'il fût trop tard, les remontrances ou plutôt alors les sages conseils de Malesherbes, et promulgué à temps, pour qu'on les acceptât à titre de concessions et avec reconnaissance, les améliorations sociales dont Turgot rédigea le programme. Dans cette marche graduelle des réformes politiques, un Dubois même, précédé de Turgot, loin de déconseiller la convocation des états-généraux, eût peut-être, des premiers, prêté habilement les mains à l'institution d'une monarchie représentative..... Mais laissons l'hypothèse historique et revenons à l'histoire.

Si par une logique trop absolue le système de la nécessité annule l'intervention utile et libre de la volonté humaine pour donner aux événements une omnipotence tyrannique, il y a une analyse puérile des grands faits accomplis qui s'en va procédant contre les hommes par mille chicanes de détail, qui charge les plus petites causes des plus énormes conséquences, et se perd en explications individuelles aussi minces qu'ingénieuses pour leur demander compte des crises dont la raison est bien au-dessus et au-delà des individus qui assistent à leur explosion. Et pour préciser ces généralités et les ramener au point d'histoire qui nous occupe, les sept premiers lustres du dix-huitième siècle expirés, pouvait-on faire que Louis XIV n'eût pas tendu jusqu'à les rompre les ressorts de l'autorité monarchique, que l'autorité morale relâchée ou plutôt dissoute par les bacchanales de la régence et de Louis XV n'eût point passé déjà du gouvernement aux philosophes? Pouvait-on faire que les finances du royaume ne fussent pas pillées par les gens de cour, le trésor vide, et l'ordre de la noblesse et l'ordre du clergé plus enclins à recevoir qu'à donner, et le peuple plein des ressentiments qu'aigrissait sa détresse, et le tiers-état, fatigué de payer pour tout le monde, d'humeur et de taille à ne plus se laisser exploiter débonnairement? Que si Louis XVI, au lieu d'osciller entre la reine, les parlements, la noblesse, le clergé, les ministres, le cri public, ses vieilles prérogatives et ses devoirs nouveaux, avait eu la supériorité d'intelligence et la fermeté de caractère qu'il n'avait pas, encore eût-il fallu qu'il les employât à démêler celle des circonstances pressantes qui dominait toutes les autres : l'avénement de la bourgeoisie à la prépondérance sociale, la nécessité venue de l'admettre au partage du pouvoir politique, et, comme conséquence, la transformation de la monarchie absolue en monarchie constitutionnelle.

Ce point de la difficulté bien aperçu, bien éclairé, l'initiative spontanée de la couronne plaçait celle-ci à la tête du mouvement de réforme, et du même coup en face de la classe qu'on dépouillait des profits et des abus qu'une longue usurpation lui faisait considérer comme des droits. C'était une autre lutte qui avait ses périls et réclamait un de ces tempéraments robustes, un de ces génies extraordinaires dont le ciel est avare et que surtout il n'accorde guère aux descendants d'une vieille dynastie. Il n'eût pas été impossible, toutefois, à un homme doué de ce génie et de ce tempérament, de prévenir une sanglante catastrophe et de raffermir sur sa tête le diadème chancelant.

Mais pour faire la part de la force des choses, après avoir fait celle de la puissance humaine, nous devons redire que Louis XVI n'eût sauvé la monarchie qu'à condition de la modifier, qu'il n'eût consolidé le trône qu'à condition d'en changer les bases, qu'il n'eût contenu et dirigé le mouvement révolutionnaire que s'il avait ouvert lui-même une issue régulière et suffisante à la révolution, en habile et prévoyant ingénieur, et surtout en politique, dont la loyauté ne bronche pas plus que l'intrépide volonté. Il aurait fallu savoir à propos, et d'une main également adroite et vigoureuse, refondre la couronne démonétisée de ses ancêtres et la couler au moule moderne dont un pays voisin lui offrait le modèle. *A propos*, disons-nous; on entend bien, car tout est là. Cette opportunité, que devinent seules et que saisissent les intelligences supérieures, est la limite délicate qui sépare la fatalité qu'on subit et par laquelle on est entraîné, de la force des choses qu'on maîtrise plus tard pour lui avoir cédé à temps.

L'à-propos pour le pouvoir suprême, à certaines époques, c'est de vouloir une réforme que la nation n'ose pas même espérer, qu'elle entrevoit à peine comme possible dans le lointain, et que pourtant elle imposera un jour; c'est de la vouloir nettement, résolument, dans une juste mesure, bien avant qu'on ne la demande à haute voix et impérieusement; c'est de faire à l'avenir une concession obligée, dont l'obligation ultérieure échappe à la sagacité des masses, de la faire avec cette spontanéité qui dicte la loi et ne paraît pas la recevoir, et qui arme ainsi la prérogative royale d'une longue autorité morale et politique.

L'à-propos, pour Louis XVI, c'eût été de s'instruire à l'école de Charles Ier, de comprendre qu'il y avait entre l'Angleterre protestante et la France philosophique une différence plus menaçante encore pour les prétentions surannées d'un monarque du dix-huitième siècle, de sonder l'abîme qui séparait son trône de celui que Richelieu et la Fronde même avaient préparé pour Louis XIV, abîme creusé par les folles dépenses, les guerres désastreuses, la tyrannie religieuse et politique de ce demi-dieu dont le peuple, qu'il foulait aux pieds, brisa la statue; abîme élargi par l'anarchique immoralité du règne suivant; l'à-propos eût été, Louis XVI comparant deux époques si voisines et si distantes, de mesurer l'immense intervalle durant lequel la noblesse et les parlements avaient perdu toute valeur réelle, et n'étaient plus, comme institutions, qu'un vain simulacre, tandis que le tiers-état formait une vaste aristocratie bourgeoise, tandis que les semences d'un autre ordre social germaient au milieu des misères du peuple sous le feu de la pensée que projetaient de toutes parts la presse et les salons, et qu'attisaient les vices et les fautes de la cour.

Alors, et dès son avènement, Louis XVI, le Louis XVI que nous supposons, se fût emparé du rôle de réformateur; il eût tranché dans le vif des abus, il eût choisi sa position, du haut de laquelle, reconstituant les forces, encore vives, de l'ancienne société dans une organisation parlementaire, il eût assigné à chacune ses limites, il les eût enfermées dans leur sphère d'activité légale, il eût octroyé enfin le bienfait du gouvernement représentatif, arraché plus tard à sa faiblesse taxée de fourberie, et devenue fourbe, en effet, plus tard, et complice des trames ourdies par les siens au dedans et au dehors. Mais pour opérer ainsi la transition de la vieille monarchie absolue à la jeune royauté constitutionnelle, il aurait fallu, encore une fois, si ce n'est l'impossible, du moins ce qui tient du miracle dans l'histoire des dynasties en possession du trône depuis de longs siècles; il aurait fallu un grand prince, ou plutôt un grand homme, un de ces hommes qui, au milieu des circonstances extraordinaires, sont, à eux seuls, une circonstance plus extraordinaire encore, dont l'impulsion commande aux événements tout en s'harmonisant avec eux.

Tel n'était point, malgré ses vertus privées, le roi Louis XVI; en indiquant ce qu'il aurait dû faire, nous avons à peu près raconté tout ce qu'il n'a pas fait. Après avoir essayé mollement de quelques réformes, dont l'intention était excellente, mais dont la portée n'allait qu'à la surface du mal; après avoir usé, en tâtonnemens, les ministres les plus capables aussi bien que ceux qui n'avaient qu'une capacité d'intrigue; après avoir fait mine de sauver l'état en maître absolu, le roi débonnaire se sentit écrasé sous le poids de l'empire croulant. La plus lourde charge, celle qui ne laissait pas un moment de répit, celle qui exigeait coup sur coup des expédients, au bout desquels était l'alternative d'une catastrophe ou d'un appel presque aussi redoutable aux communes; cette charge, chaque jour plus accablante, celle de satisfaire aux dépenses urgentes de l'administration publique, s'aggravait de la complication de tous les griefs qui s'amoncelaient autour du grief principal: le désordre des finances. Avec ce mal dont les corps de l'état s'emparaient, non pour y remédier, mais pour s'en faire une arme offensive; avec ce vice monstrueux, mille autres, et la monarchie était riche en ce genre, mille autres, traduits en reproches, saisis comme des projectiles propres à battre en brèche cette monarchie, étaient lancés à la face du gouvernement par des mains qu'il aurait dû croire amies. Le roi, avisant un acte réparateur, ressuscite le parlement de Paris, enseveli par le chancelier Maupeou; et le parlement de Paris ameute toute la magistrature du royaume, et, sur la demande d'enregistrer un édit fiscal, renvoie Sa Majesté par-devant les états-généraux, régulièrement convoqués, attendu qu'eux seuls ont le droit de voter les subsides. Le parlement avait raison cette fois; mais il avait tort depuis des siècles, il se condamnait lui-même : il se déclarait coupable d'usurpation législative et complice du long absolutisme royal. Le roi s'adressa successivement à la noblesse, au clergé, aux notables, réclamant aide et assistance pour l'impôt, faute duquel la banqueroute est à la porte, et avec la banqueroute une effroyable commotion. Notables, clergé, noblesse, sans faire aucun retour sur eux-mêmes, s'écrient que le royaume est plein d'abus qui exigent de promptes réformes; que le trésor, aux mains des ministres, est un gouffre, et que, pour le combler, les états-généraux ont seuls, avec la compétence légale, le pouvoir nécessaire.

C'était la vérité; c'était le cri de la conscience publique; il devint celui des ministres eux-mêmes; mais comment avait-il eu pour organes les corps privilégiés, les courtisans, le petit nombre auquel profitait l'exploitation des masses? Quelques intérêts, sans doute, s'aveuglèrent, quelques passions s'étourdirent, à la condition de se satisfaire; mais tout le monde ne manqua pas de prévoyance : il y eut de généreuses prévisions; et, du reste, il est de ces moments suprêmes, à l'approche d'une crise, où tous les esprits sont frappés de la même évidence, où, planant au-dessus des considérations privées, la raison générale jette un éclat irrésistible qui entraîne les volontés particulières. Les états-généraux, nous l'avons vu, étaient, sous Louis XIV même, et tout près de lui, dans la pensée de quelques hommes prévoyants; ils étaient, sous Louis XV, l'image qu'on écartait du trône avec effroi ou dérision; sous Louis XVI, l'idée vague et universelle qu'un mot précisa, et qui se serait réalisée d'elle-même si elle n'avait pas eu un nom et des précédents. A l'inauguration des états-généraux, dont la tradition était interrompue par un siècle et demi de désuétude, furent officiellement conviées toutes les intelligences; elles répondirent à l'appel; on fouilla les archives de la nation et celles de la royauté; les titres de la première furent trouvés plus anciens; ceux de la seconde, mêlés de falsifications plus ou moins récentes, n'avaient longtemps reposé que sur l'élection. Les états-généraux qui vont s'ouvrir en 1789 sont rattachés, non-seulement à ceux que convoqua Philippe-le-Bel en 1302, mais à la longue série des états provinciaux, mais aux champs de mars des Francs, par les doctes interrogateurs du passé mieux approfondi plus tard; du passé qui a livré enfin aux historiens de nos jours le secret de nos origines communales, les preuves de la permanence, du développement et des métamorphoses de l'élément dont se constitue la société nouvelle. Et cependant la plus simple logique, ce bon sens qui est du génie, découvre et signale en 1789 un fait nouveau : c'est que le prétendu tiers-état, ce dernier des trois ordres, au dire de la minorité comparativement imperceptible qu'on appelle la noblesse et le clergé, c'est que le tiers-état n'est pas moins que la nation elle-même. Réuni donc par la couronne, sous son ancienne dénomination, comme pour fixer à la longue chaîne des traditions démocratiques l'anneau d'une série nouvelle, le tiers-état se déclare assemblée nationale, et, devant cette assemblée, parlements, notables, caste nobiliaire, caste sacerdotale, ont disparu; l'ombre de la royauté disparaîtra bientôt.

Deux traits particuliers, sur lesquels nous passerions sans les apercevoir, reçoivent quelque importance des événements postérieurs : c'est d'abord le vote favorable au doublement, c'est-à-dire à la prépondérance du tiers-état, vote remarquable de la part de l'un des frères du roi, le comte de Provence, qui devint Louis XVIII; vote que les uns expliquent par l'ambition secrète du prince, les autres par une concession raisonnée au progrès du temps. En opposition à cette conduite doit être signalée, par les mêmes motifs, la protestation du comte d'Artois, qui devint Charles X, et qui, émigré, de retour en France, héritier présomptif, prince couronné, continua de protester contre toutes les concessions, révolutionnaires à ses yeux, alors même qu'elles émanaient de la prudence de Louis XVIII ou de son propre gouvernement.

Deux faits notables, à d'autres titres, rentrent essentiellement dans l'ordre des sentiments et des idées sous l'inspiration desquels nous écrivons : commençons par le dernier en date, par l'hospitalité que la France fut heureuse d'accorder aux proscrits de la Hollande, qui avait autrefois accueilli les nôtres, touchant et triste exemple des vicissitudes de la démocratie; hospitalité mêlée d'indignation contre le prince d'Orange et le duc de Brunswick, auquel nous devions infliger une leçon sévère; hospitalité mêlée de regrets pour la déchéance de ces Provinces-Unies, tombées sous le joug de leur stathouder et d'une conjuration étrangère! L'autre fait est immense : les États-Unis d'Amérique, que la sympathie française plus encore que la politique du gouvernement hostile à l'Angleterre, a si heureusement secondés dans leur lutte d'émancipation, les États-Unis, après nous avoir envoyé leur Franklin, dont le bon sens fin et réservé fit chez nous une propagande électrique, semblent emprunter à notre Jean-Jacques la théorie des droits qu'ils proclament, en même temps que leur indépendance, dans le congrès de Philadelphie. La chute de la Hollande est compensée libéralement par l'érection de la république américaine qui fait tressaillir d'espérance la démocratie française.

La France, enfin représentée, apprête aussi, et sur le même modèle, sa déclaration. La royauté, qui, sous la forme ancienne, n'était plus alors qu'un fantôme, avait peut-être encore des chances de vie nouvelle; mais il fallait qu'elle acceptât franchement sa transformation constitutionnelle. Elle ne sut pas se résigner, et provoqua tour à tour, par ses petites conjurations, par ses velléités de révolte, par ses déclarations sournoises, par ses patelinages, la colère et la pitié, pour finir par le mépris. Le peuple en était encore à la haine; il avait de si amères injures à venger! il avait si longtemps souffert! et ses plaies n'étaient-elles pas toujours saignantes? Les calculs assassins des associés du pacte de famine vinrent de nouveau exciter et justifier une fureur dont la cour se flattait à tort de réprimer, et peut-être même d'exploiter les excès. Mais l'indignation déborda quand on apprit que l'assemblée nationale, naguère en butte aux mesquines taquineries dont elle avait noblement triomphé, courait de plus sérieux périls; au bruit des jactances et des complots de cour, Paris se soulève; les gardes françaises passent au peuple, leçon toujours oubliée des pouvoirs qui disposent de la force militaire et qui croient qu'on peut avec elle jouer toutes les parties, tandis que ce glaive à deux tranchants se retourne contre ceux qui perdent l'autorité morale. Soldats et citoyens donc, ayant fraternisé, marchent contre la Bastille, symbole de tyrannie aristocratique et royale, tombe mystérieuse d'où s'élèvent tant de gémissements et de malédictions. L'imprenable citadelle est prise. La milice bourgeoise grandit en garde nationale; aux couleurs rouge et bleue de ses ancêtres du quatorzième siècle elle unit la couleur blanche de l'ancienne France, et la cocarde tricolore devient l'emblème de l'unité et de la nationalité démocratique. Le mouvement gagne les campagnes. Les paysans s'insurgent contre la dîme et contre tous les droits féodaux. La guerre de l'ancienne Jacquerie recommence contre les châteaux qu'abandonnent les seigneurs épouvantés; ils appelleront de l'incendie et de la faux à leur épée et au canon des puissances étrangères; mais la nouvelle Jacquerie sait se défendre, elle ne se divise plus, et toute la France se lève pour lui servir d'auxiliaire en se protégeant elle-même. Dans cette insurrection rurale, dans cette dévastation des propriétés châtelaines, qui devait tourner un jour en division féconde de ces propriétés, en prospérité agricole, que des millions d'habitants bénissent contre quelques milliers qui en ont maudit les auteurs, il y eut certes de déplorables fureurs, des calamités particulières dignes d'intérêt ; mais cette réaction, qui dans un ordre très-élevé fut de la justice, ces représailles des chaumières contre les châteaux, par quelle épouvantable et longue série d'iniquités oppressives, spoliatrices, par quelle barbare exploitation des sueurs et du sang des cultivateurs, manants ou serfs, ne furent-elles pas provoquées? Combien compterait-on de ces castels, de ces immenses domaines, bénéfices, abbayes, terres seigneuriales, manoirs de toutes sortes, qui n'aient été originairement acquis par le brigandage, les rapines, la confiscation ou la prostitution ? La démocratie, devenue la plus forte, règle enfin ses comptes avec l'aristocratie, dont tout le droit fut celui de la force; et le droit de la démocratie, bien que reconquis violemment, est légitime, parce que c'est celui de tous.

Ce qu'avait commencé la double insurrection du peuple des villes et du peuple des campagnes réunis à cette fraction plus avancée de la masse populaire qu'on appelle la bourgeoisie, la lutte, en se prolongeant, le développa, les diverses assemblées nationales le sanctionnèrent, et l'œuvre de la force fut consacrée, organisée par la loi.

La représentation nationale, montra d'abord plus de patience et de sagesse au milieu de ses émotions, que ne le ferait supposer l'exaspération qui suivit. Il ne tint pas aux deux premières législatures que la constitution ne se fondât sur une transaction avec la monarchie. Mais les priviléges dépossédés se coalisèrent. Il faut le dire aussi, les idées et les habitudes se trouvèrent tout à coup si furieusement bouleversées, les dispositions libérales des plus généreux esprits de la magistrature et des classes autrefois supérieures, furent dépassées par une invasion si tumultueuse des classes inférieures, que les meilleures têtes se brouillèrent et qu'elles prirent une tempête passagère pour le chaos, une crise sociale pour la destruction de la société. La perturbation intellectuelle de ceux qui occupaient les positions élevées au début de la crise, ajouta beaucoup à la perturbation politique; elle fut aussi dissolvante que l'hostilité des intérêts. Comment le roi n'aurait-il pas eu sa part dans le vertige que causait ce spectacle inouï? Il prit peur, cela était fort naturel; sa raison se voila jusqu'à lui dérober le côté fâcheux et les dangers des intrigues puérilement tramées pour enlacer le lion révolutionnaire; sa loyauté native s'égara jusqu'à tremper dans des combinaisons secrètes avec l'étranger, expédient coupable autant que funeste qu'il paya de la vie. D'autres égarements nous ont fait voir que si Louis XVI avait péri, le roi n'était pas mort. Tuer les hommes est un mauvais moyen de détruire les choses. Le comte d'Artois d'abord, et le comte de Provence un peu plus tard, avaient rejoint la petite armée de nobles émigrés qui ameutait beaucoup plus qu'elle n'aidait l'Europe monarchique, dont la France eut bientôt à soutenir le choc. Qu'importaient à l'arrière ou à l'avant-garde de cette Europe les comtes de Provence et d'Artois, et leurs clients, aux jours du patriotisme et de l'enthousiasme? Mais quand le patriotisme sera refroidi, l'enthousiasme éteint, les héritiers du martyr deviendront entre les mains de l'étranger une arme plus dangereuse que ne l'eût été le roi banni.

L'ennemi au dedans, l'ennemi au dehors, la guerre partout; les passions déchaînées par de poignants regrets, par de sinistres soupçons, l'anarchie ardente, cet état intermédiaire entre une société dissoute et une société qui se recompose, la disette, l'exaltation d'une indépendance si nouvelle menacée de toutes parts : voilà le pays tel qu'il s'offrait à la Convention chargée de l'organiser et avant tout de le défendre, et en proie elle-même à la fièvre et aux divisions qui agitaient et déchiraient la France. De cette tâche surhumaine, la Convention accomplit quelques portions difficiles et la partie la plus prodigieuse : elle jeta des bases admirables d'organisation administrative et civile, elle jalonna ce qu'elle ne put édifier ; et sur les entrefaites, elle sauva l'indépendance française attaquée par une formidable coalition.

Cette mission de salut public fut remplie par la Convention à la gloire éternelle de cette assemblée, qui, sous d'autres rapports, paya aux faiblesses et aux passions de l'humanité un tribut sanglant, un tribut hideux qui pèsera longtemps encore sur la liberté. L'utilité des crimes érigée en système est une abominable imposture ; c'est l'expédient des hommes d'état de mince étoffe et d'esprit court, le rêve infâme et funeste des imaginations dépravées, une aberration de la multitude ignorante, abrutie ou poussée au délire par la peur : la dictature de la Convention, au point de vue de l'unité qui affranchit le territoire, qui lie fortement les provinces en faisceau départemental, en communauté de citoyens égaux sous une législation uniforme, vivant des extrémités au cœur, dans la vaste ceinture de ses frontières, d'une même vie nationale, cette dictature mérite nos respects et nos hommages à l'égal d'une intervention divine ; mais elle tomba sous je ne sais quelle possession satanique lorsqu'elle accepta la solidarité des massacres de septembre ; lorsque, réduisant l'art de gouverner à celui du bourreau, elle transforma un tribunal en machine à tuer, machine qui la dévora elle-même; lorsque, souillant la majesté de la justice et la moralité de la révolution du spectacle de ses rivalités lugubres, de ses vanités féroces, de ce dévergondage de meurtres, de cette parodie atroce de la vertu stoïque, de cette égalité à tête de mort, elle plaça, pour l'épouvante et le dégoût de la postérité, l'image de la république sur une montagne de cadavres, tenant une guillotine à la main. Il est vrai, la Convention sauva la révolution, mais elle amena la contre-révolution; mais elle a déshonoré le nom de république; mais elle a reculé dans un avenir lointain le triomphe de la démocratie en Europe.

A cette puissance française, qui a ses courtisans, il faut oser dire la vérité; elle a sa part des vices par lesquels ont péri les états populaires, et ont avorté ceux qui tendaient à se constituer; elle est turbulente, soupçonneuse, indisciplinée; elle a son défaut natif en outre, un amour-propre individuel presque impossible à concilier avec cette égalité que tous veulent et à laquelle chacun s'efforce d'échapper; il lui manque encore, et peut-être à cause de cela, le véritable esprit d'association qui exige le sacrifice d'une partie de ses prétentions, de ses droits même, à la communauté, laquelle ne marche pas sans le concours des volontés particulières, sans le dévouement des membres au corps entier dont ils sont les fractions. L'*Esquisse préliminaire* qui précède cette *Introduction* plus directe ne comportait pas avec développement les leçons que, dans le cours de son histoire si diverse, la démocratie doit à sa propre expérience ; mais elle les indique, et, comme complément de ces indications et de l'enseignement dont nous venons de saisir l'occasion, il importe d'ajouter une observation dernière.

Les villes comptent pour trop dans les états démocratiques, aujourd'hui comme autrefois, et bien plus à tort puisque la population des campagnes a depuis longtemps conquis le droit de cité. Dans les temps calmes, les banquiers et le commerce exercent une sorte d'oligarchie; aux époques d'agitation, on se prend à ne voir le peuple que dans les ouvriers citadins ou les petits boutiquiers, à l'exclusion des paysans, des cultivateurs. Qu'en résulte-t-il? La prépondérance des faubourgs dans les questions où la masse nationale est également intéressée; leur intervention décisive et parfois tyrannique quand le problème social se résout par la force. La France en énorme majorité fut révolutionnaire en 1789; mais en 1793, la révolution tourna en dictature démagogique.

Cette remarque nous conduit à une considération plus générale. L'élément industriel est à lui seul d'une activité si puissante, qu'il suffit, en peu de temps, à fonder une démocratie dont le progrès étonne, dont l'éclat est merveilleux; mais la décadence est également prompte; elle arrive par corruption, rivalité, usurpation de pouvoir, couardise du bien-vivre ou envahissement de l'étranger. L'élément agricole est indispensable aux belles et durables proportions d'un état démocratique, et, pour bien faire, il faut qu'il domine. Ce n'est pas seulement parce que le sol, en cas de revers commercial et de guerre, nourrit ses habitants; c'est surtout à cause de l'effet moral qui résulte des habitudes de la vie rustique. Elle est plus posée, moins fébrile, plus régulière, plus saine, plus propre à former des natures robustes; les mœurs s'y altèrent moins, les institutions y sont mieux assises; enfin l'esprit de famille, qui est le fondement le plus solide de l'ordre social, s'y conserve plus pur et plus vigoureux; l'esprit de propriété territoriale, de cette propriété à laquelle on s'attache par un labeur journalier, par une culture lentement et sûrement productive, cet esprit est bien autrement grave, tenace, profond, patriote, que celui de la propriété mobile et chanceuse qui se gagne et se perd au jeu des spéculations mercantiles.

La France, grâce au ciel, possède l'un et l'autre élément; sa démocratie est tout à la fois industrielle et agricole; il faut donc la considérer et dans les villes et dans les campagnes; celles-ci alimentent et recrutent les premières, qui reportent sur les secondes, par un échange heureux et une circulation rapide, le bien-être, les perfectionnements utiles et agréables, les idées. Peut-être les villes devraient-elles, à leur tour, emprunter aux champs plus que les fruits matériels qu'ils produisent, et, par exemple, un peu du calme de leurs habitants et de la moralité domestique. Quoi qu'il en soit, c'est dans les campagnes qu'on peut apprécier, sous son plus consolant aspect, l'œuvre de la révolution française ; c'est là qu'elle a créé une grande et vivace et puissante démocratie ; c'est là que le travail affranchi a pris possession de la terre qui, aujourd'hui comme autrefois, n'est point sans seigneur, mais dont le seigneur, usufruitier, propriétaire, ou au moins salarié, est celui qui laboure, plante et récolte librement.

Qu'on nous pardonne cette digression, après laquelle nous nous hâtons de ressaisir le fil des événements.

La France, soustraite à l'invasion, portait chez l'étranger la guerre que l'étranger avait portée chez elle, la guerre aux rois et l'insurrection aux peuples; l'ancien régime était définitivement démoli chez nous; et sur ses ruines s'élevait la société nouvelle, ébauchée dans son organisation, enracinée dans son principe, ne réclamant plus que les bienfaits de la sagesse, des institutions et du temps; en un mot, la révolution, mise au monde au milieu des convulsions de ce prodigieux enfantement, n'avait plus besoin d'expédients révolutionnaires. Aussi voyait-on la dictature conventionnelle, après s'être décapitée elle-même, agoniser en anarchie. Son terrible labeur achevé, elle avait vécu. Pour prolonger quelques jours encore son existence, il lui avait fallu, l'échafaud étant las, le canon chargé à mitraille et le général Bonaparte : il semblait qu'elle abdiquât entre les mains du futur dictateur, et que celui-ci reçût d'elle l'investiture du gouvernement militaire qui allait pousser à outrance la lutte armée contre l'Europe. Une transition était nécessaire toutefois pour que la pique faubourienne, décoiffée du bonnet rouge, s'inclinât devant la baïonnette, pour que l'effervescente liberté populaire, pour que la démocratie, dégénérée en démagogie, endossant l'uniforme, se pliât, sous le feu ennemi, à la discipline du camp. Au directoire exécutif fut confiée l'initiative du retour à l'ordre qui devait bientôt passer le but.

Mais, après une si violente secousse, comment faire une halte de simple repos et de travail purement organisateur? Après avoir remué les passions jusqu'à la bile âcre et noire, après avoir exaspéré la justice du peuple jusqu'aux égorgements systématiques, perverti la raison d'état jusqu'aux hécatombes quotidiennes, comment retourner au calme et à la modération? comment étouffer les ressentiments qui se soulèvent, et l'indignation qui s'amasse et déborde? Il est faux que les morts ne reviennent pas; ils sont revenus, après des siècles, traîner sur la claie la monarchie, la noblesse et le clergé, convaincus de l'asservissement des peuples et de forfaits odieux. Quatre-vingt-treize s'éloignait à peine, et déjà les morts revenaient, réclamant les meurtriers, les poussant à se faire bourreau l'un de l'autre, élargissant, pour les recevoir, la tombe révolutionnaire qui semblait comble, s'acharnant après leur mémoire, et frappant ceux qui survivaient d'ignominieuse impuissance et du signe réprobateur. Cette réaction, commencée avant la chute de la convention, se prononça, dès l'avénement du directoire, par un cri d'horreur et par la vengeance plus cruelle des mépris et de l'insulte; elle alla, dans sa prise à partie contre la révolution démoralisée, jusqu'à bafouer la liberté elle-même; cette réaction se prolonge encore.

Contre la révolution démoralisée, avons-nous dit. La démoralisation fut, en effet, le symptôme déplorable et caractéristique de la période du directoire. Il se passa quelque chose d'analogue à ce qui s'était vu après la mort de Louis XIV : le directoire fut la régence républicaine, comme on l'a dit avant nous. Toutes les compressions excessives engendrent la perversité qui s'épanche en excès à son tour, dès que la compression a cessé ; les vices nés du despotisme, et qui se cachent tant qu'il reste debout, se jettent, aussitôt qu'il n'est plus, dans la licence effrénée : ce sont les esclaves aux jours des saturnales. Le directoire eut les siennes, où se ruèrent à l'envi les heureux du nouveau régime et les victimes, comme elles s'appelaient elles-mêmes, qui avaient survécu à l'ancien; il y eut, dans les salons qui se rouvraient, assaut, scandaleux et grotesque tout à la fois, de luxe, de plaisir, de libertinage, entre les parvenus de la veille et quelques jeunes héritiers des riches d'autrefois. Il y eut au pouvoir assaut d'intrigues, de roueries, et plus d'une trahison secrète. Cette émulation cynique des émancipés de la tyrannie et de quelques-uns de ses complices avait d'autres causes encore que celle d'une émancipation récente : les grands fléaux dépravent; un étourdissement général et le sauve qui peut d'un impitoyable égoïsme, emportent les citoyens que poursuit incessamment le spectre de la mort. Le brusque passage des idées reçues à des idées contraires brouille les notions du bien et du mal ; enfin l'exaltation sincère, mais aveugle, qui veut tout fanatiser, monter à son diapason le zèle de tous, produit des exaltations hypocrites : en voilà plus qu'il n'en faut pour gâter les cœurs, les tourner au matérialisme, à l'athéisme, et amener l'anarchie morale qui succède aux crises violentes. Au milieu de cette anarchie, dont les sommités furent atteintes plus que le gros de la population, l'ordre administratif se rétablit un peu, grâce au zèle intelligent de quelques membres du gouvernement directorial; l'ordre social, en dehors de la sphère politique, s'assit rapidement, par la tendance naturelle des intérêts privés, et par la reprise du travail, dégagé des vieilles entraves, et auquel s'offrait désormais une riche et immense carrière. La victoire devenait partout fidèle à nos drapeaux, et le patriotisme qui, loin de déserter les camps, semblait s'y être concentré, tenait lieu à nos troupes des ressources dont elles étaient privées sur le territoire ennemi. Bonaparte, entouré de chefs dignes de lui, à la tête de soldats dignes de leurs chefs, semait l'Italie de républiques, montrait aux yeux dessillés de l'Autriche l'astre de la république française, rayonnant de cette puissance qui forçait les monarchies à la saluer; enfin, il imposait la paix continentale; l'Europe respira. Telle fut, un instant, la situation extérieure de la France. Il régnait alors quelque unité au sein du gouvernement intérieur; mais, d'un côté, des conjurations de vieux jacobins éclatèrent bientôt, de l'autre, il s'ourdit des complots contre-révolutionnaires; le directoire frappa les deux partis, sans s'appuyer sur une opinion assez forte pour le soutenir, car il manquait lui-même de conviction; la discorde se mit entre lui et les conseils législatifs, où les factions vaincues ressaisissaient les armes qui leur échappaient ailleurs, où la tribune leur rendait un champ de bataille. Harcelé dans ce foyer domestique, acculé dans le régime légal, le directoire recourut aux coups d'état, ouvrant ainsi la brèche par où il devait être chassé de la place; il déporta et ceux qu'on pouvait justement soupçonner de conspiration, et ses adversaires personnels; il cassa des élections; les conseils ripostèrent en le dissolvant lui-même; il n'y eut plus ni pouvoir exécutif capable de gouverner, ni pouvoirs législatifs capables de se faire respecter. Les désastres qu'une nouvelle coalition, forte de nos querelles intestines, fit éprouver à nos armées, vinrent envenimer et compliquer une situation pleine d'animosités, dépourvue de vertus énergiques. Le directoire, à peine recomposé, se décompose en deux fractions : l'une tâche de s'entendre avec ceux qui veulent refaire une république que la terreur avait rendue impossible; l'autre, dont Sieyès était la tête, cherche un bras pour constituer scientifiquement un état représentatif; mais ces coteries, entre lesquelles se divise une autorité qui n'inspire à personne la confiance qu'elle n'a pas en elle-même, ces conjurations amincies jusqu'à l'intrigue individuelle; ces menées où se mêlent, en chefs des pourris, Barras et Fouché, celui-ci se livrant pour trahir, celui-là trahissant pour se vendre; toutes ces scories du volcan révolutionnaire servent de marche-pied au pouvoir qu'appelle la nation.

Après quelques revers, la seule force qui existât en ce moment de décadence morale et politique, la force militaire, avait repris son ascendant au dehors. Chaque parti se la disputait au dedans comme auxiliaire; la France l'invoquait aussi. Arrivé de sa poétique campagne orientale, encore resplendissant de l'auréole italique, Bonaparte se montre alors; c'est lui, c'est l'homme nécessaire, le libérateur attendu, désigné par la France; c'est un dieu s'il n'enchaîne que l'anarchie.

D'utiles victoires et la paix générale, telle fut la dot que Bonaparte apporta, pour sa bienvenue, au gouvernement de la France, dont les applaudissements avaient couvert d'un bill d'indemnité le coup de main du 18 brumaire. Il le légitima, comme consul, par les plus grands services qu'une nation puisse devoir à un homme. Les bienfaits de la révolution étaient alors compromis. Incessamment exposés aux chances d'une nouvelle collision des partis, à de nouveaux déchirements, dont l'atonie sociale eût été le résultat; menacés du retour désastreux de l'ancienne royauté, de l'ancienne aristocratie, si voisines des injures et des pertes éprouvées, ces bienfaits toujours précaires avaient besoin d'être garantis et consolidés. Ils le furent par l'épée du général, et plus encore par l'esprit organisateur du magistrat et de l'administrateur suprême. Sous cette autorité, assez supérieure pour être impartiale, sous cette volonté ferme et modératrice, sous ce génie puissant, glorieux, apte à toutes choses, on vit toutes choses se dégager du conflit et du pêle-mêle, s'ordonner, jouir d'une activité normale, marcher avec ensemble, prospérer enfin; on vit le miracle de l'oubli du passé et de la conciliation des partis, et tant d'hommes capables concourir, suivant leur capacité, à l'édification commune et au progrès de l'ordre social. C'est le beau moment de la démocratie, encore pleine de vigueur et habilement gouvernée; c'est la phase du consulat, à laquelle rien n'est comparable dans la vie des plus grands hommes.

Mais le consul se fait empereur, l'homme se substitue au pays, substitution brillante et à quelques égards utile, car elle eut aussi le caractère d'une adoption réciproque; elle imprima la plus vigoureuse unité à l'administration intérieure; elle opposa aux ennemis extérieurs la plus compacte des armées et en même temps la plus rapide dans les marches et les évolutions; elle établit une solidarité intime de gloire, de prospérité, de grandeur entre le pays et l'homme restés longtemps inséparables et indivisibles. La nation se prêtait avec complaisance à cette personnification de sa souveraineté toujours victorieuse au dehors et au nom de laquelle tant de rois pliaient le genou; elle se voyait couronnée sur la tête du soldat sorti de ses rangs; elle montait avec lui dans le char de triomphe sur lequel il parcourait l'Europe. Qu'avaient été Louis XIV et Charles-Quint auprès de ce fils de la révolution? On ne pouvait lui comparer que Charlemagne. Comme lui, il impose aux peuples le baptême de sa religion, du système français, de l'unité civilisatrice; comme lui, c'est d'un pape qu'il reçoit l'onction du sacre impérial, et le pape cette fois, non l'empereur, fait le voyage; Rome prête foi et hommage à Paris sa suzeraine, devant laquelle tant de villes s'inclinent, en vassales ou en sœurs cadettes, d'Amsterdam à Naples, de Madrid à Hambourg. C'en est fait, la séduction est complète; la France s'enivre du titre de grande nation que lui décerne Napoléon-le-Grand; et l'un et l'autre, au milieu de leurs mutuelles adulations, oublient que l'origine de toutes ces grandeurs, que la source de cet héroïsme guerrier, est le saint enthousiasme de la patrie libre et de l'affranchissement général.

Jusqu'alors toutefois la dictature impériale avait

encore quelque chose de révolutionnaire. Les idées philosophiques et libérales de la révolution faisaient encore partie du cortége militaire de l'usurpateur, comme l'appelaient les rois légitimes. C'est à ceux-ci qu'allèrent longtemps ces défis qui firent naître chez plus d'un peuple des espérances auxquelles souriait la démocratie européenne. Mais, saturé de gloire apparemment et, par une aberration puérile, infatué de gloriole, le soldat heureux s'enrôle, en parvenu, dans la famille des rois de vieille souche : comme un grand enfant jaloux d'un jouet qu'il n'a pas, il troque ses épaulettes plébéiennes contre l'oripeau d'une légitimité princière; César par le génie, par l'épée, par la France, il cède à la fantaisie de donner pour support à son sceptre la quenouille d'une fille des Césars allemands du moyen-âge; fléau, par sa vocation, des maisons plus anciennes que son trône populaire, il se prend au piége des aristocraties royales qu'il a fait trembler : la peur rancunière d'un ennemi vaincu, l'obéissance hautaine d'une archiduchesse, l'alliance étrangère font de l'empereur des Français, de l'élu du peuple souverain, un monarque amphibie, lequel tient de divers principes et n'en représente aucun, lequel s'embarrasse dans son allure désormais boiteuse et incertaine au milieu des ambages de l'étiquette et de la diplomatie, au milieu du conflit des intérêts révolutionnaires et des considérations dynastiques. Ici le ridicule se mêle au sublime. Il semble que Napoléon en ait eu la conscience et qu'il ait cherché pour son diadème l'éclat de nouveaux trophées. Il voulait la paix, dit-on; nous ne croyons point à la sincérité de ce vouloir. Si ce n'est après Austerlitz, Iéna, Tilsitt; après Wagram du moins, la paix faite pouvait être maintenue. Mais n'eût-elle pas laissé l'époux de Marie-Louise dans une attitude trop vulgaire aux yeux de la France? Consul, Napoléon n'avait pas de modèle: il était *lui*, sans exemples dans le présent et dans le passé; empereur, il descendait à l'imitation; monarque légitimé, c'était un parvenu dont l'ambition n'avait pas visé plus haut qu'un trône. Le général devait donc protéger le chef de dynastie. Le berceau du roi de Rome avait besoin d'être inauguré par des victoires. Il ne fallait pas moins que l'Angleterre asphyxiée par le blocus continental et peut-être l'empire d'Occident pour que la trivialité impopulaire du titre de gendre de l'empereur d'Autriche, titre qui fut celui de Louis XVI, pour que l'ambition mesquine et toute personnelle qui rétrogradait vers l'ancien régime fussent absorbées dans le culte du héros.

Un héroïsme ascendant et pour ainsi dire infaillible devenait nécessaire à ce culte qui tenait de la superstition. L'enchantement dura, en effet, tant que durèrent les miracles, tant que l'enchanteur tint l'effroi et l'admiration comme suspendus au cours de son éblouissante carrière; mais un nuage parut, un jour néfaste se leva, un revers foudroyant, où le ciel intervint en auxiliaire de l'ennemi, abîma l'invincible armée : aux prises avec les flammes qui incendiaient Moskou, elle fut ensevelie dans les déserts glacés de la Russie; l'Europe courbée se redressa; il nous fallut de nouveau tenir tête à l'Europe. Alors se révèle la situation de la France : la gloire lui a coûté la liberté, et voilà que l'illusion de la gloire se dissipe et laisse à nu la réalité du despotisme qui, en dix ans, nous a vieillis d'un siècle, tant est général le dessèchement des âmes, tant l'idolâtrie du succès fait vite place aux préoccupations matérielles, tant est large et profonde la blessure par laquelle s'écoulent à flots le sang et le patriotisme de la France. A ce prix elle a eu l'ordre, mais un ordre qui, perdant sa vitalité propre, se réduit à un mécanisme dont le ressort est dans la main d'un maître; l'empire n'est qu'une vaste caserne soumise à la consigne de l'obéissance passive, caserne dépeuplée de soldats, et qu'il en faut pourvoir à tout prix, quand la génération est décimée, quand l'agriculture et l'industrie manquent de bras, quand le pays a soif de la paix. Le pays ne s'appartient plus; il est tout dans son chef qui veut la guerre plutôt que des concessions dont le terme ne saurait être prévu, et qui a peut-être raison de la vouloir en ce moment. Et ce chef admirable et calamiteux réchauffe cette atonie de sa puissante haleine; et, comme rajeunie par son souffle, la France enfante des légions et fait un de ces efforts de géant qui auraient suffi à terrasser de nouveau la ligue des rois, si elle eût franchi nos frontières, et lui porta de rudes coups dans ses foyers; mais il lui fallait suffire à plus que sa sécurité, à plus que son honneur; elle devait maintenir au faîte d'où son orgueil s'indignait de descendre l'homme en qui elle s'était identifiée et auquel il n'était plus temps de faire des conditions : l'empereur et l'empire devaient ensemble reprendre leur suprématie ou succomber ensemble.

La chance malheureuse était presque certaine. On ne refait pas deux fois en un règne une pareille fortune. Nos aïeux ont vu Louis XIV, plein de l'énergie qu'il puisa dans le mouvement de la fronde, prendre son essor de grand roi, puis après avoir dépensé cette énergie à mater ce mouvement dans son royaume, à combattre l'esprit de liberté chez ses voisins les Bataves et les Anglais, ils le virent, attaqué chez lui à son tour, trouver encore dans son désespoir de nobles paroles; mais sa contenance sombre et fière dissimulait ce qu'il s'était enfin avoué à lui-même; c'est que son ambitieux despotisme venait s'abattre sur une terre qu'il avait rendue inerte; c'est que la prostration du pays avait frappé au cœur sa puissance. Ainsi l'aigle impérial s'était élancé à la faveur de l'élan révolutionnaire qu'il ne retrouva plus quand, atteint de la foudre, il voulut reprendre son vol. Les machines administrative et sénatoriale fonctionnaient toujours; quelque chose d'électrique animait encore sous les armes ces citoyens qu'il avait réduits à l'état d'automates; mais l'enthousiasme de l'indépendance avait passé du côté de nos ennemis; le feu sacré, éteint dans nos âmes, se ravivait dans celles où l'avaient refoulé des triomphes qui n'étaient plus ceux d'une revanche légitime ou d'une inspiration généreuse; et toutefois nous remportâmes deux victoires encore, de ces victoires désastreuses après lesquelles il faut reculer comme après une défaite. C'était beaucoup de pouvoir nous retirer sans honte dans nos limites du Rhin et d'y planter le drapeau de la paix; c'était beaucoup pour le pays; ce ne fut point assez pour l'empereur, ou du moins il s'y résigna trop tard, si sa résignation fut jamais bien sincère. Un congrès, où il comptait encore sur son ascendant, ne servit qu'à masquer une coalition générale devant laquelle Napoléon s'opiniâtrait malgré l'extrême désavantage du nombre en pays ennemi, lorsque, abandonné au milieu de la bataille par un corps allié, cerné de toutes parts, épuisé de munitions, il termina une lutte glorieuse et sanglante par une retraite difficile qu'un accident rendit affreuse; mais notre armée ne quitta le sol allemand qu'après lui avoir laissé pour adieu une dernière victoire; et alors commença cette campagne de France qui a prouvé que ni le courage des soldats ni le génie de leur chef n'étaient déchus. Il n'en était pas de même du pays harassé, mutilé, ruiné par vingt années de guerre qui n'avaient abouti qu'à une nouvelle invasion. Qui aurait remué la fibre nationale pour une lutte désespérée?La tribune? elle était muette. La presse? elle était en servitude. La peur du joug étranger? on n'était pas sûr qu'il fût plus pesant que le joug impérial. L'imminence d'une réaction dynastique? la réaction principale était faite : la monarchie, l'aristocratie étaient restaurées; la liberté, l'égalité avaient péri par la main du fondateur d'une royauté à l'image de l'ancienne, d'une noblesse et, peu s'en faut, d'une féodalité nouvelles. La France, acculée dans ses intérêts les plus positifs, calcula qu'ils étaient garantis par une longue prescription, par l'intérêt politique, et qu'après tout, seule contre l'Europe, c'était une périlleuse partie à jouer que celle de l'acharnement dans la résistance.

La conscience populaire murmurait bien au

fond contre ces tristes calculs de l'égoïsme; mais, en l'absence de toute publicité, de toute institution libre, à quoi pouvait-elle se rallier? comment se faire entendre? L'honneur militaire parlait plus haut encore; mais la constance des chefs était moins infatigable que le dévouement du soldat. A l'instar du maître qui les avait fait riches, chacun d'eux prononçait intérieurement, non pour la gloire, mais pour la fortune, ce *moi* précurseur des défections. Les torts de l'homme qui les entraînait dans sa ruine commençaient à leur paraître funestes à la patrie elle-même dont on essayait de séparer sa cause. N'avait-il pas le premier donné l'exemple de ce divorce? Sur ces dispositions se fonda une intrigue de l'intérieur avec l'étranger. Les intrigues n'ont de puissance que durant le sommeil ou le découragement national; tombée de si haut, l'opinion publique était profondément découragée. Une autre la remplace et prend son nom; advienne le vainqueur, elle est à lui, pour peu qu'il soit habile. Napoléon, cependant, tenait en échec, par sa merveilleuse stratégie, des armées dix fois plus nombreuses que la sienne; il était presque partout; mais là où il manquait un instant, la moindre spontanéité civique lui eût été une aide précieuse, et lui-même avait paralysé dès longtemps toute initiative des citoyens. A Paris, une démonstration de défense un peu prolongée lui eût permis d'être de retour et de ressaisir la victoire que lui offrait certaine et facile une marche imprudente de l'ennemi, imprudente si celui-ci n'avait eu des intelligences dans la capitale. Mais là plus qu'ailleurs le despotisme avait énervé les courages et garrotté la population : façonnée à recevoir l'impulsion d'en haut, la partie active de cette population n'en reçut que des exemples de lâcheté. Qui eût osé, l'empereur absent, organiser les volontaires parisiens et garnir de canons les hauteurs et quelques retranchements inachevés? Paris donc ouvrit ses portes presque à la première sommation, et comme heureux de capituler avant d'être secouru. On redoutait l'arrivée de l'empereur qui eût amené sous les murs de la capitale le conflit d'une bataille décisive. Napoléon paya chèrement le crime d'avoir résumé en lui seul tout le pays, d'avoir comprimé dans toutes les veines la circulation de ce sang généreux et patriotique qui fait la vie et la force des états. Un jour, il a besoin pour son salut de la liberté qui fit sa grandeur; mais, étouffée par lui, la liberté qu'il redoutait encore ne se réveille point, et il tombe. S'il fut ingrat envers elle, à son tour il but jusqu'à la lie le calice amer de l'ingratitude. Fontainebleau, célèbre par l'abdication de l'empereur et par ses adieux à sa fidèle garde, ne l'est guère moins par la désertion des officiers généraux. Si tous ne désertèrent pas le camp, presque tous abandonnèrent au fond du cœur le capitaine ou ne tardèrent pas à le renier. Une défection éclatante est restée, entre les autres, attachée à cette époque, et le récit que précède cette introduction en réclame le souvenir précis et détaillé : c'est celle que Napoléon lui-même a dénoncée au monde comme une trahison, et dont il charge la tête du maréchal duc de Raguse.

Voici à cet égard les faits dans leur simplicité : Après une résistance habile et vaillante, mais qui aurait pu, dit-on, être plus opiniâtre, et mieux se lier avec les ressources qu'offrait la capitale, le maréchal Marmont, autorisé par le roi Joseph qui s'enfuyait, signe la convention que suivit la capitulation de Paris, et plus tard il occupe la position d'Essonne à la tête du sixième corps et couvre Fontainebleau. De cette position, d'où la route était ouverte jusqu'au quartier-général français, il entretient des relations d'une nature politique autant que militaire, avec le prince de Schwartzemberg et à l'insu de l'empereur. L'audace des plans attribués à Napoléon trouvait dans le maréchal un censeur sévère, et c'était pour neutraliser des projets, selon lui funestes, que ce lieutenant du grand capitaine négociait avec l'ennemi. Il coupa court, dit-il, aux négociations presque terminées en apprenant la résolution que l'empereur avait prise d'abdiquer. Il apprenait en même temps que la confiance de celui-ci l'avait adjoint aux plénipotentiaires chargés de traiter de l'abdication de leur maître auprès des souverains alliés. Le duc de Raguse partit donc avec ces commissaires pour cette grande et délicate mission. Avant son départ, il donna l'ordre de ne faire aucun mouvement et d'attendre son retour; il informa lui-même le prince de Schwartzemberg des motifs de ce changement apporté aux arrangements déjà convenus. Mais la convention n'était point ignorée des généraux qui l'exécutèrent pendant l'absence du maréchal, et conduisirent de nuit, à Versailles, le sixième corps indigné de se voir, au jour, cerné par les Russes. Ces généraux avaient-ils lieu de penser que cette désobéissance leur serait aisément pardonnée par le maréchal, très-résigné à la force majeure des événements? Ont-ils cru leur sûreté compromise auprès de Napoléon? Ont-ils compris pour eux-mêmes toute l'opportunité d'un pareil service rendu à la cause des Bourbons? Quoi qu'il en soit, ces derniers ont eu raison de s'en montrer reconnaissants, car l'effet de cette défection fut immense sur l'esprit encore incertain d'Alexandre; et par contre, Napoléon, qui perdit cette chance suprême en faveur des droits de son fils, a dû stigmatiser vivement l'acte qui livrait et sa personne et l'armée confiée à la vigilance militaire autant qu'à la loyauté du maréchal Marmont. Trahi sous le commandement du maréchal qui avait la responsabilité de ce commandement, l'empereur a fait remonter jusqu'à lui la trahison que le maréchal n'a pas accomplie, mais qu'il avait préparée ; il a qualifié ainsi peut-être l'ensemble de la conduite du duc de Raguse à la fin de mars et aux premiers jours d'avril 1814, plus encore que le fait particulier de Paris ou d'Essonne. Aux yeux de l'empereur, on le conçoit, la froideur du dévoûment à l'heure de l'adversité, cette promptitude à désespérer de la défense de la capitale que les habitants des faubourgs et les gardes nationaux défendent encore, les pourparlers clandestins avec le prince de Schwartzemberg, l'acte étrange qui dispose, d'accord avec l'ennemi, et des troupes et du sort de Napoléon lui-même, l'acquiescement facile à la déchéance de celui-ci, l'adhésion, suivie d'une haute faveur, au gouvernement de Louis XVIII, tout cela se résume en une accusation au bout de laquelle échappe une sanglante apostrophe. Le peuple, dont les présomptions morales se fondent souvent sur des indices moins fâcheux, l'armée, toute frémissante encore du guet-apens de Versailles, et dont la justice, dans sa rigidité, tient un peu de la justice des conseils de guerre ; le gros du pays qui ne discerne pas certaines connivences avec l'étranger du complot caractérisé, certaines défections politiques de la désertion militaire; qui confond dès avant la catastrophe ceux qu'immédiatement après il voit confondus dans les mêmes rangs; qui ne regarde pas comme fort hostiles à l'ennemi de la veille ceux qu'il retrouve le lendemain amis du vainqueur; le gros du pays avait déjà murmuré l'épithète de traître lorsqu'elle retentit dans la proclamation impériale; depuis ce jour elle est restée fatalement associée au nom de Raguse qu'elle rencontrait à Gand, pour comble de fatalité, avec les émigrés que chassait le drapeau tricolore, avec les émigrés qui durent à la funèbre bataille de Waterloo la seconde inauguration du drapeau blanc.

La vérité est que tout le monde trahissait en 1814, à l'exception des soldats et de cette classe ouvrière essentiellement antipathique à l'étranger et patriote jusqu'à la mort; tout le monde trahissait, non pas avec préméditation, mais par lassitude, incapacité, désuétude de tout élan généreux, de toute volonté propre dans la sphère politique : on vit, par suite de cette démoralisation générale, l'administration militaire négliger, au milieu de l'abondance des ressources, les plus simples précautions de la défense ; on vit Joseph et le conseil de l'impératrice régente, à une exception près, qui honore Boulay de la Meurthe, on vit le frère de l'empereur et le conseil de régence saisis d'une peur communicative, donner en fuyant le signal du sauve qui peut; les hauts barons de l'empire aspirer aux loisirs opulents qu'ils n'avaient point encore savourés dans leurs modernes castels; le corps législatif, avant eux, rompant le silence après un long mutisme, en appeler, non aux armes, mais aux droits politiques de la nation, menacée dans son indépendance; et le sénat conservateur, apercevant un matin Alexandre à la place de Napoléon, saluer d'imprécations contre le vaincu l'empereur victorieux, et s'insurger humblement, sous la pointe des lances cosaques, pour la conservation de ses priviléges et de ses dotations. Que vouliez-vous que fît, après de tels exemples, la bourgeoisie, fidèle sans doute, mais fidèle à la patrie qu'on lui avait faite, et qui se concentrait sous le toit domestique, dans le cercle de sa propriété, de son négoce; fidèle, à la condition sous-entendue que sa fidélité, soumise aux prohibitions du système continental avec les dédommagements d'une vaste industrie intérieure et de l'agriculture, toujours garantie par la victoire, ne serait jamais exposée aux périls que la liberté seule accepte et surmonte? Enfin, Napoléon fut le premier des traîtres envers lui-même; car il fortifia chez la bourgeoisie l'instinct égoïste et corrupteur qui la désintéresse de l'indépendance nationale elle-même s'il la faut acheter par des sacrifices et des dangers personnels; car il assouplit jusqu'à l'avilissement ce sénat qui le renverse en se prosternant devant une autre épée; car il bâillonna cette législature qui ne peut plus parler que pour se plaindre et l'accuser; car, faisant une livrée des insignes militaires, il ne trouva guères dans son entourage, à l'heure extrême, que des valets insoumis, inintelligents, perfides ou insolents; car il avait confié sa femme, son fils et la capitale à des gens qui savaient trop qu'il ne choisissait en eux que des complaisants; car il avait provoqué la dernière coalition au choc de laquelle l'empire se brisait, et les éléments de cet empire étaient déjà, par sa politique, ceux d'une contre-révolution. C'est lui, en un mot, qui a rendu la restauration possible.

La restauration à son tour va refaire la popularité, non de l'empire, mais de Bonaparte. L'homme va se réhabiliter par le malheur sous lequel son stoïcisme ne fléchit point, par les fautes du gouvernement qui succède au sien. La publicité, comprenant mal son rôle et la noble vengeance d'impartialité dont la mission lui est dévolue, la publicité, qui déjà l'outrage, se ridiculise et s'avilit elle-même; celui qu'au sommet de la puissance elle avait presque déconsidéré par l'adulation, se relèvera plus grand sous ce déluge d'invectives qu'on méprise d'abord comme ignobles, qu'on repousse bientôt comme des blasphèmes; et une réaction de dignité nationale commencera peu de mois après que la statue de Napoléon aura failli être précipitée du haut de la colonne ; elle commencera sous l'invocation de son image insultée par des Français, en présence de l'étranger, qui, pour leur donner sans doute une leçon de pudeur, la fit couvrir d'un voile.

Au point où cette partie de notre introduction s'arrête, nous avons sous les yeux un spectacle plus inattendu peut-être que celui des prospérités inouïes du général Bonaparte et du triomphe des rois si souvent vaincus : en échange des cent trente départements de l'empire français, l'île d'Elbe est donnée à Napoléon qui, accompagné d'une poignée de vieux soldats, prend possession de ce territoire si voisin de la France, en qualité de souverain indépendant. De là, l'émule de Charlemagne voit se disloquer le gigantesque empire dont sa main puissante tenait rapprochés plutôt qu'unis les membres disparates; de là, le nouveau Charles-Quint, qui s'est démis moins volontairement de la couronne impériale, assiste aussi, par un de ces jeux terribles et bizarres de la destinée humaine, à ses propres funérailles; mais, de ce cercueil où l'on vient de l'ensevelir vivant, il sortira pour ressaisir un instant la couronne et en appeler une dernière fois à son génie et à l'épée de la France.

Paris, depuis vingt ans accoutumé comme autrefois Rome à dicter la loi chez eux aux ennemis de la république; Paris, préservé durant quatre siècles de la domination étrangère, ouvre ses portes aux armées de la coalition, et à ses chefs étonnés eux-mêmes de leur triomphe : un petit nombre de gardes nationaux et d'élèves de l'École polytechnique ont arrêté la masse des assiégeants avec un courage et un succès qui montrent tout ce qu'on aurait pu attendre d'une résistance largement, populairement organisée, abritée derrière des fortifications, d'une résistance dirigée par l'administration publique, par le conseil de régence, soutenue par la présence de l'impératrice et celle du fils de Napoléon, comme le voulait Boulay de la Meurthe; mais une lettre de l'empereur, mal comprise peut-être ou judaïquement interprétée, à laquelle, dans tous les cas, il fallait avoir le courage de désobéir, une lettre de l'empereur a transféré le gouvernement au-delà de la Loire. Et cette réminiscence déplorable des traditions de la vieille France monarchique a privé les Parisiens de direction et découragé cet instinct de résistance qui ne s'éteint qu'avec la vie dans le cœur du peuple et que s'apprêtaient à seconder, sur les flancs et sur les derrières de l'ennemi, l'armée impériale accourant à marches forcées et les paysans déjà soulevés et en armes dans les provinces septentrionales de l'empire. Le signal de la défection est ainsi venu du gouvernement qui a brisé son plus vigoureux instrument, la centralisation; qui a laissé le champ libre à toutes les peurs, à toutes les séductions, à toutes les intrigues, et désarmé le patriotisme en face d'une imminente catastrophe.

Dans cette immense et subite dissolution, il se forme un concours naturel, il se recompose un centre d'intérêts puissants et de hautes influences qui stipulent au nom de l'intérêt général, tel que l'a fait une triste et cruelle nécessité. Des banquiers, des citoyens de la riche bourgeoisie, représentant par circonstance la propriété, l'industrie alarmées; des fragments de corps constitués se portant fort pour l'administration et la législature; des chefs militaires s'isolant de leur général, dans la mauvaise fortune, pour se rallier, disent-ils, au pays; des diplomates cosmopolites dans le naufrage des croyances nationales, convertis au patriotisme européen, suivant une expression spirituellement imaginée plus tard pour colorer le sentiment qui remplace celui du deuil de la patrie vaincue et humiliée; enfin, d'une part, les débris de l'ancien régime renversé en 1792, les partisans de la dynastie émigrée, longtemps réduits à l'état de faction ou de coterie; d'autre part, quelques opposants, vieux républicains, qui se sont raidis dans le silence au sein de la plus souple des majorités : tous ces éléments bien divers se groupent en une sorte de conjuration qui répudie l'empereur et accepte, sous le protectorat des Russes, les Bourbons en faveur desquels Bordeaux a pris l'initiative, sous le protectorat des Anglais.

Mais au-dessus des causes immédiates et subalternes qui ont déterminé la catastrophe de l'empire, il est une raison générale : celle de la réaction que produit inévitablement toute action excessive, injuste ; il est une loi de haute moralité internationale : la loi de représailles. La France révolutionnaire attaquée avait fait acte de légitime défense en attaquant à son tour ses agresseurs ; la France impériale même ne fit longtemps que continuer son mouvement d'invasion défensive dans ces guerres que justifiaient les sourdes menées, les coalitions ourdies en Europe par l'Angleterre ; mais enfin l'ambition personnelle, l'esprit de conquêtes s'étaient peu à peu substitués aux grands intérêts de la révolution ; le génie de la gloire avait pris la place du génie de la liberté ; dans l'homme trop égoïste, avait disparu l'idée dont il était, dont il redeviendra la personnification ; il ne restait plus, en 1814, que la perspective de la guerre perpétuelle, que le froissement des nationalités brisées, que l'humiliation et le ressentiment, chez nos voisins, de l'indépendance perdue, que l'épée du conquérant toujours suspendue sur leur tête; et tous les sentiments généreux s'insurgèrent à leur tour et ameutèrent l'Europe contre la France. Les désastres de Russie furent le signal, sans doute, de cette réaction ouverte, de cette prise d'armes universelle; mais la réaction sourde datait de loin : l'invasion déloyale de l'Espagne lui avait imprimé le caractère d'une ligue secrète des rois, des aristocraties et des peuples, ligue d'intérêts politiques et de haines libérales, que cimenta la conduite équivoque de Napoléon envers les Polonais. Il arriva bien jusqu'à son oreille quelques bruits de cette coalition d'une nature toute nouvelle; comment n'ont-ils pas servi d'avertissement à Napoléon? ou, s'il entendit cet avertissement, pourquoi ne sut-il pas lui obéir?

« Ma principale faute a été de n'avoir pas fait la paix à Dresde, » disait le captif de Sainte-Hélène. Ce fut une faute, sans doute; mais ce n'est pas la principale. Le grand homme a complété l'aveu peut-être au fond de sa conscience; peut-être il s'est dit, sur sa roche expiatoire, ce qu'a bien exprimé un grand écrivain (1), qui, après l'avoir éloquemment invectivé, lui a rendu justice avec une éloquence plus vraie; peut-être il s'est avoué que s'il appartenait par son génie à l'âge moderne, son

---

(1) M. de Chateaubriand.

ambition était des vieux jours, que si le premier marchait avec le siècle, la seconde reculait vers le passé auquel enfin elle emprunta l'ornement du diadème, que dépassaient de beaucoup en valeur les miracles de sa vie, ornement gothique qui seyait mal à ce géant démesuré qu'avait enfanté la démocratie pour une destinée plus miraculeuse encore; peut-être l'homme de génie a-t-il blâmé l'ambitieux, maître de choisir entre l'alliance des peuples et l'alliance des rois, d'avoir opté pour cette dernière. L'héroïque victime, divinisée par le peuple, immolée par les princes et par les aristocraties, a dû s'illuminer, aux jours de son long supplice, de la politique même sous laquelle deux fois elle a succombé; elle a dû se demander ce qu'il serait advenu si Napoléon, digne héritier de la révolution française, digne chef de la démocratie qui s'était levée pour abattre les tyrans, si Napoléon eût séparé ceux-ci de leurs sujets, comme on le sépara plus tard lui-même des Français par de perfides proclamations; ce qu'il serait advenu si, toujours en paix avec les opprimés et leur apparaissant comme un libérateur providentiel, il n'avait fait la guerre qu'aux oppresseurs forcés de reconnaître en lui le vengeur inspiré par la Providence; si, confiée au grand homme, l'autocratie militaire, transportant, comme on l'a dit, les principes de notre émancipation sociale d'un bout du vieux monde à l'autre sur les ailes de la victoire, n'eût été que l'instrument de la transformation de l'Europe féodale en Europe démocratique; ce qu'il serait advenu si, missionnaire de cette entraînante propagande, général de cette croisade libérale, messie de cet évangile populaire, conquérant des territoires et rédempteur des habitants, chef des insurrections nationales et législateur des nations, organisateur de la liberté dans les états qu'il aurait affranchis, si Napoléon eût fait de cette sublime épopée sa propre histoire, lui qui, à chaque pas de sa prodigieuse carrière, a prouvé que telle fut sa mission et qu'il était plus difficile de l'éluder que de l'accomplir. Entré pleinement, et sans se détourner du but, dans cette voie admirable; fidèle, jusqu'au bout, à cette mission qui l'élevait au-dessus de l'humanité, Napoléon n'eût conservé pour la France, au terme de ses triomphes, que les frontières naturelles qui lui sont tracées par les Alpes, les Pyrénées, le Rhin, l'Océan, la Méditerranée, la Suisse; il n'eût établi que des relations réciproquement avantageuses de commerce et d'amitié et n'eût revendiqué que la suprématie intellectuelle et protectrice si noblement acquise et si utilement exercée par la France et par son chef. Eh bien alors, s'il y avait eu une campagne de Moskou, plus d'incendie, car les serfs déclarés libres nous précédaient en éclaireurs et prévenaient les incendiaires ; plus de Bérésina désastreuse, car la Pologne tout entière était notre avantgarde ou notre camp avancé; plus de Leipzig infidèle, car la désertion se serait mise dans l'armée russe plus tôt que la défection dans les troupes allemandes ; plus d'irruptions étrangères en France, car aucun appel n'est possible aux sentiments d'indépendance et de liberté qui n'ont à venger aucun outrage ; car Wagram, si ce n'est Austerlitz, et à coup sûr Iena, n'auraient eu ni lendemain monarchique ni revanche lointaine du patriotisme recruté sous le drapeau des aristocraties et des despotes.

Mais si le général et le consul Bonaparte fut l'homme des peuples, l'empereur Napoléon voulut gouverner l'Europe en frère des rois, et en dominateur des uns et des autres qu'il réunissait ainsi dans une commune inimitié contre lui, dans un désir commun de secouer le joug. La révolution disait aux sujets : Voulez-vous devenir citoyens? vous avez en moi un auxiliaire ; elle disait aux esclaves : Je viens rompre vos fers. Napoléon après avoir tenu ce langage ami aux populations, en changea pour se présenter, sous des formes diplomatiques, en maître tenant son droit de la grâce du Dieu des batailles: ce n'était plus qu'une question de force et de chance heureuse ; aucune compensation ne venait adoucir dans l'âme des vaincus l'amertume de la défaite ; nul bienfait n'allégeait les charges de l'occupation militaire ; nul bienfait ostensible, car la propagande ou, si l'on veut, la contrebande des idées françaises, se faisait à l'insu ou en dépit du chef, par son armée elle-même ; mais ces idées qui affilaient, pour ainsi dire, les baïonnettes de nos soldats et triplaient nos forces, Napoléon les étouffa dans leur foyer ; le mouvement qu'il devait propager au dehors, il le comprima au dedans ; l'égalité, sa plus puissante machine de guerre contre les aristocraties de l'Europe, il la détruisit en France : à quel titre de supériorité morale, à quel titre utile et civilisateur la France désormais aurait-elle prétendu s'imposer à l'Europe ?

Celle-ci, au contraire, ne s'est-elle pas fortifiée des sentiments, des pensées, de la puissance morale qu'elle nous doit et que nous abdiquons ? Il ne nous restait plus que la puissance matérielle ; elle s'est brisée au choc des éléments et des masses qu'a bravés avec une sorte de délire l'orgueil de Napoléon.

Voilà maintenant que l'esprit de liberté, dont notre révolution a jeté les germes en Europe, se retourne contre nous ; voilà qu'il a donné la victoire à ceux que nous avions vaincus, dont nous avons envahi les capitales, et qui nous appliquent la loi du talion.

DEUXIÈME PARTIE.

RÉSUMÉ HISTORIQUE DE LA RESTAURATION.

§ Ier.

PRINCIPE VÉRITABLE DU GOUVERNEMENT.—NÉCESSITÉS DE L'ÉPOQUE, DIFFICULTÉS DANS LES HOMMES ET DANS LES CHOSES EN 1814. — SITUATION MORALE ET POLITIQUE DE LA FRANCE, AU RETOUR DES BOURBONS.

Au nombre des assertions politiques, érigées en axiomes, et qui, mieux examinées, se réduisent à des paradoxes, ne faut-il point ranger celle qui déclare que les gouvernements périssent presque tous par l'exagération de leur principe ? Avant tout, a-t-on bien constaté ce principe lui-même ? s'est-on bien assuré de sa nature primitive, de ses conditions essentielles ? Ce qu'on appelle un excès, ne serait-il pas souvent une déviation, quelquefois même un oubli ou un abandon complet de sa véritable origine, et de la loi par laquelle et pour laquelle un gouvernement existe ? Selon nous, quand le principe conduit à une chute prématurée, c'est qu'il est faux et mauvais, et qu'on a eu tort de s'obstiner à le maintenir; quand il est bon, quand il est l'expression des besoins de l'époque et du pays, et tel est le cas le plus ordinaire, l'établissement auquel il sert de base ne périt que pour l'avoir perverti ou combattu; c'est-à-dire pour avoir changé de principe et substitué aux éléments d'où il était sorti viable et fort, des intérêts personnels et corrompus. C'est ce qui arrive presque toujours; car un pouvoir dont la durée n'est pas tout à fait éphémère, ou le résultat unique de la force brutale, un pouvoir qui se fonde avec quelque régularité, a pour condition d'existence une raison d'utilité publique, et cette raison est son principe conservateur.

Les gouvernements affermis ont souvent sur leur origine et sur leur destination des idées peu conformes à la vérité de l'une et aux devoirs de l'autre. Ce ne sont donc pas les prétentions qu'ils affichent, les préjugés qu'ils adoptent, les fantaisies de l'orgueil auxquelles se prête l'adulation, ce n'est pas la devise qu'il leur plaît d'inscrire sur leur blason ou en tête de leurs actes, ce n'est pas tout cela qui constitue le principe de ces gouvernements. Les peuples ne sont pas faits pour leurs chefs; ces derniers, au contraire sont faits pour les peuples: telle est, dans sa plus haute généralité, la formule du principe applicable à tous les états; elle n'est guère contestée aujourd'hui. La première fois qu'elle fut énoncée, elle sembla téméraire : le monarque qui régnait alors par la grâce de Dieu, et disait *l'État c'est moi*, n'y voyait qu'un blasphème. Heureusement, dans ce qu'il faisait pour lui, il y avait des inspirations de grandeur et de conscience nationale, qui tournaient à la gloire et à l'utilité de la France. C'est ainsi que, tantôt par un égoïsme large, élevé, gouvernemental en quelque sorte, tantôt par les nécessités auxquelles se plie, dans son intérêt, un égoïsme plus étroit, c'est ainsi que les pouvoirs ont le bonheur de se mettre assez souvent en contradiction avec leur principe imaginaire et faux, pour se conformer, de bonne ou de mauvaise grâce, au principe réel et vrai par lequel ils subsistent.

Le principe général que nous venons de rappeler a ses applications spéciales, suivant l'époque et le pays, pour chaque gouvernement. Prise dans son ensemble, la royauté en France avait pour mission de détruire la féodalité ; d'émanciper, par cela même, le tiers-état ; de créer une grande unité nationale ; chaque roi, pris à part, avait ensuite sa mission viagère et de circonstance qu'il remplissait, peut-être à son insu, bien ou mal, qu'il méconnaissait quelquefois complètement : c'est ce dont portent témoignage les malheurs ou les prospérités de chaque règne ou des règnes suivants.

Louis XVI, nous l'avons vu, paya pour ses propres fautes et pour les iniquités de ses prédécesseurs, qui retombèrent à sa charge; sa mission, à lui, était de réparer le passé par d'opportunes et larges concessions aux légitimes exigences du présent, de sauver la monarchie ébranlée en lui donnant de nouvelles bases, d'achever l'œuvre de cette monarchie elle-même en constituant le tiers-état qu'elle lui avait légué affranchi, peu s'en fallait, du joug de la noblesse, industrieux, éclairé, puissant. Le principe de la royauté d'alors était tout progressif; ce progrès consistait dans la transition définitive du régime arbitraire que ne modéraient plus les priviléges des classes et des corps de l'état, au régime légal et constitutionnel; c'était un principe de transformation. Louis XVI a manqué à ses devoirs faute de les comprendre peut-être, ou du moins, pour ne les avoir pas compris en chef de l'État, en homme de résolution : excellent et simple comme individu, clairvoyant même, dit-on, dans l'intimité paisible de la conversation ou de la correspondance, presque toutes ses actions furent celles d'un prince qui tantôt abandonne tout par tactique, et sauf à tout reprendre, tantôt se gourme avec inintelligence dans ses prérogatives d'ancien et par conséquent de mauvais roi. Enfin, soit méprise, soit absence de caractère, soit incapacité d'esprit, Louis XVI a sacrifié les conditions essentielles de la durée de son pouvoir à des préjugés de naissance et d'éducation.

La royauté, si ce n'est le roi, la cour se laissant arracher des concessions tardives, faites sans bonne foi, et qu'elle était toujours prête à ressaisir, c'est-à-dire, au fond, se refusant avec opiniâtreté à une réforme nécessaire, tous les crimes de l'ancien despotisme nobiliaire et royal vinrent se grouper, dans les souvenirs populaires, autour de ce refus criminel, et firent alors surgir, en action spontanée, terrible, le principe de la souveraineté du peuple; l'insurrection fut la réplique aux résistances ouvertes et sourdes; la guerre civile se compliqua d'intrigues, de menaces, d'invasion étrangère; en face des légitimités européennes coalisées, le salut public fut la loi du pays et le principe du gouvernement. Les règles de la force organisée pour repousser la force, les limites de ce droit violent sont difficiles à définir et à tracer; mais, en faisant sa part d'excuse et de nécessité à l'effervescence des passions naturelles, à l'exaltation sincère de la crise nationale, l'étude de cette époque, aussi bien que la conscience humaine, nous disent que tout ce qui n'eut pas ce caractère de sincérité, d'impétuosité, d'inspiration née de l'enthousiasme, de la colère, du péril même, que tout ce qui fut au contraire factice, tramé dans l'ombre, produit à grand renfort d'expédients ignobles et odieux, n'appartient pas à l'élan révolutionnaire; que c'est l'œuvre du machiavélisme ambitieux, des animosités personnelles, des fureurs envieuses, et de quelques esprits en délire; la raison d'état nous dit à son tour que la loi de salut public, dans son inflexibilité suprême, doit être empreinte d'une incontestable nécessité, d'une équité non moins évidente; la hache du bourreau n'est pas le coutelas du boucher, encore moins le poignard du sicaire; aux jours de tempête sociale, à l'approche d'un immense danger, que la terreur devienne extraordinairement un moyen nécessaire, soit! mais aux mains même de cette terreur salutaire, le glaive politique, s'il est vraiment la sauvegarde de la société, ne saurait être que le glaive de la justice; il ne doit frapper, dans la conviction publique, que les traîtres et les lâches; il perd toute sa force morale, il n'est plus qu'un instrument d'assassinats, du moment qu'il devient l'arme de la lâcheté, de la trahison, des passions privées, des calculs ou des systèmes individuels. Si donc nous ne sommes pas la dupe des mots ou de quelques apparences, nous reconnaîtrons que le gouvernement de la révolution est tombé, non par l'entraînement de son principe, qui était celui de l'émancipation et de la réorganisation du pays, de la volonté, de la moralité, de la sûreté générale, mais pour avoir subordonné ce principe à des vues et à des rivalités particulières; non pour avoir fait de l'énergie nationale, mais de la corruption démagogique; non pour avoir retranché quelques membres, afin de sauver le corps social, mais immolé le corps social au fanatisme ou à la vanité de quelques membres qui exerçaient ou se disputaient le pouvoir.

Le principe de la dictature nécessairement temporaire de Napoléon fut, à l'intérieur, le rétablissement de l'ordre sur les débris des tyrannies anarchiques; à l'extérieur, l'indépendance, la sécurité nationale, la paix, par la victoire sur les monarchies hostiles, par l'alliance des peuples, par la propagande des idées françaises; le principe conditionnel de la dictature consulaire et impériale, la loi de son existence l'autorisait à s'armer de toute la puissance de la nation, à suspendre momentanément la liberté, sauf à la restituer plus tard, pour assurer les autres bienfaits de la révolution; Napoléon, investi de cette dictature, avait mission de personnifier le peuple, mais non pas de se substituer au peuple; de le représenter en empereur peut-être, mais non de le supplanter en monarque; il pouvait, sans faillir à la loi de son élévation, garder viagèrement la première magistrature, au milieu de ses égaux, mais non détruire l'égalité; il devait instituer le présent et non refaire le passé, discipliner la démocratie sans doute, mais afin de l'organiser. Ce n'est point pour avoir exagéré ce double principe d'affranchissement du joug monarchique et aristocratique, qui menaçait au dehors, d'organisation régulière et paisible des droits de l'homme et du citoyen qui manquait au dedans, c'est pour l'avoir méconnu, violé, que Napoléon a péri.

Nous avions à cœur de faire justice des sophismes par lesquels on fausse l'histoire, on dénature la leçon des faits, et l'on pousse ainsi les gouvernements en sens contraire de la route qu'ils doivent suivre pour se conserver. Si la sagesse veut qu'ils modèrent la marche même la plus conforme à l'impulsion qui les a fait surgir, la plus d'accord avec l'opinion publique qui a favorisé leurs premiers pas, il y a folie à prétendre qu'ils doivent retourner en arrière ou rester immobiles de peur de se précipiter, ou renier la loi d'où ils émanent de peur qu'elle ne les maîtrise. Et maintenant est-il vrai que ce soit sur la pente du principe par lequel les Bourbons sont remontés au pouvoir qu'ils aient glissé dans l'abîme? Sans aucun doute, a-t-on répondu : entrée par la porte de la légitimité, leur dynastie, après avoir enrayé quelque temps, est allée finalement se heurter aux conséquences extrêmes de son principe réactionnaire. Il est vrai qu'elle a commis cette faute, et que le choc lui a été fatal, mais il ne l'est pas qu'elle soit rentrée par cette porte funeste; elle lui fut fermée, au contraire; une autre s'est ouverte pour elle. Qu'il ait fallu à Louis XVIII des précédents généalogiques pour qu'il figurât parmi les candidats au trône ; que ces précédents fussent des droits dans la pensée de ce prince ; que la coalition, en haine de la France révolutionnaire, et pour l'humilier et l'affaiblir, ait souri à l'idée d'une combinaison d'éléments peu compatibles; que le mot de *légitimité*, mis à l'ordre du jour par M. de Talleyrand dans sa politique de courtisan mêlée de scepticisme ; que ce mot de parti ait fait fortune parmi les hommes de foi ou d'ambition et soit devenu plus tard un dogme pour la sainte-alliance, tout cela est vrai.

Ce qui ne l'est pas moins, c'est que la proclamation d'un tel dogme, alors même que Paris avait capitulé, eût produit une explosion de scandale; c'est qu'en présence des quarante mille ouvriers encore désolés de n'avoir pu obtenir des armes, en présence de la garde nationale, qui portait la cocarde tricolore, des troupes françaises ulcérées, au moment où se prononçaient des noms bien divers, celui du duc d'Orléans, du prince Bernadotte, de Napoléon II, les chances de celui-ci se fussent singulièrement accrues si l'on eût évoqué le fantôme de la vieille monarchie. Soit hésitation réelle, soit esprit de convenance, soit mesure commandée par les difficultés de la position et l'incertitude des événements, ni le prince de Schwartzemberg, ni l'empereur Alexandre ne voulurent, dans leur langage du moins, avoir l'air de nous imposer un gouvernement; le droit de choisir celui qu'elle préférait fut reconnu à la nation; l'initiative de ce choix fut laissée au sénat et au corps législatif, qui l'exercèrent par un projet de constitution auquel se rattachèrent les autorités, les citoyens influents, et le gouvernement provisoire tout le premier. Les vices de ce projet, son remplacement par une charte, importent peu à la question essentielle; il suffit que cette charte fut obligée; la forme de l'octroi au lieu de l'acceptation est une faute grave de la part de ceux qui l'ont tolérée, mais enfin ce n'était qu'une forme sur laquelle on passait en faveur du fond; ce n'était qu'une satisfaction d'étiquette et de morgue princière à laquelle on eut le tort de ne pas attacher assez de valeur; c'était une capitulation de l'ancienne royauté avec les honneurs de la guerre : les petits-fils d'Henri IV abjuraient, l'un par sa réponse au sénat, l'autre, par sa déclaration de Saint-Ouen, l'hérésie monarchique de leurs ancêtres, et en ouvrant à Paris la session législative, le roi entrait dans le giron de l'église constitutionnelle. Un autre principe, comme on voit, que celui du droit divin et féodal a présidé à l'établissement de la monarchie représentative inaugurée par Louis XVIII. Non-seulement ce prince s'est présenté lui-même avec d'autres titres que ceux d'héritier de Louis XVII, mais il a rencontré dans les dispositions du pays, dans la politique même des cabinets étrangers, dans les faits accomplis, qui bravaient toute la puissance des vainqueurs, il a rencontré une force majeure contre laquelle il n'avait garde de se briser. Quelque abattue et troublée que la France fût alors, il aurait fallu plus que l'aspect des baïonnettes ennemies pour restaurer, dans la plénitude de ses anciens priviléges, la famille des Bourbons. Son intronisation en vertu de sa seule légitimité, eût engagé une lutte nouvelle, un conflit général, et n'eût été, en cas de succès momentané, que le résultat d'une prise d'assaut. Disons mieux, cette intronisation était impossible; les mains qui lui préparèrent la voie n'étaient pas très-pures, mais elles étaient trop habiles pour se prêter à une tentative insensée. Pourquoi leur habileté s'en est-elle tenue aux précautions indispensables qui ménageaient le présent et n'assuraient pas l'avenir? C'est le vice de beaucoup d'hommes d'état de n'envisager que la réussite immédiate et matérielle d'une entreprise, de n'attacher d'importance qu'au fait positif, sans se préoccuper de sa valeur morale, qu'ils dédaignent ou dont ils n'ont pas le sentiment. Pour eux, gagner la partie qu'ils jouent est le point principal; que si l'on vient à perdre, au jeu qu'ils ont ouvert, d'autres parties qu'ils ne dirigent plus, ce n'est pas leur affaire; leurs preuves sont faites, leur renom d'adresse est intact, et c'est le maladroit qui paie. Mais n'est-ce pas aux dépens du pays que se font les escamotages brillants aussi bien que les tristes écoles, et les premiers qui ont préparé celles-ci n'encourent-ils point leur part de responsabilité dans l'échec définitif? Quoi qu'il en soit, et bien qu'environné de circonstances déplorables, et, sous le rapport des hommes et des préjugés, d'accessoires funestes, le principe de la restauration de 1814 fut un principe de transaction, d'oubli du passé, de concessions mutuelles, de garanties pour l'avenir; de garanties surtout, car les idées de liberté politique avaient, depuis nos désastres, succédé à l'enivrement de la gloire. La Charte octroyée dans la forme fut donc en réalité un contrat réciproque, une reconnaissance des droits de la nation qui, de son côté, faisait taire ses répugnances pour l'ancienne dynastie; la France vaincue subissait le drapeau blanc, qu'elle n'aurait pas subi avec un gouvernement provisoire plus patriote ou seulement mieux pourvu de cette habileté qui prévoit au-delà du succès de l'instant; mais enfin les Bourbons adoptaient, sauf le symbole, les conquêtes principales, les conquêtes civiles et constitutionnelles du drapeau tricolore; le mot mal défini de *légitimité* rentra dans le vocabulaire officiel; mais les lois essentielles de la révolution, consacrées par les mœurs, continuèrent à régir le pays; celui-ci faisait en quelque sorte un retour vers l'Assemblée constituante, acceptant les personnes royales, pourvu que celles-ci acceptassent les choses législatives et nationales. Ce fut sur ce principe de transaction, de réforme, de sécurité légale, que se fonda, dans la pensée de la France et de l'Europe, si ce n'est dans celle de tous les membres de la vieille dynastie, que se fonda, en fait et en droit, le régime d'amalgame assez malheureusement surnommé la Restauration par les courtisans qui avaient alors la parole. Est-ce pour avoir été fidèle avec excès à ce principe prudent et loyal que la Restauration, perdant avec Louis XVIII ses dernières chances de durée, est tombée sous Charles X? N'est-ce point plutôt pour lui avoir menti dans son âme le jour même où on le proclamait, et en action dès qu'on l'a osé? n'est-ce point pour lui avoir préféré les instincts, les souvenirs, les doctrines de l'ancienne monarchie, sous laquelle on espérait à la longue étouffer la royauté constitutionnelle?

Que si, pour ne pas incriminer la bonne foi, on

suppose entre la France et les Bourbons un malentendu qu'explique l'alliance au moins bizarre, l'alliance forcée du droit révolutionnaire et du droit dynastique en vertu duquel se présentait la famille princière; nous admettrons d'autant plus volontiers cette supposition qu'elle est vraisemblable jusqu'à un certain point, et qu'elle laisse toutefois une latitude suffisante à la liberté des actes par lesquels on pouvait corriger le vice de la situation et parvenir à s'entendre. Qu'a-t-on fait pour cela? Quels ont été les premiers pas dans cette carrière de bonne intelligence et de fusion?

On attribue à Fouché ce mot qui, dans sa bouche, avait la valeur d'un conseil plus que la portée d'une prédiction : « Les germes de haine que l'on jette dans les cœurs au commencement d'un règne n'y meurent jamais. » Convaincu qu'il est accordé aux pouvoirs comme aux individus un temps pour s'amender, un temps bien long quelquefois pour un retour réparateur qui efface le passé, nous n'avons garde d'élever le mot de Fouché à la hauteur d'une sentence sans appel; mais il est vrai de dire que les causes de la chute d'un gouvernement se rencontrent souvent à son début; il est vrai que, sauf l'intervention d'une sagesse et d'une habileté rares et difficiles quand cette intervention est tardive, les drames politiques mal noués se dénouent malheureusement; l'édifice gouvernemental assis sur de mauvaises bases, s'il n'est étayé à propos, s'il ne recouvre à temps l'équilibre, trouve, dans le vice même de sa construction première, la raison des agitations qui l'ébranlent et de la secousse finale qui le renverse.

La restauration est empreinte de ce caractère incontestablement logique dans la destinée qui rattache sa fin à sa naissance; 1830 découle si naturellement de 1815 et de 1814, qu'en supprimant les années intermédiaires, on ne fait que rapprocher les effets de leur cause, et que rendre palpable la connexité qui existe entre les aberrations des princes émigrés revenant en France et celle des princes déchus retournant en exil.

Tous les torts sans doute ne sauraient être imputés à cette famille déplorable, et nous mettrons avec impartialité dans la balance le poids des difficultés qui résultaient de sa position personnelle et du concours des circonstances. Comment se détacher de ses anciennes et brillantes traditions, de ses souvenirs récents et lugubres, rompre avec tout son passé, avec les affections, les influences, les convictions de son entourage? Comment oublier toujours, apprendre tard et vite, effacer sur cette longue étoffe de la vie et de l'éducation les plis de la nature, de l'habitude, des idées, de la conscience même? Comment renier sa foi, répudier les siens et s'abdiquer soi-même? Tout ce qui est heureux pour nous fut triste pour la famille des Bourbons; nos jours de fête furent ses jours néfastes, nos victoires ses défaites; notre avénement civique et national date de sa déchéance. Non-seulement le mal que tout le monde condamne et dont tout le monde a souffert, mais ce qui était bien en soi, ce qui était vertu ici, droit naturel, liberté, passait pour crime, rébellion, attentat, sur la terre où les proscrits erraient, où la France, disaient-ils, errait avec eux. L'étranger, qui rapprochait tant et de si profondes antipathies, avait-il calculé, dans sa vieille haine, les collisions et les déchirements dont elles menaçaient la France? On peut le supposer sans calomnier le cabinet anglais. Le grand meneur de la restauration en 1814, Talleyrand a-t-il aperçu le côté défectueux de son œuvre? Une illusion complète serait d'un esprit bien court, une prévision qui ne s'est pas précautionnée contre l'avenir est d'une intelligence rétrécie à force d'immoralité.

Les sacrifices, si l'on peut nommer ainsi les clauses au prix desquelles est le gouvernement de la France, les sacrifices qu'auraient dû obtenir de la famille des Bourbons les hommes qui relevaient son trône, c'était du moins à la famille des Bourbons à se les imposer au retour de l'exil. Ces sacrifices, au reste, avaient leur mesure : c'était à saisir cette mesure, à concilier la politique avec les sentiments, avec les devoirs privés, que consistait, en partie, la solution du problème, solution moins pénible, il faut le dire, pour Louis XVIII que pour le comte d'Artois et surtout pour la duchesse d'Angoulême. Le premier s'était de bonne heure résigné à quelques-unes des exigences du temps; il supportait avec calme les coups qui avaient frappé la maison royale, et sous lesquels demeuraient accablés ou indignés la fille de Marie-Antoinette, son époux, le père de celui-ci et tout ce qui se ralliait à leur douleur, à leur piété, à leurs regrets, à leurs espérances. Pour se soustraire lui-même aux influences de cette atmosphère domestique si peu homogène avec l'air de France, pour empêcher qu'il n'envahît le dehors et que le contraste ne fût exagéré, exploité par des passions et des intérêts d'un autre ordre et gros d'orages, la suite des événements nous montrera dans quelle heureuse impossibilité, dans quelle forteresse inaccessible aux entraînements se serait placé un roi de plus de portée, moins pétri de ces petites combinaisons astucieuses qui visaient à rattraper ses propres concessions, moins enclin aux roueries de cette vanité pédante qui aspirait à trôner comme autrefois, à représenter avec les *us*, l'idiôme et les poses de ses ancêtres.

Les difficultés inhérentes à la vieille dynastie,

les obstacles qu'elle rencontrait en elle même, bien qu'ils ne fussent pas invincibles, étaient donc réels, et nous ne les avons pas dissimulés; il y en avait d'autres qui venaient d'ailleurs. L'empire tombé entraînait dans sa chute bien des prestiges. Les rois avaient poursuivi l'objet de leurs ressentiments et de leur effroi avec plus d'acharnement que de prévoyance. Sur les ruines de cette grande idole renversée par eux s'écroulait un culte restauré à force de miracles. Au fond du sanctuaire où la veille encore on s'agenouillait avec une admiration superstitieuse, le voile déchiré laissait à découvert quelques planches, quelques lambeaux de pourpre souillés; la magie du pouvoir avait fait place aux outrages des uns, au désappointement amer des autres, aux réalités brutales de la soldatesque victorieuse, au désabusement général. A l'universelle idolâtrie allait succéder l'ironie universelle. Le moment était peu propice à l'enthousiasme monarchique; et ce n'était que sur la base des intérêts publics bien compris, des susceptibilités nationales bien ménagées, d'une bonne foi et d'une bonne volonté non douteuses, que pouvait s'affermir une autorité nouvelle.

Quelle était, sous un aspect très-général, à l'avénement du nouveau pouvoir, la société française? Une vaste démocratie échappée à une dictature impossible à remplacer, démocratie contenue toutefois par une longue habitude de soumission, par le sentiment profond et douloureux de ses revers, par une puissante organisation administrative toujours subsistante. Cet état de choses offrait, avec des inconvénients, plus d'un avantage pour la transition d'un gouvernement à l'autre. Il y avait sans doute des aspérités de détail sur ce sol nivelé dans son ensemble : c'étaient une foule d'intérêts qu'une justice distributive impartiale eût calmés ou satisfaits; des défiances, des inquiétudes qui auraient naturellement cédé à une politique franchement exempte de réaction et d'intentions irritantes; c'étaient des passions militaires qui se seraient peu à peu amorties dans une honorable retraite ou une activité paisible, si ces passions de noble aloi n'eussent pas été en butte aux prétentions les plus ridicules, aux injures, aux injustices; si un peu de patriotisme, à défaut de gloire, fût venu des régions de la cour sympathiser avec une tristesse généreuse et respectable. Les difficultés, comme on voit, étaient nombreuses, mais non pas insolubles; et la plus grande de toutes, celle qui prenait sa source dans le double et inséparable fait de l'invasion ennemie et du retour de la royauté ancienne, n'était pas plus insurmontable que les autres, si la royauté n'eût pris à tâche de confondre sa cause avec celle des vainqueurs et de nous traiter en vaincus à qui l'on fait grâce; si, remuant des cendres presque refroidies, le comte d'Artois et les siens n'avaient pas soufflé le feu de la guerre civile et levé l'étendard de la contre-révolution ; si Louis XVIII, à Paris déjà tout autre qu'à Saint-Ouen, déjà oublieux des conseils reçus, des déclarations publiées, des symptômes évidents de l'opinion du pays autant qu'elle pouvait se manifester, si Louis XVIII, enivré des hommages de cette cohue de courtisans, meubles inamovibles du palais des Tuileries, n'avait eu hâte de fausser par supercherie les conditions de sa rentrée, le principe de son gouvernement, tout aise qu'il était d'inaugurer sa prise de possession constitutionnelle par quelque manigance monarchique, pour emprunter au grand Frédéric l'énergique familiarité de ce mot.

Les malheurs de la France, sans doute, et le triomphe de l'étranger nous ramenaient les Bourbons ; mais leur part de solidarité n'était pas en 1814 ce qu'elle fut en 1815 ; et l'on pouvait croire que leur présence bornait le cours de ces malheurs et contribuait à les adoucir ; ce triomphe, ils s'en étaient réjouis sans doute, mais les joies d'Hartwell n'éclataient point à Paris, et dans ce moment où nos défaites saignantes nous faisaient faire sur nos victoires un philosophique retour, la paix et les Bourbons s'identifiaient dans un sentiment tout favorable à ceux-ci.

Ils étaient maîtres alors de se faire leur destinée. Il dépendait d'eux de donner à l'intrigue qui les ramenait les apparences et plus tard le caractère d'un mouvement national. On leur avait ouvert la voie dans laquelle ils auraient dû entrer, non point en acceptant une constitution qui devait être l'œuvre des trois pouvoirs, régulièrement organisés, après un provisoire nécessaire, constitution déshonorée d'ailleurs par l'avilissement du corps qui avait pris l'initiative, et par des stipulations personnelles qui révoltaient l'opinion publique; mais en adoptant la forme du contrat réciproque et en faisant alliance avec les libertés et les gloires du pays par les institutions et par le drapeau. Un titre héréditaire, dont on n'aurait pas discuté la valeur, les conduisait à cette transaction mutuelle et volontaire; et, cette position prise, il fallait immédiatement se séparer, dans tous les actes de la vie politique, du passé de l'ancien régime et du passé de l'émigration; il fallait concentrer dans le foyer et dans la chapelle du château les douleurs et les dévotions de famille, au lieu de les exhaler avec une publicité imprudente et un fracas d'autant plus injurieux qu'après tant d'années il ne semblait pas exempt d'affectation, et devenait suspect, chez un grand nombre, d'hypocrisie intéressée ou de récriminations menaçantes.

Résumons-nous : en 1814, le pays aspirait au

repos, à l'industrie, vivifiée par le commerce extérieur ; il voulait une liberté sage, une indépendance modeste, et il plut aux Bourbons, peut-être, de prendre ces dispositions pour le repentir du passé ; mais ce que le pays ne voulait pas, à coup sûr, c'est qu'on vînt relever à l'état de parti organisé, comme on l'a fort bien dit, à l'état de parti dans le gouvernement, les anciens privilégiés, tous les opprimés véritables ou prétendus de la révolution, tous ceux qui la condamnaient dans ses principes et dans ses actes ; c'est que ce parti, lié avec les Bourbons par une fidélité souvent contestable d'ailleurs, et par des infortunes qui n'étaient pas toujours demeurées sans compensation, revendiquât la puissance pour lui seul, et au nombre des droits acquis, plaçât les siens en première ligne, au-dessus de toute prescription, reléguant, comme par tolérance, dans un rang très-secondaire les droits qu'il ne pouvait ravir aux hommes qui n'avaient pas quitté le sol français. Voilà de ces prétentions sur lesquelles ne se résignait pas le pays, et n'auraient pas dû se méprendre les Bourbons, non plus que sur les représailles qu'elles soulevaient déjà : ne devaient-ils pas voir et les vieux souvenirs réveillés contre l'émigration, et les instincts populaires ranimés contre la noblesse et contre le clergé, ces revenants du temps jadis ; et cette gloire française d'autant plus prompte à s'effaroucher que ses blessures étaient plus récentes et plus profondes; et ce trouble enfin des intérêts moraux et matériels créés par la rénovation presque complète de l'état social en France? Or, toutes ces choses se personnifiaient en des classes nombreuses et puissantes : dans le peuple qui, pour dédommagement de sa misère laborieuse, croyait au dogme de l'égalité et s'identifiait avec la suprématie intellectuelle de la France, après s'être longtemps identifié avec sa suprématie militaire; dans la bourgeoisie qui voulait, comme garantie de son émancipation et de son bien-être privé, une part aux affaires publiques; dans l'armée qu'on pouvait bien licencier et dissoudre, mais qu'il était impossible de recomposer avec d'autres soldats que ceux qui avaient servi la république et l'empereur.

C'est avec toutes ces idées, avec tous ces faits, avec toutes ces nécessités permanentes ou transitoires, qu'il fallait compter en 1814, et l'on eût ainsi prévenu les Cent-Jours, et, par suite, la funeste réaction de 1815; on aurait élevé pour le règne de Charles X, dans les faits accomplis du règne précédent, l'obstacle salutaire qu'il n'aurait jamais essayé de franchir à reculons. Que si le parti royaliste s'aveugla dans l'ivresse du triomphe, les hommes d'état qui avaient arrangé ce succès furent-ils dupes de leur propre habileté au point de partager cet aveuglement? Les théoriciens sans doute ont souvent le tort de rester en dehors des faits ; mais un reproche non moins grave atteint les politiques uniquement positifs, les hommes d'affaires : ils matérialisent tout, ils n'ont égard à rien de ce qui est purement moral ; c'est chose non avenue pour eux qu'un sentiment et qu'une idée ; et quand l'idée et le sentiment se sont traduits en actes, il se trouve qu'ils n'ont pas aperçu un fait énorme qui vient protester contre leurs combinaisons et renverser leur échafaudage, à savoir, par exemple, qu'un peuple ne vit pas seulement de pain, de travail, d'ordre extérieur ; qu'il lui faut encore pour aliment des consolations intimes, des satisfactions de patriotisme, d'amour-propre national, de liberté. C'est là ce que paraissent avoir méconnu et les Bourbons, et tout le parti royaliste, et le ministère, et les diplomates, en 1814.

§ II.

LE DUC D'ANGOULÊME ET LES ANGLAIS A BORDEAUX. — L'EMPEREUR ALEXANDRE CHEZ LE PRINCE DE TALLEYRAND. — INTRIGUE EN FAVEUR DES BOURBONS. — DÉCHÉANCE DE L'EMPEREUR PAR LE SÉNAT. — GOUVERNEMENT PROVISOIRE. — ACTE CONSTITUTIONNEL QUI APPELLE AU TRÔNE LOUIS-STANISLAS-XAVIER. — LE COMTE D'ARTOIS A PARIS. — LES ROYALISTES ET LES ÉTRANGERS.

La moralité qui précède éclairera les événements qui vont suivre et dont nous allons reprendre le cours, dans une analyse rapide, à partir de la capitulation de Paris, laquelle eut son avant-scène à Bordeaux, en ce qui concerne l'histoire de la restauration. Celle-ci, en effet, a une double date ; et la première exerça sur la seconde une influence malheureuse. Elles sont loin toutefois de se ressembler, bien qu'elles ne soient séparées que par un intervalle de trois semaines. Ce qui s'est passé au chef-lieu de la Gironde est une défection à l'ennemi, sans souci de l'honneur et de l'intérêt national, un retour à l'ancienne monarchie sans conditions et sans dignité : c'est un complot et une trahison.

Les flammes de Moscou avaient rallumé chez les Bourbons des espérances qui commençaient à s'éteindre. La retraite désastreuse de Leipsick fut célébrée comme un triomphe par la cour exilée. « C'est bien le cas de crier vive le roi, » écrivait le duc d'Havré. Le comte de Provence reprit avec une activité nouvelle sa correspondance avec les souverains. Quand la France, à son tour, fut envahie, ce prince n'épargna ni démarches ni assurances pour attirer à son parti les hommes politiques que la mauvaise fortune de l'empereur pouvait, d'un moment à l'autre, placer entre une fidélité stoïque à leurs serments ou à leurs devoirs envers la patrie, et la perte de leur haute position dans l'état et surtout de leurs riches salaires. M. de Vitrolles, secrètement autorisé par Talleyrand à négocier avec les plénipotentiaires étrangers réunis à Châtillon, et à leur poser le *cas éventuel* du rétablissement des Bourbons, tenait de ceux-ci un mandat plus spécial, ou se donnait à lui-même une mission qu'il remplissait avec un zèle actif, et dont l'unique but était de poursuivre la prompte réalisation de l'éventualité prévue. Mais il y en avait d'autres à prévoir avec un ennemi comme Napoléon, et les plénipotentiaires demeuraient sur la réserve. Ce sont les Anglais qui nous reporteront en France, mandait à Charette, après l'affaire de Quiberon, le comte d'Avaray, confident intime du comte de Provence. Cette conviction était celle de toute la famille. Le moment lui sembla venu, au commencement de 1814, de mettre à l'épreuve le bon vouloir du cabinet de Londres. L'incertitude des événements, les dispositions encore douteuses des souverains alliés ne permettaient pas à celui-ci de prendre une initiative ostensible. Les princes français ayant fait valoir les services qu'ils étaient à même de rendre à la coalition en réchauffant, par leur présence, le parti royaliste à l'intérieur et en divisant les forces de Bonaparte, obtinrent l'autorisation de se rendre aux armées comme volontaires. Le duc de Berri se dirigea vers la Vendée; le comte d'Artois rejoignit l'arrière-garde du quartier-général des alliés; le duc d'Angoulême gagna, par l'Espagne, le camp de Wellington, alors aux Pyrénées. Le général tint politiquement son hôte à l'écart, mais il ne lui interdit pas les proclamations, et le duc de Dalmatie, dans un ordre du jour à ses soldats, qualifia cette manœuvre de déloyauté, de provocation à la révolte et à la guerre civile.

Lord Wellington ne tarda point à reconnaître que, sous le rapport de la division qu'il pouvait mettre dans les rangs de la population française, le duc d'Angoulême était un auxiliaire précieux. Le comité royaliste de Bordeaux s'enhardit à mesure que le général anglais approchait; et MM. Linch, maire de la ville, exécuteur autrefois dévoué des volontés impériales; Lainé, qui justifia, dans cette occasion, le titre de conspirateur, que Napoléon lui avait jeté en 1813; La Rochejaquelein, célèbre chef de la Vendée, fidèle du moins à la cause qu'il avait toujours servie; ces trois agents principaux de l'association légitimiste du midi se concertèrent, et l'un d'eux, le marquis de La Rochejaquelein, se rendit auprès du duc d'Angoulême et de lord Wellington. Celui-ci, après quelques avis prudents donnés, pour l'acquit de sa conscience, à l'émissaire du parti royaliste, après quelques hésitations plus ou moins sincères, fondées sur les négociations qui se continuaient à Châtillon, finit par envisager les ouvertures qu'on lui faisait sous le point de vue le plus utile à son plan de campagne. Devenir maître de Bordeaux sans coup férir n'était point une proposition à dédaigner. Le maréchal Beresford, à la tête de 15,000 hommes, fut donc détaché vers cette ville, et au-devant de lui vint M. Linch, qu'entourait un cortége peu nombreux, et qui, ôtant son écharpe rouge, sous laquelle était une autre écharpe blanche, prit la cocarde des Bourbons, exemple suivi avec lenteur par la masse des Bordelais. Le duc d'Angoulême fit alors son entrée à Bordeaux, livré aux Anglais, et l'archevêque le salua, dans sa harangue, du titre de représentant du roi légitime. La foule, attirée par ce spectacle, s'était accrue, et il y eut des *vivat* pour les alliés, pour le prince et pour Louis XVIII.

Tel est l'événement grave que le généralissime Schwartzemberg, aux portes de la capitale, ne manqua point de signaler aux méditations des Parisiens, dans sa proclamation concertée avec Talleyrand. Celui-ci, après la capitulation, ayant offert son hôtel à l'empereur Alexandre, l'autocrate vint en effet l'occuper. C'était un coup de parti. Dans le salon du diplomate, autour duquel se pressent mécontents, capitalistes, ambitieux, Alexandre se trouve au centre de l'intrigue nouée en faveur de la restauration. Le czar l'ignore-t-il? nous ne le pensons pas. La mission de M. de Vitrolles ne saurait être un secret pour lui. L'ancien évêque d'Autun s'est mis d'ailleurs, et depuis longtemps, en communication plus directe avec les alliés; il a nourri et animé leur confiance; il les a déterminés à marcher sur la capitale. Voilà ce que l'hôte du diplomate sait à merveille ; et c'est pour cela sans doute qu'il accepte l'hospitalité grâce à laquelle il a sous la main l'homme qui se flatte de l'avoir sous la sienne, l'homme qui exerce l'action la plus puissante, en ce moment de stupeur générale, sur les corps administratifs, façonnés par une longue habitude à obéir au mouvement qui leur sera imprimé. Une coterie, car il est impossible de lui donner un autre nom, une coterie royaliste, que dirigeait l'abbé de Montesquiou, correspondant de Louis XVIII, rattachait ses fils à la trame mieux tissue de Talleyrand, jaloux de justifier par l'événement la sagacité des avis qu'il avait donnés aux puissances, lorsque celles-ci le consultèrent, bien avant leur entrée à Paris. Avec son amour-propre d'homme habile, d'autres passions trouvaient à se satisfaire : il se vengeait de Napoléon, qui l'avait tenu en suspicion et en une sorte de disgrâce; il devenait le ministre nécessaire de la dynastie restaurée. Son plan de restauration consistait, d'une part, à ne pas heurter, par une transition trop brusque, le sentiment public, d'autre part, à ménager au rappel des Bourbons les apparences de la spontanéité nationale. Peut-être rentrait-il dans cette seconde moitié de son plan, qui ne pouvait se réaliser que par une initiative constitutionnelle, peut-être entrait-il l'intention secrète de lier la dynastie par des institutions plus fortes contre les envahissements de l'ancien régime que de simples déclarations, et de s'imposer pour un long temps à la monarchie représentative élevée de ses mains. Si cette vue avait été moins personnelle, s'il eût moins songé à se concilier la faveur de la royauté même dont il redoutait les tendances, s'il se fût préoccupé de l'intérêt général et de l'avenir, il se serait montré plus ferme et plus complet dans les mesures qui décidèrent du nouvel ordre de choses et replacèrent les Bourbons sur le trône.

Autant était simple et nette la marche qui préludait à un système franc et large de transaction constitutionnelle proposée au nom du pays, acceptée par la dynastie rappelée, autant étaient délicats à manier les ressorts d'une combinaison réduite aux proportions d'une intrigue. Il fallait, en valet de comédie, tromper tout le monde. C'est le rôle que choisit l'ancien évêque d'Autun, à qui l'abbé Louis, l'abbé de Pradt, l'abbé de Montesquiou, le duc de Dalberg, le marquis de Jaucourt, et quelques sénateurs, servirent de compères. Entraîner l'empereur Alexandre ne fut pas le préliminaire le plus difficile. L'autocrate couvrait du faste de la magnanimité un caractère moscovite.

Si les souvenirs qu'il avait conservés de Napoléon, si je ne sais quel malaise de l'âme, datant de la catastrophe de Paul Ier, et se renouvelant à l'idée d'une autre grande catastrophe qu'il dépendait de lui de prévenir, si un triomphe mal assuré et contre lequel pouvaient protester encore la vieille fortune de la France et le génie de son chef, si les émotions contraires dont il fut tour à tour agité le firent, en effet, hésiter un moment, il déclara presque tout d'abord qu'il ne traiterait ni avec l'empereur des Français ni avec sa famille, et l'impression que lui avait causée la démarche des envoyés de Fontainebleau plaidant la cause de la régence s'effaça bientôt quand il apprit la défection d'Essonne.

La difficulté principale était ailleurs. A la France, que les souverains alliés déclaraient libre de choisir son gouvernement lorsque le choix des vainqueurs était fait, il importait de laisser les dehors de cette liberté. La contrainte évidente devenait périlleuse pour les vainqueurs eux-mêmes et rendait précaire le pouvoir avec lequel ils avaient besoin de traiter. Et cependant, qui pensait en France aux Bourbons? « Nos armées l'ont traversée tout entière, disait un prince allié, sans rencontrer un mouvement favorable à cette maison, si ce n'est à Bordeaux. » Qui donc y songeait à Bordeaux même, si ce n'est quelques meneurs qui livrèrent la ville aux ennemis? Malgré l'exemple de Bordeaux, qui songeait dans Paris aux Bourbons, excepté quelques meneurs encore qui appelèrent aussi l'ennemi dans ses murs? Des agents royalistes avaient bien pu amortir le zèle de quelques gardes nationaux, augmenter le découragement des autres, achever de désorganiser la défense et l'administration; mais quels cris dont ils eussent à se prévaloir pour leur cause s'étaient fait entendre? Ces agents parcourent, le 31 mars, les boulevarts par bandes de dix ou douze individus, portant au bout de leurs bâtons des mouchoirs blancs, à leurs chapeaux des cocardes blanches, et s'agitent avec un enthousiasme qui, dans son isolement, inspire une sorte de pitié. A ces bandes se joignent de nobles groupes, si l'on en juge par leurs titres aristocratiques; mais l'exaltation de cette poignée de gentilshommes, pérorant au milieu d'un silence hostile, ressemble à un accès de folie ou d'ivresse, tant il forme contraste avec la morne contenance de la population.

La garde nationale réduisait son action à une simple police de bon ordre; mais, en dépit des efforts du parti qui triomphait, elle conservait la cocarde tricolore. Lorsque les soldats de la coalition défilèrent sur les boulevarts, ils trouvèrent une affluence de curieux, sans doute, mais l'attitude générale était celle de la tristesse; l'écharpe blanche qu'ils portaient au bras en signe de ralliement pacifique, était, disait-on alors, la couleur des Bourbons ramenés par eux, et cette couleur n'excita d'autre sympathie que celle de quelques femmes qui, leur mouchoir à la main en guise de drapeau, saluaient les étrangers du titre de libérateurs. On savait bien que là se montrait seulement, avec un petit nombre de royalistes, la foule banale que tout spectacle attire; quels étaient donc les sentiments de cette masse de citoyens qui se renfermaient chez eux?

C'est au nom de ce Paris occupé par les troupes de la coalition, et que celle-ci feignait de mettre en demeure de se prononcer librement, c'est au nom de la capitale et de la France qu'il s'agissait de rappeler la famille des Bourbons. Concilier avec les préjugés de la branche aînée et avec ses habitudes de légitimité absolue un système libéral, paraissait à M. de Dalberg un problème d'une solution épineuse, et le nom du duc d'Orléans fut prononcé à cette occasion. Mais le prince de Talleyrand et le baron Louis tenaient précisément à ce principe de légitimité que redoutait M. de Dalberg. Il fut décidé, suivant un historien que nous croyons bien informé sur ce point, il fut décidé, entre les personnes qui viennent d'être nommées et MM. de Jaucourt, de Pradt et Montesquiou, qu'on s'arrêterait définitivement au retour de Louis XVIII, avec une constitution libérale. Mais la délibération ne sortit pas alors de ces termes généraux; c'était le 30 mars au soir. Le 31, en présence du roi de Prusse, du prince de Schwartzemberg et de l'empereur Alexandre, la question de l'ancienne dynastie avec les anciennes limites et des garanties pour les libertés fut résolue; et quant au moyen d'exécution, Talleyrand, sur l'interpellation du czar, se fit fort du sénat pour donner l'impulsion que les autorités et les personnages influents suivraient bientôt. Alors parut cet acte, rédigé par Talleyrand et Nesselrode, qui déclare que les puissances alliées ne traiteront plus avec Napoléon ni avec aucun membre de sa famille; qu'ils respecteront l'intégrité de l'ancienne France, telle qu'elle a existé sous ses rois légitimes; qu'ils reconnaîtront et garantiront la constitution que la nation française se donnera. Le sénat est, en conséquence, invité à désigner un gouvernement provisoire.

Les détails ont ici une importance capitale. Le réseau se dénoue et permet de voir les fils dont il se composait. La forme est une intrigue; mais la matière a sa valeur. Si l'on ne songe qu'au conciliabule où se traitaient les destinées de la France, on rougit et l'on s'irrite; mais un examen plus froid et plus attentif conduit à remarquer combien la France vaincue inspirait encore de respect et d'égards : elle est libre de choisir son gouvernement, répétait le czar ; ses libertés doivent être garanties, ajoutait Talleyrand. La part de chacun est ainsi faite : celle des vainqueurs d'abord, dépouilles opimes! ils rentreront dans les conquêtes révolutionnaires; celle de Louis XVIII dont le prince de Bénévent est le mandataire secret, et prétend bien devenir le premier ministre: Louis XVIII avec le trône recouvré conservera l'antique formule qui lui est si chère; la part de tout le monde, c'est la paix dont tout le monde a besoin; en échange de ses pertes, une compensation est offerte au pays, la seule qui soit jugée capable de le consoler et digne de sa grandeur déchue : il aura une constitution libérale; il se la donnera lui-même, et les alliés s'engagent à la reconnaître et à la garantir. Triste assurance, il est vrai! Mais enfin cette constitution est la première clause du traité de réconciliation entre les cabinets étrangers et la nation française; c'est le pivot autour duquel va se mouvoir toute l'action dont le dénouement sera, aux yeux des Bourbons, une reprise de possession de leurs droits, non pas sans concessions obligées ; aux yeux de la France, l'établissement d'une monarchie constitutionnelle; entre les mains de Talleyrand, c'est surtout un expédient pour donner le change aux répugnances nationales; c'est une ruse de guerre pour s'emparer de cette machine à décrets et à sénatus-consultes qui fonctionnait si docilement sous Napoléon, et que celui-ci semble avoir laissée tout exprès à Paris, quand la régence est transférée à Blois, afin qu'on s'en saisisse et qu'on la fasse tourner contre lui-même.

Le vice-grand-électeur convoque donc le sénat; le sénat nomme un gouvernement provisoire et ne manque pas de choisir pour membres de ce gouvernement ceux qui ont tout arrangé d'avance, et à leur tête le prince de Talleyrand; celui-ci invite alors les sénateurs à s'occuper d'un projet de constitution; les sénateurs répondent, séance tenante, par une résolution qui déclare en premier lieu que le sénat et le corps législatif seront partie intégrante du nouvel ordre de choses; elle mentionne ensuite quelques garanties principales d'intérêt public. Ce premier acte, considéré sous le point de vue du gouvernement impérial, était un acte de rébellion; il entraînait une seconde mesure plus décisive encore. Le lendemain, sur la proposition du comte Lambrechts, la déchéance de l'empereur Napoléon Bonaparte et de sa famille est prononcée. Le comte de Fontanes, grand-maître de l'université impériale, adulateur sonore du héros qu'il plaçait au-dessus de l'admiration, au delà de l'histoire humaine, adorateur de cette image de Dieu dans laquelle il contemplait avec amour les mystères du pouvoir, le comte de Fontanes demande que la délibération du sénat soit livrée sans retard à la publicité. Tout allait au gré de Talleyrand et de ses amis qui avaient manœuvré pour obtenir ce résultat; et le sénat obtint l'honneur d'être présenté à l'audience de l'empereur Alexandre.

Nous devons recueillir les paroles du czar : « Il est juste, il est sage, dit-il, de donner à la France des institutions fortes et libérales qui soient en rapport avec les lumières actuelles. » De son côté, le sénat, à la tête des considérants de l'acte de déchéance, posait ce principe que, dans une monarchie constitutionnelle, le monarque n'existe qu'en vertu du pacte social; il énumérait les articles de ce pacte violés par Napoléon, et, en conséquence de cette violation, il déliait les Français de leurs serments. Une commission avait été nommée pour préparer le projet du nouveau pacte fondamental, projet qui devait être soumis à la sanction du peuple français. Les bases en furent arrêtées par cette commission, dans laquelle figuraient Lambrechts, Destutt de Tracy, Barbé-Marbois; elles furent soumises au sénat en séance secrète où assistaient le gouvernement provisoire et, chose caractéristique de la situation, le comte de Nesselrode. L'abbé de Montesquiou, fondé de pouvoirs confidentiel et spécial de Louis XVIII dans cette circonstance, éleva des objections où l'on peut déjà reconnaître les fautes qu'il commettra un peu plus tard comme ministre, et les prétentions opiniâtres qui finiront par perdre la restauration. Ainsi, selon l'abbé de Montesquiou, Louis XVIII n'a pas cessé de régner depuis la mort de Louis XVII, roi lui-même ; et les événements qui ont eu lieu depuis 1789, les faits intermédiaires, ne sont rien contre les droits des Bourbons. On était loin de s'entendre, lorsque les plénipotentiaires de Napoléon arrivèrent de Fontainebleau, porteurs de propositions relatives à la régence de Marie-Louise. La possibilité d'un arrangement jeta l'épouvante dans la fraction royaliste, épouvante partagée par la fraction constitutionnelle, et cette dernière ne se montrant pas insensible à certains arguments personnels, on se fit de mutuelles concessions, et l'*acte constitutionnel* parut.

Les bases de cet acte diffèrent de celles de la Charte en deux points principaux : il y est dit formellement que la constitution sera soumise à l'acceptation du peuple français, et que Louis-Stanislas-Xavier, que l'on désigne comme le frère de Louis XVI et non comme le successeur de Louis XVII, sera proclamé roi des Français aussitôt qu'il aura signé un acte portant : J'accepte la constitution, je jure de l'observer et de la faire observer. Il est dit encore, sous forme de disposition transitoire, que les sénateurs actuels seront conservés à titre héréditaire avec majorats formés de la dotation du sénat ou des sénatoreries, et transmissibles à leurs descendants. Cette dernière stipulation fut comme le ver déposé au cœur du fruit; elle gâta l'œuvre entière et acheva de frapper d'indignité le sénat : contre lui se dressèrent les souvenirs de son infatigable complaisance envers l'homme dont il se constituait le juge, après avoir été complice de tous ses attentats: est-ce aux sénateurs, disait-on, à prononcer la sentence tout en se réservant à perpétuité les bienfaits qui ont été le salaire de leur servilité? L'acte toutefois portait en lui-même son correctif; il attendait une rédaction définitive; la minorité seulement des membres du sénat y avait pris part; ce n'était qu'un cadre dont les vices auraient disparu, dont les lacunes auraient été comblées au jour solennel de l'acceptation nationale. A celle-ci préludèrent le petit nombre de députés qui, ne se regardant pas comme dissous par le décret de 1813, se constituèrent en corps législatif; revêtue de la seule sanction qu'elle pût recevoir alors, la constitution fut promulguée par le gouvernement provisoire; les adhésions officielles et spontanées ne firent pas défaut; et la plus importante, celle de la garde nationale qui avait alors pour nouveau commandant le général Dessoles, l'un des plus chauds avocats de la restauration auprès de l'empereur Alexandre; l'adhésion, l'adresse de la milice parisienne énonce, en termes précis : qu'elle n'a voulu manifester ses sentiments en faveur de Louis-Stanislas-Xavier qu'après l'adoption de l'acte constitutionnel par les représentants de la France. C'est cette adoption, considérée comme l'expression du vœu de la nation française et liée au rappel des Bourbons, que proclame le maréchal Jourdan, et sur laquelle il se fonde, dans son ordre du jour à l'armée, pour engager les soldats à l'obéissance envers Louis XVIII. La constitution sert également de texte dans les départements, à la plupart des autorités.

Voilà le côté national de l'acte constitutionnel : malgré ses imperfections faciles à corriger, malgré la tache imprimée au front de ses auteurs, cet acte fut alors le signal de ralliement pour la France : émané de la seule source législative qui existât en 1814, confirmé par presque tous les pouvoirs administratifs et militaires, ratifié par un concours imposant d'adhésions, approuvé d'avance et garanti par les alliés, rédigé d'accord avec les mandataires de Louis XVIII, il eut, aux premiers jours, au moment décisif pour la restauration, un caractère d'unanimité solennel. Voilà, nous le répétons, le côté national : nous continuerons à le faire saillir au milieu de son entourage de courtisanerie, d'intrigue et de déceptions.

Ainsi, à l'instigation du vice-grand-électeur, comme il s'en était vanté d'avance, nous venons de voir le sénat déclarer déchu celui qu'il a proclamé empereur, et reprocher à celui-ci tous les actes dont il a été le complice mercenaire; puis brocher un canevas de constitution auquel il a cousu des clauses sordides, faisant de ses dotations et de ses revenus des parties intégrantes du pacte fondamental. Le canevas, du reste, fait de main de vieux patriotes, était bon, sauf ce mélange impur. Mais les royalistes ne voulaient un acte de déchéance que pour avoir des actes d'adhésion, qui ne manquèrent pas; ils ne voulaient l'initiative d'un appel à l'ancienne royauté que pour encourager ceux qui ne demandaient qu'un exemple : les imitateurs ne manquèrent pas non plus. Le branle donné, l'œuvre du sénat est déjà répudiée par les royalistes. N'ont-ils pas sur lui la priorité? n'ont-ils pas avant lui *abjuré toute obéissance envers l'usurpateur et déclaré qu'ils retournaient à leurs maîtres légitimes?* C'est le langage mieux placé dans la bouche de valets qui se révoltent pour changer de livrée que dans celle des magistrats municipaux de la grande ville, ce sont les termes dont s'est servi le conseil départemental de la Seine, au nom duquel Bellart a pris la parole, dès le 1ᵉʳ avril, en style convulsif, déclamatoire, lâchement injurieux contre l'ancien chef de l'état, bassemerît flatteur pour les étrangers. Ce style est à l'usage des autorités et des écrivains de ce moment.

Bonaparte n'est plus qu'un tyran que réclament les hordes barbares, un Genseric, un Attila. Bientôt, ces comparaisons même semblent trop brillantes pour le sujet. La presse démuselée, juste retour des choses d'ici bas, se rue en dogue sur celui qui la tenait à la chaîne; elle aboie, elle mord, elle déchire. Qu'est aujourd'hui son Dieu d'hier? C'est Satan lui-même, c'est le Corse, l'intrus, le renégat, le brigand; c'est un sauvage, un esprit faux, un cœur corrompu, un lâche, un charlatan, un idiot, un maniaque, un empoisonneur, un monstre; n'avait-il pas donné l'ordre de faire sauter Paris, comme il a fait sauter le Kremlin? Il a usurpé jusqu'à son nom; il s'appelle Nicolas, il s'appelle Maximilien; il est fils d'un huissier..... c'est Robespierre à cheval, c'est Jupiter-Scapin!.... Ce ne sont point d'obscurs libelles anonymes qui vomissent ces injures et ces plats quolibets; de graves journaux, de notables personnages s'abandonnent à cette frénésie. Les salons du faubourg Saint-Germain, avec un intarissable flux de gorges-chaudes, avec la verve de la place Maubert, récitent toutes les aménités du *Moniteur secret*, cet égout britannique des fanges haineuses de l'aristocratie européenne. Double et triste leçon pour celui qui la reçoit après dix années d'idolâtrie et d'encens, pour ceux qui la donnent et feront sur eux-mêmes un retour tardif! Imprudents! Les traits grossiers qu'ils laissent tomber sur un ennemi à terre leur reviendront en mille flèches acérées et mortelles: la chanson populaire les attend.

Aux princes de vraie race, en revanche, s'adressent, au nom de la France, les coquetteries ingénieuses d'une maîtresse, les tendres effusions d'une enfant qui, dans un long accès de démence, a méconnu les objets de son amour et de sa vénération. Aux magnanimes alliés, surtout, à leur humanité, à leur justice, hommage éclatant est rendu par ceux qui appellent Napoléon un *étranger*. C'est d'abord l'opéra de Trajan, que l'on accommode à la circonstance; l'autocrate a le bon goût de ne point monter dans le char auquel se sont attelés les serviteurs de la légitimité; mais il ne peut empêcher qu'un *impromptu* ne célèbre le roi des rois sur l'air chéri d'Henri IV. Guillaume, l'idole de la Prusse, a son couplet parisien. On regrette François, absent, ce père héroïque qui vient immoler sa fille à la paix du monde; mais il aura bientôt son ovation; tous les yeux cherchent le maréchal Schwartzemberg. Il y a longtemps qu'on les attendait! Défendre contre eux Paris! n'était-ce pas un sacrilége? Qu'ils soient bénis pour nos revers triomphants! Il faut aux nobles dames qui assistent au spectacle des walses allemandes, des walses russes à chaque entr'acte. Puis un autre spectacle plus ravissant encore vient varier les plaisirs des bons citadins : ce sont les bivouacs des troupes alliées au Champ-de-Mars, aux Champs-Élysées, au milieu des quinconces des Invalides. Mais lord Wellington, que la capitale ne possède pas encore, le régent d'Angleterre, qu'elle n'aura pas le bonheur de voir, seront-ils oubliés? M. de Chateaubriand, dans une lettre consacrée à l'éloge de tous les souverains coalisés et de leurs généraux à jamais chéris de la France, proteste au nom des Français contre cet ingrat oubli. Qui de nous perdrait la mémoire de ce qu'il doit au peuple anglais, à son chef, à son général, dont les vertus et les talents nous retracent notre Turenne? Enfin, l'empereur d'Autriche, devancé d'un jour par le comte d'Artois, vient rejoindre ce fils de saint Louis : Vive l'empereur d'Autriche! vive le père et le sauveur des peuples! sa présence nous manquait. Toute la famille des rois est réunie et n'attend plus que Louis XVIII. C'est au grand opéra d'*OEdipe* qu'on se porte en foule. Quel enthousiasme! quelle ivresse! le comte d'Artois quitte sa loge pour visiter nos généreux protecteurs, dont les vertus doivent faire oublier tous nos crimes. Cette mémorable représentation appartient à l'histoire. Ainsi parlent les journaux royalistes : car ici rien n'est inventé, pas un mot qui ne soit écrit par les plumes du temps; et cette page n'est qu'un miroir historique où se peint en abrégé la physionomie dont les feuilles de 1814 ont multiplié les traits.

Cependant, il y avait quelques jours à peine, la France ne connaissait pas même par leurs titres les membres de la famille des Bourbons, et elle ne connaît pas encore leurs actes publics ou privés; Chateaubriand se charge, dans un pamphlet célèbre, de lui apprendre leurs vertus, leurs éminentes qualités, et trace entre eux et Bonaparte un parallèle où celui-ci, traité comme le dernier des misérables et sifflé comme un méchant histrion, fait ombre au poétique tableau et à l'exaltation de Louis XVIII, du comte d'Artois, du duc et de la duchesse d'Angoulême et du duc de Berri; à deux genoux devant ces princes parfaits, anges descendus d'en haut pour la rédemption et le bonheur de la France, l'illustre pamphlétaire ne détourne la tête que pour jeter à la fidélité du duc d'Orléans un avis enveloppé dans un éloge, et pour cracher de nouveaux outrages à l'empereur et à la révolution, assaisonnement immonde de quelques vérités. Mais entraîné par ce double torrent d'invectives et d'adulations, nous avons entrevu déjà, au milieu des monarques alliés, le comte d'Artois qui leur fait fête, sans avoir raconté encore comment il survint parmi nous.

Tandis que le duc d'Angoulême, auquel nous

avons vu Bordeaux, livré par quelques hommes, ouvrir ses portes, le 12 mars, en même temps qu'aux troupes de Wellington, qui se défendait de tout appui ostensible donné aux royalistes, bien qu'il n'ignorât point les dispositions favorables et secrètes de son gouvernement à leur égard; tandis que le duc d'Angoulême, après avoir applaudi à la pièce de M. de Martignac en l'honneur du roi Georges, parcourait le midi et y réorganisait les cadres des compagnies de Jésus et du Soleil, le comte d'Artois, averti par Talleyrand, quittait le camp autrichien et arrivait à Paris. Sous la dénomination ancienne et assez étrange pour les nouveaux Parisiens, sous le nom de *Monsieur*, Son Altesse Royale fait son entrée dans la capitale avec son vieux cortége de 1788, distribuant à profusion la blanche couleur du lis, et montrant la cocarde blanche qu'il porte à son chapeau : Je la tiens, disait-il, de l'empereur d'Autriche lui-même : confidence bien agréable pour les Français! Ils entendaient avec plus de plaisir le prince répéter : Plus de conscription, plus de droits réunis! Mais faire une promesse impossible à tenir, c'est ne songer qu'à la popularité de la minute et provoquer, aux dépens de son caractère, les récriminations prochaines de la bonne foi déçue. De concert avec Beugnot, Talleyrand lui suggéra ce mot plus heureux qui termine une courte allocution : *Rien de changé en France : il n'y a qu'un Français de plus.* Mais, il faut le dire, ce qui dominait tout en ce moment, ce qui trouvait partout de l'écho, c'était, après des guerres si longues, si acharnées, si désastreuses dans leur dernière issue, c'était la pensée de la paix, de la paix générale. Je vous l'apporte, s'écriait le prince, avec une satisfaction communicative. Cette parole fut la magie des Bourbons ; ce bienfait, qu'on croyait acheter moins cher, couvrit d'un voile d'espérance une répulsion instinctive qu'on se reprochait presque comme une injustice envers la dynastie que son exil aurait amendée sans doute ; la presse dévouée entretenait avec ardeur cette propension conciliante des esprits qui valut au comte d'Artois une réception favorable, un retour d'expansion ; la presse aurait entretenu plus habilement encore cette disposition, si elle n'eût pas traduit l'accueil public en un ridicule prosternement. Mais elle passa toute mesure. « En vain les dominateurs de la France, dit le *Journal des Débats*, affectaient la majesté des rois ; ils manquaient essentiellement de dignité. Leur nom ne s'attachait à aucun souvenir ancien et illustre ; ils étaient sans aïeux. La fortune les avait élevés, mais la justice réclamait sans cesse au fond des cœurs contre l'indigne ouvrage de la fortune. Voilà les sentiments que nous étions encore forcés de contenir, il y a quelques jours, et qui ont éclaté aujourd'hui avec une unanimité sans exemple, à la présence d'un prince de la royale maison de France, de cette antique et glorieuse maison à qui nous devons nos arts, nos sciences, nos monuments, la politesse de nos manières, l'aménité et l'élégance de nos mœurs, et tout ce qui nous relevait autrefois parmi les nations. »

C'est ainsi que la France était inféodée à une maison, mise aux pieds d'une famille, quand le prince lui-même ne se présentait que comme un Français de plus. On s'apercevait déjà qu'il y avait autre chose encore ; car les royalistes ne se bornaient point au fanatisme de l'allégresse ; ils s'ameutaient contre les hommes qui, soit pour racheter leur infamie passée, soit pour excuser leur défection présente, soit par simple prévision, essayaient d'imposer des conditions à l'ancienne dynastie ; ils conspuaient à l'envi les sénateurs qui avaient les premiers ouvert, par la déchéance et l'acte constitutionnel, la voie à la restauration. Dans le midi, la constitution avait été déchirée par la main du bourreau.

Les royalistes exploitaient le mépris public dans lequel était tombé le sénat qui n'avait pas su se relever par son désintéressement. Va-t-il du moins se réhabiliter par sa fermeté à faire respecter ses actes, par une attitude qui témoigne de son indépendance et de sa dignité sous toute autre influence que celle du dictateur devant qui le monde s'était courbé si longtemps. On dut l'espérer un instant. Le comte d'Artois prenait le titre de lieutenant-général du royaume; titre que ne lui avaient déféré ni Louis XVIII, ni le sénat, et qui lui appartenait, croyait-il, comme frère du roi, en l'absence de celui-ci ; le sénat proteste contre cette usurpation, par son absence au cortége et au *Te Deum* ; il refuse de se dessaisir de l'autorité, à moins qu'il ne la transmette constitutionnellement et en vertu de la souveraineté populaire. Déjà deux orateurs, Lambrechts et Lanjuinais, disent que la France n'est pas un pays conquis, et que la race des Bourbons ne saurait lui être imposée; ils ajoutent que le gouvernement provisoire ne peut être confié au comte d'Artois qu'à la condition expresse de l'acceptation, par Louis XVIII, de la constitution décrétée. Le comte d'Artois apprend d'autre part que sur beaucoup de points la soumission de l'armée ne s'opère pas sans résistance, que les maréchaux Soult et Suchet, à la tête des troupes du midi, ne se sont pas prononcés ; Talleyrand lui représente que l'opposition du sénat, dans de telles circonstances, peut amener la guerre civile. Le comte d'Artois, effrayé, consent à une transaction. Le sénat lui est donc présenté par Talleyrand qui, dans un discours fort étudié, rappelle à Son Altesse Royale que le retour de sa maison a été provoqué par le corps dont il est l'organe; il ajoute que celui-ci désirant, avec la nation, affermir l'autorité royale sur une juste division des pouvoirs et sur la liberté publique, et persuadé que les principes de la constitution nouvelle sont dans le cœur de Son Altesse Royale, lui défère le titre de lieutenant-général du royaume. A cette harangue, semée de ces protestations d'amour pour les descendants de saint Louis et d'Henri IV, qui devint la phraséologie de la restauration, le prince fit une réponse préparée en conseil : il a, dit-il, pris connaissance de l'acte constitutionnel qui rappelle au trône de France le roi son auguste frère ; il n'a point reçu de lui le pouvoir d'accepter la constitution, mais il ne craint pas d'assurer au nom du roi que les bases en seront admises; et ces bases, qu'il reproduit en substance de peur d'équivoque, sont en effet celles de la monarchie représentative. La formule de l'*octroi* n'est point indiquée, elle est même implicitement exclue par la teneur de cet engagement, au prix duquel était offerte, et fut acceptée, l'investiture de la lieutenance. Le nouveau chef du gouvernement provisoire accueillit du titre de *véritables représentants de la nation* les membres du corps législatif, qui lui furent présentés après le sénat, soit qu'il voulût se dédommager par une épigramme contre celui-ci, comme on l'a prétendu, de la contrainte qu'il venait de subir, soit qu'il voulût, au contraire, compléter, par une apostrophe gracieuse et spontanée, la scène constitutionnelle qui décidait de la nouvelle forme du gouvernement monarchique restauré.

Talleyrand et le sénat, nous leur devons cette justice, se conduisirent en cette conjoncture avec autant de sagesse que de fermeté. Nous les verrons tenter un dernier effort; mais leur courage s'épuisa bien vite, et il avait complètement fléchi sous des considérations où l'intérêt public était oublié, lorsque Louis XVIII octroya la Charte. Celle-ci toutefois fut évidemment le fruit qu'avait semé l'acte constitutionnel. Après cette initiative, une déception complète devenait impossible.

Cependant le lieutenant-général du royaume avait hâte de remanier les provinces dans un sens plus conforme aux idées de la dynastie que ne l'était l'opinion parisienne. Des commissaires extraordinaires furent envoyés dans tous les départements pour y répandre le royalisme et y faire fleurir la légitimité. Les instructions secrètes données à ceux qui se rendaient dans le midi et dans l'ouest étaient plutôt d'un chef de parti que d'un chef de gouvernement. De là date en partie l'impulsion contre-révolutionnaire qui amena plus tard de si horribles excès.

On accuse le comte d'Artois d'avoir signé, pour sa bienvenue dans la bonne ville de Paris, la convention du 23 avril. L'accusation est fondée; on doit même observer qu'il n'objecta point le manque de pouvoirs, comme il l'avait fait pour l'acte constitutionnel; mais le prince n'est pas le seul coupable: il ne fut même, à vrai dire, que la plume trop légère et trop prompte de Talleyrand, qui fit ainsi à l'Europe les honneurs de la France et prépara son entrée au congrès de Vienne. Comment, et le lieutenant-général du royaume et l'ex-président du gouvernement provisoire oubliaient-ils tout à coup qu'il existait encore un sénat et des députés sans la sanction desquels il y avait crime de haute trahison à disposer, en faveur de l'ennemi, du territoire français? On subissait la loi du vainqueur; mais peut-être eût-elle été moins dure si la France avait eu ses avocats naturels. dans tous les cas, il fallait ou que l'intervention des corps constitués régularisât la convention, ou que le ministère protestât contre la force majeure. Par cette déplorable convention, la France rentre dans ses limites de 1792; elle abandonne cinquante et une forteresses, douze mille bouches à feu, d'immenses dépôts d'effets militaires, trente-un vaisseaux de ligne, douze frégates; enfin, tout ce que pouvaient contenir les places de terre et de mer situées hors des limites auxquelles on nous réduisait. Cela fait, avec une aisance qui prouvait combien ce sacrifice lui paraissait peu de chose, si tant est que ce fût un sacrifice et non pas une secrète satisfaction pour lui de retrouver, au lieu de l'empire, le royaume d'autrefois; cela fait, le comte d'Artois ne s'occupa plus que de parader en panache blanc, sur un cheval blanc, jetant à pleines mains les brevets du lis à qui voulait devenir chevalier de la bannière sans tache, et mériter un premier et indispensable titre aux places.

Cette lune de miel, qu'on nous passe le mot, avait ses quarts d'heure d'embarras financiers. Le comte d'Artois s'en tira en vrai gentilhomme : légales ou non, toutes les contributions continuent à être levées; une émission de bons du trésor fournit dix millions; les droits réunis, qu'on promettait d'abolir, sont perçus, sauf la réduction d'un dixième; tout cela s'exécute par simple arrêté, comme s'il n'y avait ni sénat, ni corps législatif. La question d'impôt, comme celle de territoire, est tranchée du haut de la prérogative princière. Voilà le début de *Monsieur* à son retour en France après vingt-cinq années d'exil. N'entrait-il pas dans la politique de Louis XVIII d'avoir un pareil précurseur? Le roi n'avait plus qu'à ratifier, en quelque sorte forcément, les actes lestement souscrits par son frère.

§ III.

LOUIS XVIII A LONDRES, A CALAIS, A COMPIÈGNE. — SES REMERCIEMENTS AUX ANGLAIS. — LES MARÉCHAUX. — L'ACTE CONSTITUTIONNEL PRÉSENTÉ AU ROI. — L'EMPEREUR ALEXANDRE.. — LE PRINCE DE TALLEYRAND. — LE SÉNAT. — LA DÉCLARATION DE SAINT-OUEN. — ENTRÉE DE LOUIS XVIII A PARIS. — LA DUCHESSE D'ANGOULÊME. — CHARTE CONSTITUTIONNELLE. — CHAMBRE DES DÉPUTÉS. — LA PRESSE. — LA COUR. — L'ÉMIGRATION. — LE CLERGÉ — CONGRÈS DE VIENNE. — MOUVEMENT DES OPINIONS ET DES PARTIS.

Le jour où Napoléon quittait Fontainebleau, pour se rendre à l'île d'Elbe, Louis XVIII faisait son entrée solennelle à Londres, et laissait aux Anglais un adieu qui retentit en France : « C'est à Votre Altesse Royale, dit-il au prince régent, à ce glorieux pays d'Angleterre, que j'attribuerai toujours, après la divine Providence, le rétablissement de notre maison sur le trône de ses ancêtres. » Que de choses dans cette seule phrase ! Elle renferme toute une révolution. Le dédain de ce qui se passe en France, le principe féodal, l'étranger, rien n'y manque. L'appel du sénat n'allait encore qu'au comte de Provence, qu'à Louis-Stanislas-Xavier; et déjà le chef de la maison de Bourbon régnait et par droit de naissance, et par le ciel, et par les Anglais. Cependant, il débarque à Calais au son des instruments et au bruit des salves d'artillerie; le général Maison a fait avec ses troupes vingt-huit lieues en vingt-quatre heures, pour rendre ses hommages à Sa Majesté, qui paya cet empressement, peu de jours après, par le titre de pair de France, et plus tard, par le poste de gouverneur de Paris. Le général servirait, avait-il déclaré d'avance, celui que la nation aurait choisi; et la couronne était décernée à Louis XVIII par le sénat. Sans doute, mais à des conditions qui n'étaient point remplies, et dont le comte de Provence ne demande pas mieux que de s'affranchir, si la servilité des chefs de l'armée lui assure la soumission du pays. A Compiègne, en effet, la moitié des officiers généraux de l'empire se mêlent à sa vieille cour, que viennent grossir les membres du gouvernement provisoire, une députation du corps législatif et la foule *affamée de voir un roi*, comme disaient, au temps de Louis XVIII, les plagiaires du temps de Henri IV.

Au nom du corps des maréchaux, le prince de Neufchâtel, Berthier, vieux soldat de l'indépendance américaine, harangue le roi en sujet bien subitement fidèle; le duc de Dantzig a bravé sa goutte et fourni au monarque goutteux le texte d'un bon mot; le duc de Trévise s'est réuni au duc de Raguse, lequel a retrouvé son bras, dit-il, pour le service de Sa Majesté. Aussi Sa Majesté, heureuse et fière, déclare-t-elle, au milieu des coquetteries adressées à chacun individuellement, qu'elle s'appuiera sur les maréchaux. Elle s'appuie, du moins, sur leurs démonstrations de dévouement à sa personne pour résister au sénat qui protestait par son absence. En voyant le frère de Louis XVI s'avancer comme roi de France et de Navarre, nous sommes joués, s'écriaient les membres qui avaient pris l'initiative de la déchéance et du rappel! Ils se plaignirent à Talleyrand, lequel continuait à les amuser par de belles paroles. L'empereur Alexandre, avec une franchise qui ne paraît pas douteuse, mais avec trop peu de vouloir, réclamait de Louis XVIII l'exécution de la promesse faite en son nom : « Les lumières de Votre Majesté me répondent de cette concession, » disait-il. Réduite à ces termes, la question n'était déjà plus celle de la libre constitution promise; cet acte se transforma en projet de charte octroyée, dans l'entretien même où le czar demandait d'abord que la constitution du sénat fût adoptée. Quelques relations font honneur à Talleyrand d'une plus longue persistance dans le système d'une constitution émanée des corps politiques et acceptée par le roi. Il soutenait, affirment-elles, que ce système donnait plus de gages à l'avenir, et en cela, certes, il ne se méprenait pas :

que n'eut-il, en ce cas, autant de caractère que de sagacité! D'autres prétendent que si la position du prince de Bénévent à l'égard du sénat l'obligeait à défendre ostensiblement cette opinion, il tenait confidentiellement au roi un langage tout contraire. Ce qu'il y a de certain, c'est que Louis XVIII s'opiniâtra dans le système de la concession royale, malheureusement pour sa dynastie, et que tel fut l'avis de son conseil intime et particulièrement de MM. Blacas, Vitrolles, Montesquiou. La correspondance de ce dernier entretint constamment Louis XVIII dans la persuasion qu'il n'y avait pour lui aucun péril à passer outre aux exigences du sénat. Sa Majesté pouvait même, si tel était son bon plaisir, ajoutait le correspondant, ressaisir le sceptre de ses pères sans conditions. Le roi n'osa pas courir cette chance, et l'empereur Alexandre, d'ailleurs facile sur la formule des garanties, n'aurait pas cédé sur les garanties elles-mêmes.

Ce point bien résolu, la nécessité d'un acte public qui disposât favorablement les esprits n'était pas contestable. En Angleterre, où il eut d'abord connaissance de l'acte constitutionnel du sénat, le comte de Provence hésitait, dit-on, sur le parti à prendre; il avait fait assez de pas depuis la déclaration de 1795, que le parti du comte d'Artois lui opposait en 1814, et dans laquelle on disait :

« Il faut rétablir ce qui fut pendant quatorze siècles. » Louis XVIII était assez loin de cette prétention pour aller plus loin encore; et avec un peu de tenue, on l'aurait mené jusqu'au bout. Mais au moment où la constitution du sénat lui était officiellement communiquée, les souplesses de Compiegne, les génuflexions devant le panache de Henri IV, avaient rendu à son descendant tout l'orgueil de sa maison; toutefois, à côté de l'orgueil, était la prudence : afin de les concilier, il prétexte des clauses choquantes dont l'œuvre du sénat est viciée et colore ainsi son refus. Les sénateurs avaient donné de telles armes contre eux que l'opinion publique ne fut point choquée de la conduite du roi; mais elle comptait sur une compensation, sur un acte rassurant. Un énoncé de principes fut jugé nécessaire. Le sénat présenté à Saint-Ouen, avait dit à Louis XVIII, toujours par l'organe de Talleyrand, que des institutions modelées sur celles de l'Angleterre réuniraient tous les intérêts à l'intérêt du trône, et il joignait à cette démarche officielle un projet officieux de déclaration qui annonçait une charte consentie par les corps représentatifs et acceptée par le peuple français. Le roi biffa cet article et quelques autres, et, sans s'expliquer encore, promit une déclaration. S'il éluda l'exécution franche de cette promesse, s'il tricha par la subtilité des termes; s'il fallut, comme nous venons de le voir, que l'empereur Alexandre lui donnât des conseils qui, dans sa situation, équivalaient à des ordres; jamais cependant la révolution ne montra mieux sa puissance! au moment où le génie succombait pour avoir cessé de s'appuyer sur elle, après l'avoir rendue si longtemps glorieuse et forte, ses enfants ingrats en invoquaient les principes, ses victimes transigeaient avec elle, ses ennemis étaient obligés de la rassurer, de la flatter, de lui offrir des garanties! L'empereur Alexandre, il est vrai, était encore sous l'influence des idées du colonel Laharpe, son précepteur, et il mettait quelque orgueil à professer des opinions en contraste avec sa position d'autocrate, et surtout avec les idées de Napoléon; c'est par le libéralisme qu'il prétendait conquérir une place illustre dans l'histoire à côté du despote glorieux; mais cela même est un hommage rendu à la révolution et en même temps un sujet d'éloge pour Alexandre dont les sentiments, fussent-ils le résultat d'un calcul, trouveraient en nous un sincère admirateur, s'il y avait persisté plus longtemps.

Cédant de bonne grâce enfin aux avis qui lui venaient, et de ses puissants alliés de l'extérieur, et de ses alliés intelligents de l'intérieur, cédant aussi à sa propre sagesse, malgré les vives instances d'amis imprudents, Louis XVIII publie la déclaration de Saint-Ouen, qui indique les garanties principales assurées aux intérêts, et les bases essentielles d'une monarchie représentative. Du reste, s'il répudie et le vœu national pour lequel le sénat s'est porté fort, et le titre de roi des Français qu'il lui a décerné, c'est avec tous les ménagements d'une rédaction ambiguë, où les arrière-pensées se retranchent derrière un laisser-entendre qui peut recevoir les interprétations les plus favorables; Sa Majesté ne commet qu'un gros mensonge à l'endroit du sénat, qui dut se croire assuré dans ses prérogatives. Précédé de cette déclaration qui inspira d'autant plus d'espérances à la bourgeoisie que celle-ci concevait déjà de vives inquiétudes, Louis XVIII fit son entrée à Paris, après vingt-trois ans d'exil. Là, échappé aux exigences sérieuses de l'esprit révolutionnaire, il venait se heurter contre l'esprit moqueur des Parisiens; Napoléon allait être vengé.

Une calèche, attelée de huit chevaux blancs, débouche par la barrière Saint-Denis et se dirige, au milieu d'une grande affluence, vers la cathédrale. Cette calèche est emplie à moitié par un personnage dont la face est large, rubiconde et débonnaire, dont l'énorme embonpoint s'échappe d'un habit bleu que surmontent des épaulettes de général : c'est le roi; les Parisiens, accoutumés à la physionomie de l'empereur, s'étonnent, et toutefois, pour qui sait observer, de cette apparence massive et paterne jaillit obliquement un regard fin qui trahit le caractère de l'homme. Auprès du roi on remarque la duchesse d'Angoulême, l'orpheline du Temple que l'imagination rêvait autrement; le prince de Condé, le duc de Bourbon, plus anglais que français, du moins par l'air et le maintien; près de chaque portière, s'avancent à cheval le comte d'Artois, à la tête oblongue, au sourire peu intelligent; le duc de Berri, à l'encolure épaisse : types ingrats, qui ont besoin que leurs ancêtres parlent pour eux. Au cortége se mêlent nombre de seigneurs de la vieille cour, dont les figures et l'accoutrement excitent parmi les spectateurs plus de surprise et de curiosité critique qu'il n'est convenable pour une première impression. Quelques débris de la vieille garde, au visage basané, à l'air morne et hostile, suivaient le char royal. Pour eux sont toutes les sympathies populaires. Les cris de : *Vive le roi!* auxquels ils refusent obstinément de s'associer, ces cris, d'ailleurs nombreux, sont comme écrasés par la clameur compacte de *Vive la vieille garde!* et la vieille garde, les yeux baissés, répond : *Vive la garde nationale!* Il y avait dans cette sympathie quelque chose de funèbre et de convulsif. Là aussi était une révolution. L'enthousiasme de quelques royalistes ardents fut absorbé dans l'effet étrange et général de cette solennité.

Mais ils eurent leur revanche dans les journaux dont la censure n'ouvrait l'accès qu'aux flatteurs de la cause triomphante. Une compensation très-ample d'ovations fut offerte aux princes émigrés qui rentraient et aux princes alliés qui les ramenaient. On ne s'en tint pas là, et du zèle obséquieux on passa aux paroles irritantes. « Prosternez-vous, s'écriait Lally-Tolendal, prosternez-vous devant la fille de Louis XVI; méritez que vos murs, souillés par ses malheurs, soient purifiés par ses vertus. » Est-ce ainsi qu'on prétendait intéresser à cette princesse la sensibilité française? Celle-ci ne se fût-elle pas plus sûrement émue si, au lieu de ces apostrophes hautaines et menaçantes, on eût laissé tout simplement parler des malheurs que l'âpreté du ressentiment n'avait point encore décolorés? Ils furent grands, en effet. A peine la jeune duchesse connut-elle le rang qu'elle occupait, que nos discordes civiles vinrent la remplir d'épouvante : la journée de Versailles, les mouvements de Paris, le retour aux Tuileries, les massacres, les cris de la multitude, ces signes de meurtre qui partout frappaient ses regards, quel spectacle pour un enfant! Au 10 août, la mort plane sur sa tête; elle en sentit toutes les horreurs; elle évita les débris du trône qui menaçaient de l'écraser : mais on ne lui laissa la vie que pour lui donner une prison! Cependant ce n'est là que le prélude de maux plus affreux encore. Le père, arraché des bras de sa fille, est entraîné à l'échafaud; une mère lui restait, et sa tête roule sous le couteau de cette révolution que la fière Autrichienne a provoquée, mais qui devait la respecter comme femme. L'orpheline n'a plus qu'une amie, et le sang de cette amie rougit le fatal billot. Les jours, les mois, les années s'écoulent, et la princesse est toujours captive; elle consume ainsi ses plus beaux jours. Cependant elle n'était plus considérée que comme otage. Le moment de l'échange arriva, ses verroux furent brisés... mais, errante de climats en climats, elle fut longtemps sans connaître le repos. Enfin une suite d'événements la ramènent dans sa patrie; c'est elle que vous voyez près du roi. Voilà ce qu'on a dit trop tard d'une femme vindicative, et ce qu'il fallait dire en 1814, alors que les pleurs pouvaient couler pour celle qui ne s'était pas montrée encore sans pitié.

Au lieu de cette histoire si touchante par elle-même, il ne sort des bouches royalistes que des imprécations. Louis XVIII les autorise par une pantomine qui supplée chez lui à une sensibilité véritable. En entrant aux Tuileries, au retour de Notre-Dame, il se jette à genoux et s'écrie : O mon frère!

vous étiez plus digne de cette journée que moi. La journée en effet, dans son mouvement extérieur et à part les sentiments intimes, était satisfaisante pour la famille royale. Elle pouvait regretter l'élan qui avait accueilli le comte d'Artois, mais les acclamations dont elle ne sut pas traduire le véritable sens suffisaient à des illusions que dut accroître l'emphase des écrivains courtisans. Un publiciste a relevé, avec une justesse d'observation toute philosophique, les méprises que font naître ces sortes de solennités : « Les transports d'un peuple, dit-il, montrent plus ce qu'il attend que ce qu'il est disposé à faire ; c'est le témoignage de ses espérances plutôt que de son dévouement. » Ainsi s'exprimait M. Guizot peu de jours après la rentrée de Louis XVIII.

La presse périodique d'avril et de mai 1814 officielle, complaisante ou enthousiaste, parle beaucoup du dévouement des Français et fort peu de leurs espérances. C'est un délire d'amour subit pour les Bourbons. Puis recommence le concert de louanges en l'honneur des étrangers. On s'extasie sur « la magnanimité chevaleresque du prince régent, sur la générosité sans bornes de l'Angleterre. » Wellington arrive à Paris, et aussitôt plusieurs députés vont témoigner au général vainqueur, la reconnaissance de leurs commettants. Enfin, les royalistes réunissant tous les souverains dans un même éloge, les proclament plus grands que Titus pour avoir sauvé la France; et Louis XVIII, joignant un gage plus positif à cette tendre et admirative effusion, signe une ordonnance pour enjoindre à l'administration et aux administrés de fournir *avec exactitude et abondance tout ce qui est nécessaire aux vaillantes troupes alliées.* Contre elles cependant et surtout contre les Anglais des allusions saisies au spectacle protestaient déjà dans les villes. Quelles furent les protestations des campagnes? On ne peut que les deviner. La presse censurée ne leur ouvrait pas ses colonnes.; mais villes et campagnes gémissaient sous le triple fardeau des subsides de la guerre malheureuse, des réquisitions de la victoire étrangère et des frais de joyeuse entrée de l'émigration. Les organes de celle-ci portent eux-mêmes témoignage du malaise de ce pays qu'ils peignent ivre de joie à la vue de ses princes légitimes, ils nous révèlent ses alarmes et déjà son irritation. « Après avoir donné au monde l'exemple de toutes les folies, de toutes les fureurs, s'écrie l'un de ces organes prompt à passer de l'attitude la plus humble envers l'étranger à la colère outrageuse contre la France impériale ou révolutionnaire, le peuple français donnera-t-il enfin l'exemple de la sagesse? » Les souffrances présentes lui arrachaient en effet des plaintes d'autant plus vives que les améliorations pour l'avenir semblaient incertaines, que les garanties espérées se faisaient attendre. Les questions constitutionnelles commençaient à s'agiter dans les journaux et dans les brochures. Déshéritée de gloire, la nation se montrait impatiente d'obtenir la liberté promise.

Mais le premier souci du roi, c'est de former sa maison; voilà sa grande affaire, et c'est là qu'il déploie toute son érudition en matière d'étiquette; les charges reprennent leurs anciens titres et sont reprises par leurs anciens titulaires ou par leurs héritiers. Napoléon avait rendu facile ce complément de restauration nobiliaire lorsqu'il avait transvasé la cour de Louis XVI dans la cour impériale. La composition du ministère vint ensuite et se ressentit des réminiscences de jeunesse et d'exil du vieux monarque. Le chancelier Dambray, l'abbé de Montesquiou, Blacas le favori, hommes d'une autre époque, personnifièrent les tendances du pouvoir que ne rehaussait point dans l'opinion la capacité ou la moralité des autres ministres. Ce fut alors que M. Guizot, connu seulement par sa collaboration à plusieurs journaux littéraires, fit ses débuts politiques dans la haute administration en qualité de secrétaire-général du ministère de l'intérieur, sous les auspices de l'abbé de Montesquiou. Déjà, dans les bureaux de ce ministère, prospéraient les idées de majorats, d'agglomération des propriétés, comme base du système monarchique. Sous cette apparence de système commençaient à poindre les prétentions et les regrets du clergé, des ci-devant châtelains, de tout ce qui avait vécu autrefois; il n'y eut pas jusqu'aux plus caducs intendants de province qu'on n'allât exhumer pour leur confier des préfectures. Le vieux Malouet, à son tour, recrutait pour le service actif de la marine les officiers impotents de Quiberon; le général Dupont, signalé avec plus ou moins de justice aux suspicions de l'armée pour sa capitulation de Baylen, n'opposait à la désorganisation de cette armée, envahie par l'état-major du prince de Condé, ni la consistance personnelle ni l'énergie administrative nécessaires; de son côté, le sceptique comte de Beugnot convertissait, par courtisanerie, la police aux ferveurs d'une bigoterie taquine. Un mécontentement ironique se propageait et allait bientôt se changer en agitation universelle.

Sur les entrefaites, Louis XVIII a ratifié, par un traité définitif, tous les sacrifices que le comte d'Artois s'est hâté de consentir; ils ne vont pas à moins qu'à la perte de tout ce que nous avaient acquis vingt années de travaux et de combats : le fruit de tant de hauts faits d'armes, l'héritage de tant de générations moissonnées passe, en un jour de victoire, à nos adversaires. Ils n'en voulaient qu'à l'empereur, disaient-ils ; et voilà que l'empire est non-seulement démembré jusque dans ses provinces limitrophes les plus françaises, mais démantelé sur ses frontières rétrécies, en face des forteresses retournées contre lui par ses voisins! La main de l'Anglais est là. C'est à ce prix qu'il nous rend les Bourbons. Avec quel soin jaloux, en effet, l'Angleterre fidèle à sa vieille inimitié non moins qu'à son système de domination universelle sur les mers, ne dépouille-t-elle pas la France de ses colonies tout en se réservant les postes offensifs sur tous les points du globe ! Cela ne suffit pas encore, et notre abdication, à l'avénement de la légitimité, est complète. Nous renonçons à un droit que conservent les états du dernier ordre, au droit de simple observation : Par un article secret, la France reconnaît d'avance le partage que les puissances alliées se feront entre elles des pays conquis ou cédés. C'est là ce qu'ont assumé, sans le concours des chambres, sur leur responsabilité personnelle, le comte d'Artois et Louis XVIII.

La déclaration de Saint-Ouen laissait équivoque la question constitutionnelle : serait-ce un contrat réciproque fait d'accord par les chambres et par le roi ? Le corps législatif se flatta qu'il en serait ainsi. Louis XVIII ne le tira d'erreur lui et le sénat que quand il se crut suffisamment en possession du trône. Alors, il nomma une commission prise, à son gré, dans leur sein et de laquelle furent écartés tous les rédacteurs de *l'acte constitutionnel;* le projet élaboré par le roi et quelques intimes fut communiqué à cette commission de *notables.* L'épuration du sénat, transformé en pairie, était un vrai coup d'état; mais il frappait un corps flétri; la commission admit en silence cette mutilation; ses membres ne prirent guère la parole que sur des accessoires, MM. Dambray et Montesquiou ayant tout d'abord établi en principe que le roi était maître de régler les conditions de son bienfait. A l'acceptation, en conséquence, est substitué l'octroi. L'un des commissaires, M. Durbach, se récrie doucement : une charte concédée lui semble, par cela même, révocable de sa nature; on passe outre à cette observation que personne n'appuie. Sur l'article 14, il ne s'élève pas même une explication. Personne, à vrai dire, ne l'entendait dans le sens qu'on lui a donné depuis. Quant aux abus de la presse, le mot *prévenir* si singulièrement accouplé à celui de réprimer, est biffé, sauf à être reproduit en loi nonobstant l'exclamation de Fontanes, qui déclare qu'il ne se regardera jamais libre là où la presse le sera. Un seul article additionnel important obtint l'honneur de l'adoption royale : c'est celui qui statue que la liste civile sera votée pour tout le règne. Enfin, après une discussion pour la forme entre la commission et M. de Montesquiou, lequel résout, de haute lutte, toutes les difficultés par l'argument de la volonté royale, la Charte sort, telle qu'on la connaît, d'une conférence privée où le promoteur de *l'acte constitutionnel* Talleyrand fait défaut, où les membres appelés à donner leur avis n'ont aucun caractère, où les pouvoirs même qui ont pris l'initiative conditionnelle de la restauration du trône ne sont ni admis par délégation, ni reconnus. Cette Charte sera-t-elle, du moins, présentée à l'examen, à la sanction de la chambre des députés, ou à un simple enregistrement parlementaire? Le Corps législatif n'est pas même convoqué comme assemblée constitutionnelle; car c'est lui désormais qui a besoin de l'investiture royale : au moyen des lettres closes dont l'envoi est calculé, une partie des sénateurs se trouve exclue, et le roi cependant ouvre, le 4 juin, ce qu'on appelle la session de 1814. Après son discours rédigé avec adresse, et où, glissant sur les conditions du traité avec les puissances, le roi insiste beaucoup sur les bienfaits de la paix générale et du commerce, le chancelier Dambray prend la parole. Dès l'exorde, il est évident que, dans la pensée de Louis XVIII, l'autorité tout entière réside, par droit antérieur et supérieur, en sa personne royale. Celle-ci règne depuis dix-neuf ans; tout ce qui s'est passé en France durant l'exil des Bourbons est virtuellement frappé d'usurpation et d'illégitimité. Enfin, ce n'est pas même une Charte qu'octroie Louis XVIII, c'est une ordonnance de réformation. Ici quelques murmures se font entendre; mais il est trop tard, et la majorité respectueuse garde le silence dont elle avait la longue habitude. Le chancelier termine son allocution par le plus étrange des axiômes qu'on puisse énoncer en présence d'une assemblée délibérante, à l'occasion de la loi fondamentale qui institue un gouvernement de tribune et de publicité : « Les rois et les peuples, dit-il, ne s'entendaient jamais mieux que dans le silence. » Quelques murmures s'élèvent encore et s'apaisent aussitôt. Le chancelier donne lecture de la Charte qui, comparée au discours préliminaire, se rehausse par le contraste et obtient de la chambre, non ce vote législatif auquel Louis XVIII ne se soumet point, et qu'elle n'aurait pas strictement le droit d'exercer, puisqu'elle n'a qu'un mandat contestable, mais le suffrage d'une réunion d'anciens députés heureux d'obtenir, même à titre de concessions, des garanties libérales et les bases essentielles de la monarchie représentative.

Dans la situation irrégulière de tous les pouvoirs de cette époque, les adresses des deux chambres peuvent être considérées comme une acceptation que l'assentiment général a sanctionnée; et la

Charte est d'une part, comme le dirent alors les députés, le résultat des principales dispositions présentées par les différents corps de l'État, et de l'autre, l'expression du vœu des Français ; elle avait un caractère suffisamment national. C'était au gouvernement à ne pas méconnaître ce caractère. Mais dès son début, il prend à tâche de l'en dépouiller ; il retire d'une main, par le commentaire du chancelier Dambray, ce qu'il accorde de l'autre ; l'abbé de Montesquiou complète le commentaire par un exposé de situation qui n'est que la satire amère de la France administrée autrement, et beaucoup mieux à coup sûr, que ne l'était l'ancien royaume ; le comte Ferrand va des choses aux personnes, et à leur suite et bientôt en avant, marche le parti royaliste.

Toutefois, et malgré l'axiôme du chancelier Dambray sur l'harmonie du silence, le corps législatif, si longtemps muet, avait recouvré la voix et la tribune. Quelques membres en usèrent avec indépendance, mais toujours avec réserve. Le premier aliment fourni aux débats fut la question de la liberté de la presse. Le comte de Montesquiou, afin de la rendre utile et durable, réclamait les entraves de la censure préalable pour tout écrit de moins de trente feuilles, et tout l'attirail des brevets d'imprimeur, des pénalités fiscales, etc. Ce projet était l'œuvre commune de MM. Royer-Collard et Guizot. Royer-Collard, directeur de la librairie, professait alors le principe absolu du privilége royal. Le projet passa un peu amendé; mais la discussion, où Raynouard eut les honneurs, jeta de vives étincelles dans le public, dont l'intelligence fut prompte à s'éclairer sur cette question nouvelle pour lui. La chambre dota Louis XVIII et sa famille d'une liste civile de trente-trois millions annuels et de trente millions une fois donnés pour le paiement des dettes à l'étranger, avec de riches accessoires en forêts, châteaux et palais. Cela se fit d'enthousiasme, sans phrases, et comme venant d'un corps accoutumé à faire de pareils présents. Le ministre Ferrand, encouragé par cette générosité large et silencieuse, ne tarda point à demander la remise aux émigrés des biens non vendus. Cette remise, ou plutôt cette restitution, n'était qu'un acte d'équité incomplète envers ceux qui ont toujours suivi la droite ligne, disait le ministre; mais un des inconvénients attachés aux lois par lesquelles on remplace les lois révolutionnaires, ajoutait-il, c'est qu'il fallait s'astreindre à faire le bien avec une extrême prudence. Les motifs du projet, plus que le projet lui-même, émurent l'assemblée qui n'en vota pas moins la restitution, en attendant l'indemnité que les émigrés obtinrent douze ans plus tard, indemnité dont le premier mot fut prononcé dans cette discussion même et répété à la chambre des pairs par le duc de Tarente. Les propriétaires actuels de biens nationaux ne possédaient donc pas incontestablement, puisqu'on parlait d'indemniser les anciens! Non, avaient répondu Dard et Falconnet, auteurs de mémoires qui répandirent de vives alarmes, augmentées par une pétition où l'on demandait qu'une loi sanctionnât irrévocablement les ventes nationales : le doute ainsi se propageant par le doute, il n'y avait plus de sécurité. Peu d'orateurs capables et fermes abordèrent la tribune; la majorité céda docilement aux influences du pouvoir, et montra bien que, dans son opposition soudaine de 1813, elle avait obéi à des sentiments où ne dominait pas l'amour de la liberté. Cependant la publicité toute nouvelle de ces débats communiquait aux esprits une animation politique depuis longtemps inconnue, et la presse continuait la controverse interrompue par la clôture des chambres, et mille lumières jaillissaient sur des questions toutes neuves et pleines d'intérêt pour une génération à peine échappée à l'uniformité absolue des organes officiels.

Dès les premiers jours, la presse ne jouissait guère que de la demi-liberté des brochures, et celle-ci, comme on l'a vu, ne tarda point à être restreinte par des conditions de servitude matérielle. Dès lors cependant la polémique était assez vive du côté de ceux qui se croyaient les hardiesses permises en vertu de leurs bons sentiments. Si le parti libéral critiquait la forme de l'octroi, se plaignait de la prépondérance du pouvoir exécutif sur le pouvoir législatif, des prérogatives du catholicisme, le parti opposé murmurait beaucoup plus haut contre la Charte elle-même, œuvre de révolution et d'impiété, empiétement sur les droits du parlement dont les anciens membres protestaient; une protestation avouée et servant de motifs au refus de serment, eut à cette époque un éclat qui valut à son auteur un commencement de célébrité politique, et le mit sur le chemin du pouvoir : nous voulons parler de la protestation de M. de Villèle, maire de Toulouse, contre la Charte.

Aux pamphlets éphémères, on vit peu à peu succéder des écrits ingénieux, instructifs, graves, entre autres ceux de Benjamin-Constant qui firent l'éducation constitutionnelle de la jeunesse de cette époque. Il parut aussi deux recueils d'une opposition très-différente quant aux formes du style, mais d'une portée également sérieuse : l'un dogmatique, raisonné, sévère, âpre quelquefois, républicain en principe, mais se ralliant au fait de la monarchie représentative : c'était le *Censeur;* l'autre, armé à la légère, décochant l'épigramme en tirailleur, saisissant surtout le côté ridicule de la restauration : il se nommait le *Nain-Jaune*.

C'étaient, avec le *Journal de Paris*, d'une nuance beaucoup moins prononcée, les seules feuilles libérales ; le *Journal des Débats*, sauf quelques intermittences favorables au système de la monarchie constitutionnelle, se passionnait pour la légitimité sous l'inspiration de la haine aveugle qu'il portait à la révolution et à l'empire. La *Quotidienne*, la *Gazette de France*, ne vivaient que des regrets de l'ancien régime et des admirations de la Vendée ; elles étaient surpassées toutefois par le *Journal Royal*, champion acharné de toutes les intolérances de l'émigration, du fanatisme, de la féodalité ou plutôt de toutes les convoitises qui en voulaient aux places, aux propriétés, aux positions que conservaient les hommes de la France nouvelle.

Tout cela évidemment agréait fort à la cour qui, n'apercevant aucun symptôme de sédition bruyante, n'étant étourdie que par les rares témérités de la presse opposante, témérités bientôt réprimées, ne soupçonnant pas, dans le calme universel garanti par les armes victorieuses de l'Europe, dequel point de l'horizon pourrait venir l'orage, se félicitait encore d'être débarrassée du contrôle de la chambre quelque peu sévère qu'il fût. La cour, hors de la session, se sentait tout à fait à l'aise pour achever de reprendre les anciennes allures. La maison de *Monsieur* rivalisait d'étiquette avec celle du roi, et la surpassait en pieuses et ardentes recrues; la maison de *Madame* ne s'ouvrait qu'à l'émigration. Le favoritisme personnifié dans le comte de Blacas, grand-maître de la garde-robe, s'emparait des Tuileries, et l'oreille du roi était constamment caressée de rapports sur les progrès de l'esprit religieux et monarchique, et même sur le dévouement de l'armée. Aussi, après avoir exhumé les restes de Marie-Antoinette et de Louis XVI, non sans en faire le texte de nouvelles imprécations contre les révolutionnaires et d'insinuations nouvelles en faveur d'une restauration complète de l'ancien régime, après avoir donné à la noblesse et au clergé les encouragements dont ils se targuaient au point d'inspirer aux campagnes la crainte du retour de la dîme et des redevances seigneuriales; aussi se préoccupait-on d'idées guerrières, et faisait-on des plans de campagne pour détrôner Murat et rendre la couronne de Naples au roi Ferdinand. On assure que le duc d'Orléans s'employait dès lors avec une grande activité à la réintégration de son royal beau-père.

Au congrès de Vienne, ouvert en septembre 1814, la cohue des rois préludait à la curée des dépouilles de la France par des galas splendides, des orgies retentissantes et des voluptés secrètes où s'écoulait, à flots, l'or enlevé au travail des sujets de nos envahisseurs et à la misère des Français vaincus; le prix des sueurs et du sang passait en de hautes et dispendieuses puérilités; celles-ci se combinaient avec ces tours de dextérité diplomatique qui conduiraient, suivant la morale plébéienne, leur homme au déshonneur, et peut-être au gibet, si c'était un homme de rien. Talleyrand, au milieu des plénipotentiaires des grandes puissances, remplissait son rôle bien mince de représentant des Bourbons, mais jouait avec supériorité sa partie d'observateur des masques, sous lesquels il devinait les visages, et de causeur qui ne le cédait point au prince de Metternich dans l'art de déguiser sa pensée par la parole. Il avait pour instructions, dressées de la main de Louis XVIII, de se faire l'avocat du roi de Saxe, dont les droits se rattachaient à la question de légitimité, et de pousser à une restauration napolitaine. Dans le conflit des prétentions léonines des potentats sur les territoires à leur convenance, la souplesse de Talleyrand fut plus d'une fois rudoyée et n'aboutit en définitive qu'à nous aliéner l'empereur Alexandre, à constituer, selon le désir des Anglais, dans la Prusse agrandie, une puissance toujours menaçante pour nos frontières, à écarter notre influence de la nouvelle confédération des petits états d'Allemagne et de l'érection du royaume des Pays-Bas, poste militaire dont les forteresses étaient commandées par Wellington.

Notre politique extérieure s'absorbait dans le rétablissement de la légitimité partout et principalement à Naples, et toute l'habileté de Talleyrand ne réussissait qu'à souffler le feu qui commençait à prendre au congrès par le froissement naturel des intérêts contraires. Après le dévergondage de ces plaisirs dont la brutalité se voilait des raffinements du luxe, après le cynisme de ce Bazar où les lots à l'encan se composaient d'âmes, le théâtre diplomatique de Vienne était sur le point d'offrir un autre spectacle : celui d'une arène où grandes et petites puissances, ostensiblement d'accord, et secrètement partagées en ligues offensives et défensives, allaient se jeter des défis sanglants.

Cependant les anciens usages de la France chrétienne, sous le fils aîné de l'église, commencent à se rétablir en attendant les usages de la France monarchique, déjà rétablis en ce qui concerne l'étiquette. L'esprit religieux s'empare de la police, ou plutôt la police s'évertue à contenter les fantaisies pieuses de la cour. Les boutiques doivent être fermées le dimanche; toutes les églises retentissent de services lugubres qui dénoncent les vivants en pleurant les morts : ce sont partout cérémonies expiatoires, discours expiatoires, visites expiatoires aux tombeaux de Saint-Denis. Les larmes versées sur d'augustes victimes, les invocations aux nobles martyrs sont mêlées de fiel et d'imprécations contre les bourreaux. La France révolutionnaire est couverte d'un crêpe, et porte le deuil de la France bourbonienne. La mémoire des Vendéens et des chouans est glorifiée par le monument projeté de Quiberon, et le maréchal Soult exalte la chouanerie en homme qui semble vouloir expier la bataille de Toulouse, et qui déjà vise au ministère. Pichegru et Georges Cadoudal, complices d'un guet-apens contre les jours de Bonaparte, sont officiellement réhabilités. Puis viennent la Fête-Dieu et ses processions, dont la pompe, plus politique que religieuse, est pleine d'une jactance provocatrice. Aussi le bruit a-t-il déjà couru que le pape se propose d'annuler les ventes de biens ecclésiastiques ; bruit absurde sans doute, mais qui ne l'est pas plus que tant de réalités menaçantes, que toutes ces théories ultramontaines et féodales qui circulent avec approbation et privilége. Où sont les garanties, après tant de systèmes et d'essais réactionnaires, contre une réaction complète ? La Charte n'est encore qu'un chiffon de papier ; la chambre déjà faible, peut être remplacée par une majorité plus complaisante encore ; les tribunaux sont remaniés ; la cour de cassation, sous le prétexte d'une institution nouvelle, a vu éliminer les magistrats dont les précédents déplaisent ; quel cas fait-on de la garde nationale elle-même ? La garde nationale, déjà rapetissée aux proportions d'une milice urbaine et rurale, n'a pas tardé à être exclue de l'intérieur du château et remplacée par les gardes du corps. Les gardes de la porte, les cent-suisses, tout le cortége militaire et domestique d'autrefois est ressuscité.

On prétend nous rendre la France de Louis XIV; cependant une convention des quatre grandes puissances place la France au rang des états du second ordre. Ce n'est pas de cela, nous le savons, que s'occupe Talleyrand au congrès de Vienne, non plus que des intérêts de la France dans la question des petits états d'Allemagne et dans celle des Pays-Bas; voulant complaire à son souverain, il demande l'autorisation de traverser l'Italie pour aller expulser Murat de Naples et y restaurer les Bourbons. C'est de lui que vient au ministère de la guerre le conseil de former trois camps échelonnés pour l'expédition qu'il médite; et l'exécution de ce conseil prépare une route militaire et triomphale à l'hôte de l'île d'Elbe. Mais les voies sont bien autrement préparées à celui-ci par les fautes du pouvoir, par les folies des émigrés et l'inaltérable quiétude du monarque que les uns attribuent à sa faiblesse pour son entourage, que d'autres considèrent comme une de ces complicités tacites qu'on désavoue si les choses tournent mal et dont on accepte les bénéfices si elles tournent bien. Les voies, disons-nous, sont singulièrement aplanies à la révolution par la démence des contre-révolutionnaires : non-seulement d'imprudentes publications menacent les acquéreurs de biens nationaux ; mais chacun de ces domaines a deux propriétaires, l'un qui se prétend dépouillé, l'autre qui redoute la spoliation; dans chaque village il y a en face le maire et l'ancien seigneur; deux noblesses, l'ancienne et la nouvelle, sont en présence. On rend aux émigrés tout ce qu'on peut leur rendre, et ils espèrent mieux. Le ministre Ferrand, à la tribune, a partagé la France en deux nations, dont l'une, exilée avec ses souverains légitimes, a suivi la ligne droite, l'autre la ligne courbe; le fanatisme de la ligne droite partage les royalistes eux-mêmes en trois catégories : nobles restés en France, émigrés rentrés avec ou avant la famille royale; ces derniers se subdivisent en deux séries : celle qui avait pris du service sous le régime impérial, celle qui n'en avait pas pris. Telles étaient les puérilités du zèle ou plutôt de l'ambition. Que devenait, au milieu de ces distinctions, le pays qui avait fait tout le contraire des émigrés? Cependant la *Quotidienne* se voue aux lugubres anniversaires, la *Gazette de France* redore les vieilleries du pouvoir absolu; le *Journal royal* semble avoir choisi tout exprès son titre pour livrer le roi à la haine et au ridicule; la presse royaliste, en un mot, n'a que des diatribes pour tous ceux qui doivent leur position sociale à la révolution; elle ne tarit point en formules admiratives, au contraire, pour tout ce qui tient à l'émigration; elle ne parle que de fêtes catholiques; elle affiche les doctrines les plus intolérantes; elle épanche tous les regrets que lui inspire la perte des droits féodaux. Contre ces attaques, l'opposition se rallie, s'échauffe, s'insurge; les pamphlets témoignent de la colère qui s'allume dans le pays et en attisent le feu. Carnot, dans un *Mémoire au roi*, fait l'apologie des conventionnels en butte à des fureurs dont la censure ne réprime pas l'audace; son mémoire est saisi, et n'en est lu que plus avidement; les licences de l'attaque, quand la défense n'est pas libre, paraissent plus odieuses; aux provocations privilégiées a répondu un cri d'effroi, puis un cri d'indignation, puis un cri sourd de guerre. Châteaubriand, dont le génie ne peut longtemps divorcer avec les idées généreuses, Châteaubriand colore de son beau talent une politique de royalisme libéral; il est désavoué par les royalistes purs. La ferveur va jusqu'aux dernières extravagances : si Bergasse, appelant la constitution du sénat une amère dérision, avait dit qu'élire un prince légitime était un crime de lèse-majesté; voici Bonald qui demande que le pape soit l'arbitre suprême de toutes les souverainetés; et en ce moment on publie une bulle de Pie VII qui rétablit la société des jésuites, à la sollicitation, dit-il, du monde catholique. Le frère du roi recommence à Paris ce qu'il avait fait à l'étranger : il devient centre d'intrigues; il a sa cour séparée de celle de son frère. Les jalousies, les haines de l'émigration se ravivent; le vert se mêle à la couleur blanche; les foyers de réaction qui remontaient à la jeunesse méridionale au moment de la chute de Robespierre sont cultivés par le prince dans leurs moindres étincelles; des organisations secrètes se forment sous son patronage, et là il est plus roi que son frère. A tant d'hostilités menaçantes, les intérêts créés par la révolution et l'empire prennent sérieusement l'alarme; patriotes et bonapartistes se rapprochent; les mécontentements de l'armée leur offrent un levier puissant. Les uns parlent de la régence du roi de Rome, les autres du duc d'Orléans, la plupart songent à un mouvement, sauf à s'entendre après; si quelques-uns ne savent pas bien encore ce qu'ils veulent, tous savent à merveille déjà ce qu'ils ne veulent pas. Vers ce temps arriva le refus du curé de Saint-Roch de recevoir à l'église le cercueil de mademoiselle Raucourt. Ce refus causa presque une sédition. Il fallut que l'autorité du roi intervînt pour apaiser le tumulte. Le peuple avait tort, sans doute : il n'a pas le droit de forcer un prêtre à faire un acte que celui-ci regarde comme un sacrilége; mais il n'est que trop probable que le prêtre aurait eu la conscience moins timorée sous un gouvernement moins favorable au clergé. Ce fut donc au fond contre l'intolérance du gouvernement, contre l'alliance de l'autel et du trône que protesta le peuple dans cette circonstance. Des troubles eurent lieu à l'occasion des droits réunis qu'il fallait bien maintenir, malgré la promesse étourdie du comte d'Artois. Des mécontents du parti bonapartiste et du parti patriote cherchent à se concerter; Fouché se mêle à tout cela, et il a, d'autre part, des conversations secrètes avec un personnage de l'intimité de Louis XVIII. Parmi les hommes les plus actifs de l'armée et de la cour impériale, quelques-uns correspondaient avec l'île d'Elbe. D'autres ne voulaient qu'opposer à la réaction un mouvement libéral. Y eut-il un plan arrêté, un complot? Cela est douteux. Tout paraît s'être borné à des vœux, à des regrets, à quelques conciliabules, à des efforts pour aviser à une tentative ultérieure; quoi qu'il en soit, la police s'assura de la personne de plusieurs généraux.

Nous avons d'avance exposé les difficultés de la situation qui se présente ici : les exigences faciles à prévoir du parti des émigrés et des Vendéens, les réclamations inévitables des militaires, les réclamations plus légitimes encore du parti national, la complication et le froissement des intérêts, la diversité et la lutte des opinions que passionnent chez les uns toute la morgue et toutes les espérances du succès et du pouvoir, qui s'aigrissent chez les autres, et ces autres, c'est la masse du pays, qui s'aigrissent par les souffrances, par d'écrasants impôts, par d'incessantes tracasseries, par la plus dangereuse des maladies morales, celle que produisent l'humiliation, la défiance et l'anxiété; de cet état de malaise aux résistances, au soulèvement, il n'y a qu'un pas, et pour le franchir, il ne faut qu'une occasion. De bonne foi, qu'a fait le gouvernement pour aplanir ces difficultés, pour intervenir dans le conflit, adoucir les premières aspérités, arriver graduellement à une conciliation, inspirer, par son attitude impartiale, franche et ferme, la sécurité? Nous venons de le voir à l'œuvre: où s'est-il montré modérateur élevé au-dessus des passions, habile à ménager la transition du despotisme militaire au régime constitutionnel? La France n'avait encore qu'une paix onéreuse à laquelle succédaient les querelles intestines; elle se scindait en provinces révolutionnaires, contre-révolutionnaires; elle se fractionnait en coteries pleines d'animosité, et le gros de la population qui voulait le calme ne trouvait que l'incertitude, autre espèce d'agitation. Quatre cent mille étrangers ne pesaient plus sur le sol, il est vrai; mais il était comme envahi par une armée d'intrigants et de fanatiques. On harcelait le peuple des villes dans ses habitudes ses sentiments, ses droits; on inquiétait le peuple des campagnes, cultivateurs ou propriétaires, dans la possession de ses champs et jusque dans son labeur menacé de corvées; on offensait le peuple qui avait porté les armes ou les portait encore, dans ses services calomniés, méconnus ou dont le prix lui échappait pour passer aux hommes qui n'avaient d'autres titres que ceux de la naissance; on l'affligeait dans son patriotisme dont l'emblème, le drapeau tricolore, était proscrit, dans son honneur dont le signe était prostitué, dans sa gloire dont la religion était flétrie, dont les vieux représentants, les maréchaux, recevaient, à l'adresse de leurs femmes roturières, le contre-coup des dédains de la cour, affront mérité sans doute puisqu'ils s'y exposaient, mais qui ne trouvait leur orgueil que plus irritable, orgueil avec lequel sympathisait ce peuple d'où ils étaient sortis.

En même temps le mépris des royalistes pour la Charte ne prenait plus la peine de se déguiser; cette pauvre ordonnance de réformation était dans le palais du roi un objet de raillerie agréable : il avait bien fallu jeter cet os à la révolution; la Charte n'empêchait point la chaire catholique de lancer l'anathème contre ceux qui s'en faisaient vainement un rempart; elle n'empêchait point le grand-maître de l'université, c'était toujours Fontanes, de rappeler la jeunesse aux traditions du passé, de lui dire que « la force invincible des choses ayant tout remis dans l'état ancien, les enfants respecteraient ce qu'avaient respecté leurs pères; après avoir été en proie, continuait-il, à cette maladie qui tourmente l'esprit humain d'un rêve de perfection, après être échappée au déréglement de ces imaginations qui s'occupent à régénérer le monde, la France a repris le cours naturel de ses destinées. » Ainsi, université, presse monarchique, police, cour, église, pouvoir administratif, pouvoir politique, sauf quelques temps d'arrêt dus à la prudence de Louis XVIII, tout marchait, dans le gouvernement, à une contre-révolution.

La révolution provoquée est donc mise en demeure; aussi n'attend-elle qu'un signal; mais qui le donnera? Par qui seront réunis et dirigés ses efforts? La pensée se portait sur Carnot, sur Lafayette, sinon comme chefs de révolte, au moins comme appuis en cas d'action. Mais il fallait le concours de la force militaire, et par conséquent un général actif; et quelles garanties offraient les généraux pour la plupart? On songea encore au duc d'Orléans : récemment rentré dans les biens non aliénés de sa famille, n'était-il pas absorbé par sa restauration domestique? et, d'ailleurs, les événements seuls auraient, pour l'entraîner, la voix assez puissante. La coterie constitutionnelle de madame de Staël, la coterie impérialiste de Bassano, la fraction républicaine, les amis qui s'étaient ralliés au projet avorté des frères Lallemant et de Lefebvre-Desnouettes, tous les partis enfin, croisaient leur activité, leurs démarches, leurs craintes, leurs espérances, leurs expédients, leur audace, tandis que le comte d'Artois, de son côté, remuait tous les éléments de réaction; tandis que du sien, Louis XVIII, avisant que sa maison n'avait peut-être pas les sympathies nationales, alarmé d'ailleurs des mouvements de Murat en Italie, se mettait en relation, par l'intermédiaire du grand-maître de sa garde-robe, avec Barras, lequel répétait : Vous êtes sur un volcan! mais on savait le tarif de ses avis et ils avaient peu de poids; avec Fouché, lequel traçait la conduite à suivre pour conjurer une explosion; mais n'était-ce pas à la condition d'être l'ingénieur de la contre-mine? Le grand-maître de la garde-robe n'est donc ému que de la pensée du contact qu'il vient d'avoir avec des régicides, et sa sérénité politique n'étant point atteinte, il finit par la faire partager au roi.

§ IV.

RETOUR DE L'ILE D'ELBE. — EFFET DE CETTE NOUVELLE A PARIS ET A VIENNE. — BONAPARTE DE CANNES A LYON. — ACTES DU GOUVERNEMENT ROYAL. — LA PRESSE PATRIOTE. — LE ROI, LES PRINCES, LES CHAMBRES, LES MINISTRES, LA GARDE NATIONALE. — LE MARÉCHAL NEY. — DÉPART DE LOUIS XVIII. — LE DUC D'ORLÉANS. — L'EMPEREUR AUX TUILERIES. — L'ARMÉE, LE PEUPLE, LES PATRIOTES. — CARNOT. — FOUCHÉ. — LE CONGRÈS DE VIENNE. — L'ACTE ADDITIONNEL. — LE CHAMP-DE-MAI. — LA CHAMBRE DES REPRÉSENTANTS. — LA COUR A GAND. — WATERLOO. — LAFAYETTE. — ABDICATION DE L'EMPEREUR. — COMMISSION DU GOUVERNEMENT. — CAPITULATION. — L'ARMÉE FRANÇAISE. — LES ÉTRANGERS.

Une foudroyante nouvelle éclate tout à coup : Bonaparte est débarqué à Cannes ! C'est un fou qui s'est jeté dans les montagnes avec sa petite troupe, dit à Louis XVIII le comte de Blacas en lui apportant la dépêche télégraphique. C'est une affaire de gendarmes, dit à son tour le maréchal Soult. Tant mieux, s'écrient quelques royalistes, c'est une occasion d'en finir avec les bonapartistes et les révolutionnaires. Le roi, plus réfléchi, comprend toute la gravité du péril. Le télégraphe transmet des ordres aux divers corps d'armée; le comte d'Artois et le duc d'Orléans partent en poste pour Lyon. Des ordonnances royales convoquent immédiatement les chambres ajournées, prescrivent des mesures de sûreté générale, enjoignent de courir sus au traître et rebelle Bonaparte, mettent en activité la garde nationale, en permanence les conseils-généraux; puis, se souvenant un peu tard de la charte constitutionnelle, le gouvernement l'arbore comme drapeau de ralliement. Les adresses de fidélité arrivent en foule; déjà le duc de Dalmatie, ministre de la guerre, a donné l'exemple par une proclamation dans laquelle il dit aux soldats que « Bonaparte est un aventurier, un usurpateur qu'avaient chassé Louis XVIII, souverain légitime, père du peuple, et le comte d'Artois, modèle des chevaliers français. »

On rit d'abord au congrès de Vienne quand la nouvelle du débarquement de Bonaparte y parvint; cependant cet accès de gaieté, aussi bien que les bals, les fêtes, les intrigues galantes et politiques, et les querelles suscitées par le partage des dépouilles, firent bientôt place à d'autres préoccupations. Une déclaration pleine de colère mit hors des relations civiles et sociales l'homme qui avait rompu son ban de l'île d'Elbe; elle le livra, comme ennemi et perturbateur du repos du monde, à la vindicte publique. Cet acte d'une teneur si peu conforme aux usages diplomatiques fut particulièrement inspiré, dit-on, par Talleyrand, trop compromis pour ne pas brûler, avec ses vaisseaux, ceux de la coalition et pour laisser une chance d'arrangement.

Tandis que la cour des Tuileries et le congrès de Vienne usent à son égard de procédés sauvages, le traitent véritablement, cette fois, comme l'ogre de Corse, que fait le débarqué de l'île d'Elbe ? A sa petite troupe dont le bivouac est établi au milieu d'un champ d'oliviers, il lit les proclamations qu'il a rédigées à bord ; après avoir flétri les défections de Raguse et de Castiglione, il dit aux Français que tout ce qui a été fait sans leur aveu est illégitime ; qu'ils ne doivent point obéissance à un prince imposé par la force étrangère qui a ravagé leur territoire ; que de nouvelles institutions, de nouveaux droits veulent une dynastie nouvelle ; que les individus qui s'étayent des principes du droit féodal sont les ennemis du peuple, condamnés par lui dans toutes nos assemblées nationales. « Lorsque Charles VII entra à Paris, ajoute Napoléon, et renversa le trône éphémère de Henri VI, il reconnut tenir son trône de la vaillance de ses braves et non d'un prince régent d'Angleterre. » Aux soldats, il rappelle leurs grandes journées, la cocarde tricolore et ces aigles proscrites par ceux qui, pendant vingt-cinq ans, ont parcouru l'Europe pour susciter des ennemis à la France ; et d'une voix prophétique il fait entendre ces mots : « L'aigle avec les couleurs nationales volera de clocher en clocher jusqu'aux tours de Notre-Dame. »

Il s'avance, et l'enthousiasme des populations marche avec lui, et les villageois offrent de sonner le tocsin et de l'accompagner en masse. Aux habitants des Basses-Alpes, il donne le titre de citoyens, et parle de leurs droits, de l'égalité des classes, de la cause nationale. Sur la route de Grenoble, il dit aux montagnards : Je suis l'homme du peuple; le trône des Bourbons est illégitime, parce qu'il n'a pas été élevé par la nation. Il poursuit sa course ; aux premiers soldats qu'on lui oppose, il présente sa poitrine en disant : Quel est celui d'entre vous qui veut tuer son empereur? Et les soldats envoyés pour l'arrêter crient : *Vive l'empereur!* lui baisent les mains, embrassent les aigles et se précipitent dans les bras des vieux camarades de l'île d'Elbe. Le colonel Labédoyère offre et son régiment et sa vie à une condition, c'est que la France aura une constitution et la liberté. « Que les patriotes se rassurent, répond l'empereur, je viens avant tout pour rendre la France libre! » A Grenoble, on lui présente, à défaut des clés, les portes de la ville brisées par les soldats et par les habitants. Là, un décret organise les gardes nationales des cinq départements que Napoléon vient de traverser. A Lyon, le comte d'Artois voit la population et la troupe courir au-devant de Napoléon, et s'en retourne avec un seul gendarme pour escorte. De Lyon, Bonaparte gouverne l'empire :

il ordonne la convocation des colléges électoraux en assemblée du champ-de-mai, l'expulsion des émigrés rentrés depuis 1814; l'abolition de la noblesse; il restitue leurs siéges aux magistrats éliminés; il substitue au drapeau des Bourbons le drapeau national, remplace par la garde impériale la maison militaire du roi dont l'exil, à vingt lieues de Paris, est prononcé; à Lyon enfin Napoléon exerce la dictature populaire.

Tandis que le dictateur, après ces rapides étapes ou plutôt cette suite ininterrompue d'ovations où paysans, soldats, populations urbaines, l'ont porté sur le pavois, fait une halte dans la seconde ville du royaume, décrète que la vieille monarchie a vécu et proclame la souveraineté du peuple, que se passe-t-il à Paris?

A Paris, également, le roi s'efforce de toucher les fibres généreuses de la libre patrie : c'est au peuple que vont toutes les publications, toutes les allocutions de l'autorité. Celle-ci n'emploie ou n'encourage que les plumes libérales; c'est Benjamin Constant qui rédige les proclamations les plus importantes; les écrivains du *Censeur*, Comte et Dunoyer, reçoivent les remerciments du ministère pour leur dévouement patriotique; et dans la confusion du château, le désarroi de la police, la déconvenue de *Monsieur* prêt à livrer un portefeuille au duc d'Otrante, dans cette tempête où les plus robustes fidélités de la veille font naufrage le lendemain, c'est à la liberté que le gouvernement se cramponne comme à sa meilleure planche de salut.

Le roi se rend avec solennité au corps législatif où les deux chambres sont réunies ; il est entouré de sa famille : « A soixante ans, dit-il, pourrais-je mieux terminer ma carrière qu'en mourant pour la défense du peuple ? Je ne crains rien pour moi, mais je crains pour la France à laquelle la guerre étrangère est apportée par celui qui vient d'y allumer les torches de la guerre civile, qui vient détruire cette charte constitutionnelle que je vous ai donnée, cette Charte, mon plus beau titre aux yeux de la postérité, cette Charte que tous les Français chérissent et que je jure ici de maintenir. » *Monsieur* prend alors la parole, et, après une allocution respectueuse au roi : « Nous jurons, dit-il en levant la main, ma famille et moi, nous jurons sur l'honneur de vivre et de mourir fidèles au roi et à la Charte constitutionnelle ! » Nous le jurons, répètent le duc de Berry, le duc d'Orléans, le prince de Condé. Le roi tendit alors la main au comte d'Artois, qui la baisa, et les deux frères se jetèrent dans les bras l'un de l'autre. Bien qu'arrangée à l'avance, cette scène fut touchante, car la situation était réellement dramatique. Il y eut là comme une réparation du passé, comme une acceptation réciproque de la Charte, dont la défense fut confiée par la chambre a la garde nationale; il y eut un grand aveu et une formidable leçon qui ne sera pas perdue pour la France si elle l'est pour la dynastie. L'enthousiasme parlementaire ne franchit pas l'enceinte législative et il ne tarda guère à s'y éteindre. Dans le peu de séances qui suivirent, le langage des ministres devint tout patriotique, comme si le gouvernement n'avait pas commencé par exclure les patriotes! comme si ses tendances et ses actes n'avaient pas d'avance donné à ses paroles un démenti qui déconsidérait des protestations tardives! Le président de la chambre des députés, qu'il salue à cette heure suprême du titre de représentants du peuple, Lainé, avoue que la cour a pu faire naître des inquiétudes, que des fautes ont été commises; mais il répète ce que disait Napoléon au corps législatif, que ce n'est pas le moment de les examiner, et qu'il faut, avant tout, se réunir contre l'ennemi; puis il énumère toutes les améliorations que le gouvernement se proposait d'opérer. L'abbé de Montesquiou avait moins de franchise; il entretint jusqu'au dernier instant les députés dans une sécurité trompeuse par des nouvelles fausses : à l'entendre, on se levait en masse contre Bonaparte, l'armée restait fidèle au drapeau blanc. Hélas! les seuls défenseurs qu'ait en cet imminent péril le gouvernement royal, ce sont les écrivains constitutionnels qu'il répudiait naguères, que des lois restrictives gênent encore dans leurs allures; c'est le *Censeur*, le *Journal de Paris*, d'accord sur ce point avec le *Journal des Débats*, qui tonnent à l'envi contre Bonaparte; c'est Benjamin-Constant qui signe un article véhément. Le même zèle ne régnait pas dans la garde nationale ; le 17 mars, les douze légions sont passées en revue par le comte d'Artois qui leur adresse ces paroles : « Que ceux d'entre vous qui veulent marcher à la défense de leur roi légitime sortent du rang !... » Quelques-uns seulement sortirent. M. Decazes, jeune magistrat, fit alors acte de dévouement et d'habileté : il s'offrit avec sa compagnie entière. M. Odilon-Barrot, bien jeune aussi, témoigna publiquement de sa conviction que la liberté constitutionnelle aurait plus à redouter de Napoléon que de Louis XVIII, surtout si ce prince devait la conservation de son trône aux amis de la Charte; c'était l'opinion des écrivains du *Censeur*, du *Journal de Paris* et de quelques patriotes. Aussi le gouvernement, pour propager cette opinion favorable, tenait-il un langage inconnu depuis la Restauration, langage constitutionnel, libéral et presque révolutionnaire. C'était, en outre, une réponse aux proclamations de l'empereur qui de Gap à Lyon, comme nous l'avons

vu, n'avait cessé de faire appel aux sentiments
de liberté en France non moins qu'aux sentiments de nationalité. Il y avait entre l'homme de
l'île d'Elbe et les Bourbons assaut de traditions
et de déclarations populaires. Ces derniers appelaient le pays aux armes en invoquant la levée
en masse de la nation après 1789. Mais la masse ne
remuait pas plus que la garde nationale, ou s'agitait sous une impression qui n'avait rien d'hostile
à Bonaparte qu'elle nommait toujours l'empereur.

L'empereur enlève, au pas de course, tout ce
qu'on lui oppose; Ney, le dernier espoir des
Bourbons, Ney qui a eu le malheur de promettre,
avec l'imprudente sincérité de l'exaltation, qu'il
combattrait en ennemi Bonaparte, et qu'il le ra-
mènerait dans une cage de fer, Ney si admirablement dévoué au salut de ses soldats, si héroïque-
ment trempé contre la fureur des éléments, et
celle des batailles, Ney sent son cœur mollir à
l'approche du grand capitaine sous lequel il a si
glorieusement servi; fasciné par cet ascendant
irrésistible qui entraîne ses soldats, il passe avec
eux à son ancien camp, à son vieil ami: entraînement facile à comprendre! Pourquoi de téméraires
engagements ont-ils donné aux Bourbons le droit
de l'appeler une trahison! L'empereur a conquis
l'armée: partout désormais où il y a garnison, il
règne; avec les troupes envoyées contre lui pour

escorte, il arrive sans qu'un coup de fusil ait été tiré, car il l'a défendu, lui dont la tête est mise à prix, et il ne voudrait pas rentrer dans la capitale avec des armes souillées du sang français; il arrive, il est à Fontainebleau.

Le roi, à qui le duc de Raguse, dit-on, et Lainé conseillaient d'attendre, entouré des deux chambres, le roi annonce qu'il restera sur son trône; le même jour, il dissout les chambres et part dans la nuit. Les hommes de la garde nationale qui étaient au château inspiraient des craintes; et, d'ailleurs, l'opinion qui ne voyait de ressource et de salut que dans les armes de la coalition et sur le sol étranger avait prévalu.

La magique proclamation qui annonçait que l'aigle aux couleurs nationales volerait de clocher en clocher est un oracle accompli; l'aigle a poursuivi, sans s'arrêter, son vol audacieux de Gap à Grenoble, de Grenoble à Lyon, de Lyon à Paris; nous sommes au 20 mars.

La journée se passa sans gouvernement. On attendait de moment en moment Napoléon. Il faisait un temps magnifique; Paris était inondé par la multitude avide d'émotions et d'un spectacle si extraordinaire. La capitale, en effet, présente un singulier aspect: le gouvernement royal a cessé d'exister; le gouvernement impérial n'existe pas encore. Il n'y a ni espions, ni gendarmes, ni inspecteurs ou commissaires de police ; quelques patrouilles de garde nationale suffisent à tout : les citoyens se sont en quelque sorte constitués magistrats.

L'empereur n'arriva que le soir au milieu d'une ivresse militaire qui ne saurait se décrire : On l'enlève, on le porte comme sur le pavois, du seuil des Tuileries jusqu'à ses appartements. Là, généraux, officiers, fonctionnaires s'embrassent dans l'effusion de leur joie de se voir délivrés d'une famille qui, disaient-ils, n'avait rien appris ni rien oublié. Le lendemain, la physionomie de la capitale était diverse: la Bourse et les commerçants se voyaient, non sans effroi, en face d'une invasion : le peuple des faubourgs saluait avec acclamations le héros. Ce fut une scène touchante que celle de l'arrivée du bataillon sacré de l'île d'Elbe, qui venait de faire deux cent quarante lieues en vingt jours. La flatterie voulut exploiter l'admiration qu'inspiraient ces grenadiers ; on écrivit à la porte de leur caserne : *Quartier des braves!* ce qu'ayant appris l'empereur, il s'écria : Le quartier des braves est partout où il y a des soldats français ; et l'inscription disparut. Toute l'armée, au reste, semblait venir de l'île d'Elbe, aussi bien que le bataillon sacré. On aurait dit des vieilles légions de la Gaule saluant César ; mais c'était César à la veille d'une irruption de barbares dans l'empire. Comment les repousser si ce n'est à la tête des masses exaltées par le double sentiment de l'indépendance et de la liberté? Les plus intimes conseillers de Bonaparte lui disaient de s'appuyer sur des institutions libérales; l'opinion, depuis 1814, avait pris cette direction; il importait donc de la satisfaire. Paysans, peuple, soldats, toute la force numérique et armée est à Napoléon : qu'il y joigne la force morale, éclairée, rassurante contre les abus de la victoire, et cette victoire est certaine! c'est le vœu et l'espoir de ses meilleurs amis.

L'empereur nomma Carnot ministre de l'intérieur; c'était une garantie pour les patriotes; et Carnot à son tour ne voulant pas refuser un gage à la dynastie impériale, accepta le titre de comte; républicain peu soucieux de cette bigarrure aristocratique pourvu qu'il contribuât à donner l'exemple de l'union, le premier des devoirs en face de l'ennemi, pourvu que la résistance nationale devînt le cri général de ralliement! Fouché fut nommé ministre de la police; ce n'était une garantie pour personne, et surtout ce n'en était pas une pour Napoléon; mais que faire de cet homme habile et remuant? Se l'attacher semblait d'une bonne politique. Le personnel de la magistrature fut changé comme par un coup de baguette : il n'y avait qu'à replacer ceux qu'on avait déplacés. L'administration, toujours debout dans ses bureaux, recouvrait, avec son puissant mobile, le jeu rapide et intelligent de ses ressorts.

Louis XVIII, en se retirant, n'avait rien négligé cependant pour désorganiser autant que possible l'administration et le gouvernement ; il défendit de payer les impôts et de faire le service militaire. Ces ordonnances se fondaient sur l'article 14 de la charte qui dans les circonstances urgentes investissait la puissance royale de toute l'étendue de ses droits. Ce furent les flèches du Parthe, mais elles n'atteignirent pas le but. Louis XVIII, devenu le comte de Lille, ne s'arrêta point dans cette ville et gagna la Belgique. Le duc d'Orléans adressa d'autres adieux à la France sous le couvert du maréchal Mortier, au patriotisme duquel il s'en rapportait sur ce qu'il y aurait de mieux à faire pour l'honneur et les intérêts du pays. Cette retraite si différente de celle des autres membres de la famille, frappa l'empereur qui dit au général Rapp : C'est celui-là qui a de l'esprit de conduite et du tact! Les amis de la branche aînée qualifiaient autrement la conduite du chef de la branche cadette, qui se retira non point à Gand, mais en Angleterre.

La duchesse d'Angoulême, après avoir harangué les soldats, de caserne en caserne, après des efforts virils pour les retenir dans sa cause, avait quitté

Bordeaux le désespoir et la haine dans l'âme. L'attitude de cette ville en 1815 n'est-elle pas une protestation significative contre les sentiments qu'on lui avait prêtés en 1814? MM. Ravez, Martignac, Peyronnet, les hommes du 12 mars s'enfuirent avec la duchesse. Le duc d'Angoulême, fait prisonnier, fut relâché sur l'ordre de l'empereur. Le midi s'est bientôt calmé et l'ouest ne se soulève point à la voix du duc de Bourbon. Partout en France flotte le drapeau tricolore. Que va faire Napoléon? Il offre la paix à l'ennemi et il a raison de l'offrir; mais la paix est impossible, malgré les espérances dont on berce encore le pays. La guerre de plume, de déclarations, d'observations, d'exposés de principes, prélude, entre le congrès de Vienne, le cabinet des Tuileries et la cour de Gand, à une guerre plus décisive. Il fallait, nous l'avons dit, la rendre nationale, et pour cela s'emparer, en le satisfaisant, de l'énergique besoin de liberté que manifestait la nation, que les Bourbons avaient invoqué trop tard, que l'exilé de l'île d'Elbe venait, à son retour, d'exalter encore. Mais le voilà recomposant déjà sa cour impériale comme Louis XVIII a recomposé sa royale maison. Il ne fait à l'opinion publique que des concessions étroites et il les fait avec répugnance, surtout celle de la liberté de la presse. Quant au reste, il ne donne que de vaines paroles. Déjà les patriotes le gênent, sa situation est équivoque : elle offre un mélange de constitutionnalité et de dictature. Du reste, son activité administrative et militaire est, comme toujours, prodigieuse ; il réunit une armée de trois cent mille hommes sans compter l'appel des conscrits. Cependant la Vendée se ranime et divise les forces impériales ; Murat, que son impatience a emporté, perd une grande bataille et le trône ; les troupes autrichiennes qu'il aurait tenues en échec deviennent disponibles contre la France.

A Gand, on se venge de l'empereur en le traitant de flibustier ; en famille on accuse les idées libérales des malheurs de la restauration. *Monsieur* déclame contre les jacobins. Chateaubriand fait un rapport contre l'usurpateur qui s'était glissé, disait-il, par une porte secrète ; il compare Napoléon à un chef de Bédouins. Ce rapport avait sur d'autres points un caractère plus digne : il convenait des méprises du ministère ; il déclarait que, les Français aimant et voulant la liberté, il fallait suivre les mœurs et les opinions du siècle. Louis XVIII, dans son *manifeste*, ne se borne point à se faire fort, contre la rébellion, de la ligue des rois ; il parle des droits du peuple, il s'adresse aussi à l'opinion du siècle, aux idées libérales : « N'avez-vous pas votre grande Charte ? disait-il aux Français ; pure dans son principe, elle a été réglée entre votre roi et ses représentants; elle porte en elle-même le germe de toutes les améliorations......» N'était-ce pas reconnaître la faute de l'octroi et l'effacer autant qu'il se pouvait en ce moment?

Le congrès de Vienne avait d'abord mis Bonaparte hors la loi et offert contre lui aux Bourbons l'appui des baïonnettes alliées; la rapidité de ses succès et de son arrivée à Paris apporta quelques modifications au langage si ce n'est aux desseins du congrès. Il n'en fera pas moins la guerre à Napoléon; mais le rétablissement des Bourbons restera une chose accessoire. Talleyrand et l'Angleterre, qui avaient obtenu le premier point, savaient bien que le second deviendrait facile après la victoire; ils ne virent là que le renouvellement de la tactique de 1814 pour séparer le pays de Napoléon. Celui-ci cependant écrit aux souverains qu'il se résigne au traité de Paris et ne demande qu'à conserver la paix nécessaire à la France et à l'Europe. Les souverains ne veulent pas même recevoir ses lettres. Le *Moniteur* alors posant les principes du droit des nations en appelle à l'opinion du monde civilisé; et la diplomatie elle-même reconnaît la nécessité de s'adresser aussi à cette puissance publique. On objecte, dit-elle, le droit des états indépendants auxquels les autres états ne peuvent, sans usurpation, ni assigner une forme de gouvernement, ni imposer des lois ; la diplomatie reconnaît ces principes ; mais elle prétend que la liberté d'une nation de changer de système de gouvernement doit avoir ses justes limites et que les puissances étrangères ont le droit de protestation ; elles se croient donc autorisées non point à imposer un gouvernement à la France, mais à empêcher que sous ce titre il ne s'établisse en France un foyer de désordres et de bouleversements pour les autres états. La distinction, comme on voit, est délicate et presque subtile ; car si les puissances restent juges des limites assignées à l'indépendance des Français et du cas éventuel où il y aura désordre et non changement légitime, où il y aura danger pour elles, la France, si elle est la plus faible, relève de leur arbitrage et de leur suprématie ; si elle est la plus forte, elle retourne l'argument, et proteste à son tour, les armes à la main, contre le foyer de conspiration illibérale entretenu chez eux par les despotes. Tout se réduit alors à une question de chance militaire.

C'est cette chance qui reste à Napoléon et qu'il prétend se rendre de nouveau favorable grâce à son génie et à la bravoure disciplinée de ses soldats ; les patriotes prétendent de leur côté qu'aux soldats, il faut pour auxiliaires, dans cette lutte gigantesque, l'enthousiasme de la liberté ; ils se prêteront, s'il le faut, à une dictature démocra-

tique procédant par voie d'insurrection générale comme en 1792; mais l'empereur y répugne invinciblement. Je ne veux point, disait-il, être roi d'une jacquerie; s'il y a moyen de gouverner avec une constitution, à la bonne heure. Il voulait toutefois dater de la onzième année de son règne, comme Louis XVIII de la dix-neuvième du sien, et à plus juste titre, il faut le dire. Benjamin-Constant, malgré sa philippique récente, avait accepté un siége au conseil d'état et tenait la plume législative. Comment résister à Napoléon dont la parole familière et le regard avaient je ne sais quoi de magnétique! Du reste Benjamin-Constant passait d'une dynastie à l'autre sans changer de système politique; il était de l'école anglaise et tenait aux formes parlementaires. Napoléon s'y résignait, non sans répéter : On m'affaiblit, on m'enchaîne; la fibre populaire répond à la mienne, avec le peuple je serais fort; mais il faut qu'il reconnaisse le vieux bras de l'empereur D'un autre côté, il repoussait l'appel à la multitude, que proposaient les patriotes; il se défiait même de la fédération des faubourgs, tout organisée qu'elle fût militairement et pour la défense de Paris. Cependant il la passa en revue et sut trouver des accens qui lui allaient au cœur :
« Soldats fédérés, dit-il, si dans les hautes classes de la société il est des hommes qui aient désho-

noré le nom français, l'amour de la patrie et le sentiment de l'honneur national se sont conservés tout entiers dans le peuple des villes, les habitants de la campagne et les soldats de l'armée. »

Deux voies extrêmes s'ouvraient donc à Napoléon : laisser tout le pouvoir au peuple, et n'être que son général, ou bien se revêtir de la dictature. De bons citoyens pensaient que, dans ces conjonctures extraordinaires, le gouvernement populaire n'étant point organisé, l'Europe en armes cernant déjà la France, la dictature temporaire d'un homme de génie était l'unique moyen de salut. Napoléon, craignant de céder trop ou trop peu, prit une sorte de milieu. L'*acte additionnel* parut : c'était une autre charte; il était plus libéral peut-être; mais il continuait l'empire comme elle avait continué la monarchie; ce n'était pas l'œuvre des représentants de la nation, c'était un octroi, une suite d'articles supplémentaires aux constitutions impériales sous lesquelles on pouvait un jour l'étouffer; d'autre part, c'était une question de liberté, c'est-à-dire de controverse, de disputes intestines, se mêlant à une question absolue et d'une solution immédiate, celle de la défense du territoire et de l'indépendance. L'*acte additionnel* si différent des espérances qu'avait fait concevoir la déclaration du conseil d'état, produisit un désenchantement général. Cette déclaration qui protestait contre les concessions insuffisantes et illégales de Louis XVIII se fondait sur des principes autrement larges et libéraux. Partout il remontait à la souveraineté du peuple comme à la seule source légitime du pouvoir. L'acte additionnel émanait-il des mandataires du peuple? Un simulacre d'acceptation muette n'était qu'une déception de plus. Sur ces entrefaites, le champ de mai convoqué pour une grande démonstration nationale, s'assemble, et n'offre dans les discours et les costumes qu'une représentation de théâtre, qu'une cérémonie orientale. L'allocution seule de Napoléon fit contraste avec ces pompes d'opéra par une noble simplicité : « Empereur, consul, soldat, je tiens tout du peuple, disait-il; ma volonté est celle du peuple, mes droits sont les siens. » Ce langage avait un profond retentissement dans les masses. La chambre des représentants succède au spectacle du champ de mai, et déjà commencent les premiers froissements entre elle et le chef de l'état. Ce sont deux puissances qui se craignent et s'observent. N'imitons pas l'exemple du Bas-Empire, disait Napoléon qui comprend que tout est pour lui dans l'issue de la campagne prête à s'ouvrir : vainqueur, ne balaiera-t-il pas les *bavards* de tribune, comme parle l'état-major? vaincu, il sera livré par eux. Il part donc pour se mettre à la tête de l'armée; il part, et de cette puissante volonté qu'il exerce sur lui-même, il chasse les sinistres préoccupations que nous ont révélées les confidences de Sainte-Hélène. Comme ces lueurs funèbres qui apparaissent, dit-on, aux environs des tombeaux, des pressentiments le surprirent pour la première fois en 1812, puis s'évanouirent pour se renouveler, s'éloignèrent encore et revinrent de nouveau. Dès le lendemain de son entrée triomphale à Paris, les voilà qui renaissent; il sent autour de lui une atmosphère glaciale; il éprouve une sorte de saisissement; on dirait qu'une voix intérieure lui crie que c'en est fait, qu'il a régné. Mais la voix se tait au bruit de guerre qui a retenti.

Cependant Fouché s'empare de l'influence sur la chambre. Lafayette, sorti de sa patriarcale retraite de Lagrange, avait reparu quelques mois auparavant, attiré par les signes précurseurs d'une prochaine révolution; Lafayette, principe républicain vivant, était député; Manuel débutait dans la même carrière, non pas sous la direction mais jusqu'à un certain point sous les auspices du duc d'Otrante. Avec Manuel et Lafayette se distinguent Lanjuinais, Lambrechts, Voyer-d'Argenson, Dupont (de l'Eure), Flaugergues, Girod (de l'Ain), Bedoch, Delessert, Laffitte, Bérenger (de la Drôme), Dupin, Roy, tous ces noms que nous verrons reparaître dans les annales parlementaires de la seconde restauration; l'ancien membre du comité de salut public, Barrère, reparaissant après un long oubli, se montre près de Garat, à la chambre où siégent avec eux d'autres conventionnels; l'ancienne génération révolutionnaire et la nouvelle génération libérale y forment la majorité.

Vers ce temps, M. Guizot, suspect au nouveau gouvernement et désespérant lui-même de la cause impériale, combattue par l'Europe, s'étant concerté avec quelques amis, au nombre desquels se trouvait M. Royer-Collard, se rendit de Paris à Gand où il eut plusieurs entretiens avec le roi, auquel il avait mission, dit-il, de faire entendre des conseils utiles. Ces conseils, s'ils furent ceux de la modération, n'ont pas porté leur fruit. De Gand, des intrigues se nouaient non-seulement avec les royalistes de la capitale et des provinces mais avec plusieurs généraux de l'armée du nord. Bourmont et Clouet ne tardèrent pas à passer du camp français au camp ennemi. Il serait à désirer que tous les traîtres eussent suivi cet exemple; il ne serait pas resté dans les rangs des instigateurs de désordre qui criaient : *Sauve qui peut!* Mais gardons-nous d'attacher à ces causes accessoires une importance qu'elles n'ont pas. Le *sauve qui peut* était, en 1815 comme en 1814, le cri intérieur de bien des dignitaires qui auraient rougi d'aller de leur personne à

Gand, mais dont la pensée s'égarait vers les antichambres des Tuileries, ou se réfugiait avec anxiété sous les ombrages de leurs *villas*. La vue se trouble quand la conscience n'est pas nette, et, pour tout dire, quand la conviction flotte entre deux gouvernements. Napoléon, admirable général, était lui-même trop empereur : Il avait aussi sa vieille cour d'officiers généraux. Ils étaient fatigués, démoralisés. Ney, que ses souvenirs assiégent, n'est plus qu'un soldat intrépide. Le maréchal Grouchy, dont le corps d'armée, survenant à propos, eût décidé de la victoire, ne recevant point d'ordre, car l'ennemi les interceptait, ne sut prendre aucune détermination hardie; et au lieu de marcher au bruit de la canonnade, comme le lui conseillaient avec instance le général Gérard et plusieurs officiers supérieurs, il reste immobile. Blücher rejoint Wellington presque aux abois et avec lequel va tomber la tête de la coalition: les deux armées anglaise et prussienne poussent contre nos troupes surprises, et trop peu nombreuses, leurs masses réunies : ils sont trop ! Après des prodiges de bravoure et de dévouement de la part des soldats français, qui meurent et ne se rendent pas, la catastrophe de Waterloo est consommée.

La cour réfugiée à Gand pousse un long cri de joie. « La victoire la plus complète vient d'être remportée sur l'ennemi et l'oppresseur de la

France, s'écrie le *Journal Universel;* l'audace de l'usurpateur, son plan d'agression longtemps médité, la rage féroce de ses complices, le fanatisme de ses soldats, tout a cédé au génie du duc de Wellington; l'armée de Bonaparte, cette armée qui n'est plus française que de nom, a été vaincue et presque entièrement détruite. »

Cette désastreuse nouvelle vole aussi vite à Paris que l'avait fait naguère l'aigle impériale triomphante. La formidable et victorieuse coalition remplit de terreur la capitale sans armée. La chambre est dominée à l'instant de l'idée de se débarrasser de Bonaparte, disposition dans laquelle l'entretenait avec soin Fouché, qui s'entendit avec Lafayette pour l'exécution de ce projet. Lafayette se charge de prendre l'initiative. C'est son rôle; mais qu'y a-t-il de commun entre le duc d'Otrante et lui? Cependant l'empereur arrive à Paris, précédé, comme après la campagne de Russie, du terrible bulletin. Il descend à l'Élysée. Il me faut, dit-il en arrivant, une dictature temporaire. Carnot partageait cet avis; mais Lafayette frappe le coup convenu. La chambre se constitue en permanence; elle déclare la patrie en danger; elle sépare de sa cause la cause de l'empereur; c'est ce qu'avait fait le congrès de Vienne; c'est un stratagème de l'ennemi. En vain le piége est signalé par Lucien : « Nous avons assez fait pour Napoléon, réplique

Lafayette, qu'a-t-il encore à demander à la France? notre devoir est de sauver la patrie. » Il est vrai; mais la sauverez-vous? mais la patrie n'a-t-elle rien à demander à Napoléon? n'a-t-il rien à faire pour elle? N'importe! De toutes parts, dans les chambres, dans les salons, on sollicite l'abdication de l'empereur. Les fédérés, et en général le peuple, éprouvaient un tout autre sentiment. Les Champs-Élysées, les alentours du palais retentissaient des cris de *vive l'empereur!* Vous les entendez, disait celui ci; il ne tiendrait qu'à moi de prendre cette dictature que me refusent les chambres. Et pourtant, pressé par son entourage, il abdique, tant les plus dures extrémités lui semblaient encore préférables à celle de déchaîner le lion révolutionnaire! Peut-être, au reste, était-il bien tard alors; mais, à coup sûr, il était temps au 20 mars. Derrière cinq cent mille baïonnettes, voyez-vous, à sa voix, un million de piques, hérisser le sol et successivement se transformer en fusils; toutes les vieilles armes, tous les vieux canons mis en état de servir; les citoyens qui ne peuvent marcher à la frontière, garder les places fortes; des retranchements s'élever, les paysans, par bandes de partisans, faire une défense de guérillas? L'enthousiasme eût, au retour de l'île d'Elbe, rendu tout possible; mais l'acte additionnel l'avait éteint; Waterloo venait d'engloutir notre armée, et l'empereur ne voulait point de jacquerie. Il abdiqua donc, mais en faveur de son fils. Ce furent à la chambre des trépignements de joie quand on apprit cette abdication. On crut avec candeur que tout obstacle pour négocier avait disparu. La chambre se flattait d'obtenir l'indépendance et l'intégrité du territoire et d'échapper aux Bourbons. Elle nomma une commission du gouvernement qui choisit pour président Fouché: les assemblées et les commissions manquent rarement de se livrer à ceux qui les livrent. Les autres membres étaient Carnot, Caulaincourt, Grenier, Quinette. Des parlementaires, présidés par Lafayette, vont auprès des alliés auxquels Fouché mande de ne pas s'arrêter à leurs propositions. Ce n'était pour lui qu'un moyen d'écarter Lafayette et d'éluder les exigences de la chambre, tandis qu'il traçait le plan à suivre pour la rentrée de Louis XVIII, et lui préparait les voies. Le duc d'Otrante jouait en 1815 le rôle qu'avait joué en 1814 le prince de Talleyrand. Les plénipotentiaires français ne sont point reconnus par les chefs des armées coalisées, qui les écoutent toutefois officieusement, soit politesse, soit surtout politique, pour gagner du temps et se concerter avec le duc d'Otrante. Ce dernier voyait avec inquiétude le voisinage de Bonaparte. Ne pouvait-il venir à celui-ci la pensée de se mettre à la tête de l'armée qui se ralliait sous Paris ? Dans cette armée, dans le peuple, il y avait un même sentiment, et il était favorable à Napoléon II. Pour cette cause, l'enthousiasme et le désir de combattre étaient manifestes. Militairement tout n'était pas perdu encore : quatre-vingt mille hommes déterminés protégeaient Paris sous le commandement du prince d'Eckmülh; mais Davoust négociait d'accord avec Fouché, tandis que ces retards indignaient les troupes; tandis que le général Excelmans, par une attaque hardie et heureuse, montrait combien l'ennemi était vulnérable; tandis que Bonaparte, de sa retraite de Malmaison, sous la garde de Béker, remarquant la fausse position de Blücher, et n'ignorant pas combien son abdication avait consterné les troupes, offrait comme capitaine ses services que voulait accepter Carnot, que Fouché repoussa, méditant dès-lors de livrer Napoléon aux Anglais. La chambre de son côté repoussait hautement les Bourbons. Fouché, pour se soustraire au danger le plus imminent, propageait, dans le sein du gouvernement provisoire, la pensée d'un armistice, et sous main pressait Wellington de hâter sa marche. Il ne négligeait pas cependant la question politique. Ses intrigues étaient à double fin. Il fit tâter au sujet du duc d'Orléans, Wellington qui répondit à ce qu'on prétend : « Ce ne serait qu'un usurpateur de bonne maison. » Alors Fouché se tourna tout à fait du côté de Louis XVIII. Il s'était ourdi parmi les royalistes un petit complot dont l'intention, fort excusable, témoigne d'une juste appréciation de la conscience publique que révolte toujours, dans une question intérieure, l'argument de la force étrangère. Ces royalistes voulaient organiser un mouvement insurrectionnel en faveur des Bourbons. La garde nationale prévint cette insurrection qui devait ouvrir les portes de Paris au roi et faire croire que c'étaient les gardes nationaux eux-mêmes qui prenaient cette initiative. Le 3 juillet, il fut décidé par la convention de Saint-Cloud que Paris serait livré à l'armée anglaise et à l'armée prussienne. Ce jour même, les chambres mettent la cocarde, le drapeau et le pavillon aux trois couleurs sous la sauvegarde spéciale des armées, des gardes nationales et de tous les citoyens. Le 5, paraît ce qu'on peut appeler l'acte testamentaire de la chambre des représentants, la déclaration qui applique à la monarchie constitutionnelle les grands principes de la souveraineté nationale. Par un simple ordre du jour, aux termes de la loi fondamentale sous laquelle les électeurs l'ont nommée, elle avait reconnu implicitement le fils de l'empereur ; mais la prévision d'une violence prochaine lui imposait des devoirs qu'elle remplit avec énergie et dignité dans ses adieux au pays, adieux prophétiques dont nous avons vu l'accomplissement en 1830.

Les chefs de onze légions et les majors de la garde nationale déclarent, à leur tour, par un acte public, qu'ils tiennent à honneur de conserver les couleurs nationales qui ne pourraient d'ailleurs être abandonnées sans péril. Ils affirment que leur opinion individuelle est celle de la très-grande majorité de leurs frères d'armes. Cette déclaration fut portée à Louis XVIII, par une commission de trois membres au nombre desquels était M. L. de Girardin. Le roi répondit qu'il aurait pu adopter la cocarde tricolore après la première restauration; mais qu'il ne le pouvait plus après qu'elle avait servi de signe de ralliement à l'usurpation. Déjà le duc d'Otrante, exposant la situation du pays au roi, avait proposé à sa politique prudente l'adoption de la cocarde tricolore, et sur le refus péremptoire de Louis XVIII, il s'était aisément rabattu sur la question ministérielle, peu touché de son échec comme citoyen puisqu'il emportait la promesse du portefeuille de la police. Ces choses se passaient tout près de Paris dont le roi attendait que les troupes étrangères lui eussent ouvert les portes. Paris, en effet, ne tarda point à être déclaré hors d'état d'être défendu, déclaration que Fouché et Davoust obtinrent d'un conseil choisi auquel ils posèrent des questions captieuses; et la capitale subit une capitulation nouvelle.

L'indignation des troupes françaises fut difficile à contenir. Frémissantes de douleur et de honte, elles effrayaient la commission du gouvernement, qui n'avait pas les fonds nécessaires à leur solde. Cela eût fort peu importé aux soldats si on les eût menés à l'ennemi; mais en ce moment d'exaspération tout était à craindre si un nouveau motif de mécontentement venait déterminer une explosion. M. Laffitte qui, déjà, en 1814, avait fait ses preuves de désintéressement par le refus des émoluments attachés au poste de gouverneur de la banque, M. Laffitte, dépositaire des épargnes de Napoléon, se chargea des avances nécessaires, et l'armée fut dirigée sans troubles vers la Loire.

Tandis qu'Autrichiens, Russes, contingents des états d'Allemagne, arrière-garde anglaise et prussienne, débouchent, en masses compactes, par toutes nos frontières où ils trouvent dans les royalistes des auxiliaires empressés, Wellington et Blücher, à la tête de leur avant-garde, qui s'était hâtée sur l'avis du duc d'Otrante, font leur entrée dans la capitale, en maîtres, avec un insultant cliquetis d'armes et un grand fracas de caissons.

Le 7 juillet, la chambre des représentants délibérait sur un projet de constitution; son président reçoit du président de la commission du gouvernement provisoire une lettre dont il donne lecture : Cette lettre annonce que les souverains se sont engagés à replacer Louis XVIII sur le trône et que les troupes étrangères occupent les Tuileries, lieu où siégeait le gouvernement provisoire; celui-ci, n'étant plus libre, s'était séparé. Cette fois les Bourbons sont imposés à la France avec toute la rudesse d'un vainqueur dédaigneux des plus simples égards et du droit des gens envers les vaincus.

La chambre reste calme. Manuel reproduit la phrase de Mirabeau qui ne pouvait pas trouver une plus imposante application : « Nous sommes ici par la volonté du peuple, nous n'en sortirons que par la force des baïonnettes. » Le lendemain, dès la pointe du jour, toutes les avenues du palais Bourbon sont occupées par la force armée.

La capitale offrait en ce moment un étrange et douloureux spectacle. Le drapeau blanc y reparaissait en face de la cocarde tricolore que conservait la garde nationale. Les Prussiens campaient sur les places publiques tenant comme en état de blocus la population morne et indignée. Sur les mêmes murs on voyait affichées en regard les proclamations royales, la déclaration des représentants, la constitution, la capitulation. Quel enseignement offert aux peuples ! Quel aliment pour l'intelligence et pour les passions ! Est-il un gouvernement qui puisse se flatter d'effacer de pareils souvenirs et de se soustraire à leur influence ?

Aux *Cent-Jours*, mélange bâtard de république sans énergie, d'empire sans ses grandeurs et ses victoires, mais durant lesquels les idées constitutionnelles se développent, le système représentatif grandit, aux *Cent-Jours* succède une seconde restauration; celle-ci, pleine des ressentiments d'une humiliation, d'une catastrophe récente; et bien évidemment, cette fois, œuvre de l'étranger, de nos ennemis les plus directs, l'Anglais et les Prussiens, vainqueurs à Waterloo.

Cédant à la première impression de la victoire de Mont-Saint-Jean, Louis XVIII s'annonce d'abord en monarque irrité qui va se venger de la révolte de ses sujets et punir les coupables; ce mouvement se tempère ou se dissimule grâce à la réflexion et aux bons conseils; dans la proclamation de Cambrai le roi avoue que des fautes ont pu être commises par son gouvernement; il déclare qu'il n'a pas permis aux princes de sa famille de paraître dans les rangs étrangers, déclaration dont la convenance est appréciée, mais qui ne saurait faire illusion sur la solidarité des Bourbons avec la ligue des rois; Louis XVIII se présente enfin comme placé entre les alliés et les Français pour protéger ceux-ci. Nous verrons comment il les protégera et nous venons de voir, en attendant, qu'il n'a voulu se rendre ni aux sollicitations politiques de Fouché, ni au vœu formel des citoyens ; qu'il a mieux aimé subir le protectorat étranger que la loi du pays. Arrivé dans ces dispositions aux portes de Paris, il persiste. Le nouveau commandant de la garde nationale publie donc un ordre du jour pour annoncer que Louis XVIII ordonne de reprendre la cocarde blanche et d'arrêter les individus qui paraîtraient avec d'autres signes. Cependant Sa Majesté veut qu'on use d'indulgence envers ceux qui, ayant renoncé à la cocarde tricolore, ne reprendront pas la cocarde blanche. Des considérations générales précèdent cet ordre du jour. C'est de ce signe, dit-on, qu'une *ancienne faction* s'est emparée. Ainsi la chambre, l'armée, la garde nationale sont traitées de faction. Un second ordre du jour tâche de raccommoder le lendemain cette maladresse, mais elle n'en reste pas moins comme l'expression naïve de la pensée des royalistes.

§ V.

RENTRÉE DE LOUIS XVIII A PARIS.— DANSES ROYALISTES. — ÉTAT DE LA CAPITALE OCCUPÉE PAR L'ENNEMI. — NOUVEAU MINISTÈRE. — LA RÉACTION. — LE PAVILLON MARSAN. — TALLEYRAND.—FOUCHÉ. — MINISTÈRE RICHELIEU. — MASSACRES DANS LE MIDI. — LA CHAMBRE INTROUVABLE. —TRAITÉ DU 20 NOVEMBRE. — PROSCRIPTIONS. — COURS PRÉVOTALES. — CONSEILS DE GUERRE. — MOUVEMENT LIBÉRAL CHEZ LES ÉTRANGERS. — SESSION DE 1815. — ORDONNANCE DU 5 SEPTEMBRE 1816. — LA SAINTE-ALLIANCE.

Le 8 juillet, le baron Muffling étant gouverneur militaire de la ville, et ayant publié un ordre du jour qui ordonne de faire feu sur quiconque braverait les alliés de la parole, du geste ou du regard, Louis XVIII, pour la seconde fois, fait son entrée dans Paris. L'armée de ligne tout entière s'était mise en marche pour se retirer au delà de la Loire; la garde nationale parisienne ne s'est point assemblée; aucune troupe française, par conséquent, ne forme la haie sur le passage du roi, comme à la première restauration. La douleur de voir Paris occupé par les soldats anglais et Prussiens, et la crainte de s'exposer à quelques violences tiennent les habitants de la capitale enfermés dans leurs maisons. La voiture royale, précédée d'une centaine d'hommes en costume de gardes nationaux, qui s'étaient portés spontanément à Saint-

Denis, avait pour escorte un détachement de gardes-du-corps et quelques courtisans à cheval qui suppléaient au nombre par les transports d'une allégresse bruyante. La voiture allant au pas de course, les personnes qui la devancent ou l'accompagnent sont obligées d'aller aussi vite qu'elle pour n'être pas dépassées. Couvertes de sueur et de poussière, le visage enflammé par l'exaltation et la fatigue, poussant des cris de triomphe et courant en désordre, ces personnes présentent un spectacle étrange au milieu d'une population rare et muette.

Lorsque Louis XVIII fut parvenu aux Tuileries, le jardin ne tarda pas à se remplir d'une foule bizarrement composée. On y voyait en même temps des soldats prussiens à la taille pincée comme de grosses guêpes, des soldats anglais avec leurs habits rouges, leur démarche raide et leur face immobile; car nous peignons ici d'après l'impression populaire; des étrangers qui semblaient jouir de l'abaissement de la France; et au milieu de tout cela, quelques hommes portant la cocarde blanche, des femmes et de jeunes filles élégamment vêtues et faisant entendre le cri de *vive le roi!* Des danses se forment, des dames vont inviter les hommes qui se tiennent à l'écart; des mères de famille richement parées vont prendre hardiment des soldats anglais, placent leurs mains dans les mains de leurs jeunes filles et les font danser en rond ; d'autres saisissent par le milieu du corps des soldats prussiens et les entrainent pour valser avec eux. Les danses se renouvellent tous les jours et ne sont pas interrompues par l'explosion de la mine au moyen de laquelle les Prussiens tentent de faire sauter le pont d'Iéna dont le nom leur rappelle d'anciennes défaites. Ce ne fut pas sans peine que Louis XVIII obtint de l'intervention du czar qu'on lui épargnât cet acte de vengeance sauvage. Il fit valoir les termes de la capitulation qu'il oublia lorsqu'elle pouvait sauver la vie à des Français. La capitulation n'empêche point les soldats alliés de menacer la Colonne et de faire main basse sur les monuments dont les souvenirs irritent leur amour propre devenu farouche par la victoire. Ils enlèvent brutalement du Musée les objets d'arts, et cette expédition de Vandales est un texte de plaisanteries pour la *Quotidienne*. Louis XVIII se borne à une petite protestation de bouderie contre cette spoliation : il fait fermer les fenêtres du château qui donnent sur le Carrousel.

Environ cent cinquante mille ennemis occupaient la capitale, et la plupart ne demandaient peut-être qu'un prétexte pour la mettre au pillage. Il fallait nourrir, loger et contenir cette multitude de soldats. Cependant des Anglais et des Prussiens prodiguent à leurs chevaux le pain et le blé. Le XIIe arrondissement, le plus froissé et le plus pauvre, est devenu désert, les habitants ont pris la fuite. Des viols nombreux, des excès de tout genre attestent la présence d'une soldatesque effrénée; si les riches quartiers oublient ou ressentent moins ces outrages, les faubourgs s'en souviendront. La garde nationale n'avait pas seulement à s'opposer aux désordres des troupes étrangères ; elle devait prévenir aussi les agressions ou les représailles des ouvriers qui, récemment armés en tirailleurs, pouvaient compromettre la ville. Il fallut les désarmer, opération qui exigea autant de fermeté que de prudence, bien qu'elle soit restée incomplète. Des officiers de la maison du roi se livrèrent à des actes de violence envers les personnes qu'ils supposaient attachées à la cause impériale; la garde nationale intervint, son autorité fut méconnue et plusieurs citoyens furent blessés.

Le spectacle qu'offrait l'occupation de Paris en 1815, différait d'une manière bien plus affligeante de celui qu'elle avait offert en 1814. A la seconde invasion les sentiments de méfiance, de haine, de vengeance se portent sur la nation. Tous les points par où la population aurait pu se réunir sont hérissés d'artillerie. Sur le Pont-Neuf, deux pièces de canon occupent le côté du sud, de manière à balayer la rue Dauphine; deux autres pièces braquées à l'extrémité du nord enfilent la rue de la Monnaie. Sur le Pont-Royal, deux pièces sont dirigées vers la rue du Bac, et deux autres vers le château des Tuileries. Des dispositions également menaçantes ont été prises sur les quais, les boulevarts, dans les principaux carrefours. Les canonniers, toujours à leurs pièces, mèche allumée, se tiennent prêts à mitrailler la population aux moindres apparences de mouvement. De nombreux détachements de régiments ennemis campent sur les principales places publiques; la cour des Tuileries est transformée en un immense bivouac. Ces mesures n'étaient que le prélude des conditions humiliantes et dures auxquelles la France allait être soumise. La masse de la population parisienne attendait dans une consternation pleine d'amertume. Ceux que leurs affaires appelaient hors de chez eux parcouraient les rues d'un pas rapide et semblaient craindre de s'aborder; quelques-uns, dans leur désespoir, osaient prendre tout haut date du passé pour en appeler à l'avenir.

C'était sur les cadavres de trente mille Français, et au milieu de toutes les horreurs et de toutes les indignités de la conquête; c'était le fusil sur la poitrine des représentants de la nation, et en foulant aux pieds la cocarde dont la garde citoyenne réclamait le maintien, que rentrait, cette fois, l'émigration, le parti royaliste, orgueilleux et ulcéré en présence de la révolution abattue, mais non par ses mains : il lui faut sa victoire aussi. Déjà la réaction sanglante prélude par des massacres, à Marseille et à Nîmes, aux lâches vengeances dont Waterloo est le signal. Le nouveau ministère se forme, sous ces auspices, avec l'appui et dans le cabinet de lord Wellington. Talleyrand, Fouché, Gouvion-Saint-Cyr, Decazes à la préfecture de police, témoignent moins encore des intentions conciliantes du roi, que de l'ascendant des vainqueurs qui trouvent plus de garantie dans la modération, et qui veulent que la haute direction des affaires soit aux mains de leurs protégés. Mais le rôle de modérateurs ne peut aller qu'aux hommes investis de l'autorité morale : le prince de Bénévent et le duc d'Otrante n'ont que de la rouerie; c'est là aussi tout ce que le roi peut opposer aux passions qui l'assiégent. D'ailleurs lui-même n'a pas de confiance dans les deux ministres que l'étranger lui impose : tous les deux avaient, durant les *Cent-Jours*, incliné en faveur du duc d'Orléans, l'un au congrès de Vienne, l'autre auprès du généralissime anglais. Mais ces rancunes se perdent au milieu de la tempête qui s'élève : et ministres et roi et chefs alliés, vont bientôt être enveloppés, emportés par le tourbillon où se meut le vindicatif faubourg Saint-Germain. Dans ce foyer, le comte d'Artois a son gouvernement. Ses ministres sont les de Bruges, les Polignac, les Vitrolles.

De la sphère du pavillon Marsan s'élance une nuée de dénonciateurs. Mais si les faubourgs sont à peu près désarmés, les troupes françaises présentent derrière la Loire une masse redoutable ; c'est un obstacle à l'essor du zèle. A chaque instant, d'ailleurs, les insolences de l'étranger, ses excès, peuvent amener un conflit. Cernée par les alliés, l'armée de la Loire ne tarde pas à recevoir l'ordre de licenciement auquel ces nobles débris de la grande armée, ces vieux compagnons de gloire et d'infortune n'obéissent qu'en versant des larmes ; mais ils obéissent enfin, ils immolent au repos de la France malheureuse cette autre patrie du drapeau, réfugiée au sein de leurs phalanges, murailles vivantes qui réparaient leurs brèches en face de la mitraille et qui s'écroulent, minées par la trahison.

A peine dispersés, ces braves sont poursuivis par l'injure, traités de brigands, signalés aux réacteurs ; et cependant les flots de Russes, d'Autrichiens, d'Allemands, débordés sur notre territoire, rejoignent les Prussiens et les Anglais ; le nombre de ces hôtes s'élève à huit cent mille. Forte de ces auxiliaires, la contre-révolution met la terreur à l'ordre du jour dans le midi. A chaque mesure que veut prendre le gouvernement de Louis XVIII, il rencontre l'opposition acerbe du gouvernement qui obéit au comte d'Artois. Talleyrand déclare que toute administration devient impossible, et demande que cet autre roi soit éloigné de France. Ce n'est pas que le ministère se refuse à faire justice des grands coupables, selon le langage du temps, mais il veut que cette justice s'exerce avec une certaine régularité administrative, et surtout avec assez de mesure pour circonscrire le nombre des coupables dans un cercle où les ministres eux-mêmes ne soient pas compris. Une liste de proscription, exigée par l'étranger, dressée par le duc d'Otrante, discutée en conseil, divisée en deux catégories, est donc livrée aux ardentes sollicitations des royalistes, qu'elle est loin de satisfaire. Sous la même influence, la magistrature est épurée, la pairie complétée, les colléges électoraux sont convoqués, cent millions levés extraordinairement en vertu de l'article 14. Quant à l'armée dissoute, elle sera recomposée sous l'inspiration directe de l'étranger et particulièrement de l'empereur Alexandre beaucoup moins jaloux, en 1815, de soutenir son renom de héros magnanime et libéral que de disputer aux Anglais la suprématie qu'ils affectent.

Les alliés présentent un *ultimatum* qui ajoute d'énormes sacrifices et un nouveau démembrement à ceux que la France a subis en 1814. Talleyrand objecte en vain le désir hostile qu'aura toujours la France de reconquérir ce qu'elle croira avoir injustement perdu. La coterie de *Monsieur* s'inquiète peu de ces considérations, et s'irrite de la marche circonspecte d'un ministère qui lui est odieux. Fouché, dans les salons qui précèdent le cabinet du roi, est traité de régicide. De son côté, il traite d'anarchistes et d'assassins les royalistes du midi, de désorganisatrices les affiliations qui usurpent en France l'autorité suprême : deux rapports, dont Manuel fut le rédacteur, dénoncent à Louis XVIII les violences et les crimes des bandes qui reconnaissent pour chef le comte d'Artois; mais les comités que préside celui-ci triomphent dans les élections. Voici venir la chambre introuvable, ainsi que l'a nommée Louis XVIII dans sa joie imprévoyante, chambre trouvée par le fanatisme, la violence et la servilité, au milieu de la stupeur générale. Le ministère, déjà fort ébranlé, achève de se briser au choc de la réaction organisée. Le duc d'Otrante, le bonnet rouge, comme parlaient les royalistes aux yeux de qui sa nomination avait été un sacrilége, comme elle était un scandale pour les patriotes qu'il venait encore de trahir, Fouché perd son portefeuille qu'il devait à la recommandation expresse de Wellington. Grâce à l'intercession de ce général avec lequel il était en correspondance dans les *Cent-Jours* et qui dit à Louis XVIII, « c'est au duc d'Otrante que vous devez d'être rentré à Paris, » grâce à cette apostille anglaise, Fouché obtient une ambassade, exil déguisé, que la loi d'amnistie changea bientôt en bannissement perpétuel et où il est mort avec amertume, bien que ce fût une fin trop douce pour tant d'infamies. Talleyrand, menacé, fait tête à l'orage, et sa disgrâce, colorée du titre de grand chambellan, est consolée par 100,000 fr. de revenus attachés à ce genre de haute domesticité. Et de plus, il est assez avisé pour laisser à son successeur le fardeau de la responsabilité du traité désastreux de 1815. Talleyrand, nous devons le dire, a l'honneur d'avoir refusé sa signature et son adhésion à cet acte, qui pèse d'un poids énorme sur la tête des Bourbons. Mais ne pèse-t-il pas aussi sur la tête de l'homme qui les a ramenés en 1814, qui, le premier, a montré à la coalition le chemin de Paris? Au fond de son hôtel, toujours bien avec la diplomatie étrangère, s'il est mal en cour, il guette, comme cet insecte immobile au centre de sa toile, l'instant où, prise au piége, sa proie est facile à saisir; c'est de là qu'il attend l'occasion de faire contre la branche aînée des Bourbons, en faveur de la branche cadette, ce qu'il a fait contre Napoléon en faveur de Louis XVIII.

L'ancien gouverneur d'Odessa, le duc de Richelieu, fut nommé président du conseil, par déférence pour l'empereur Alexandre, et M. Decazes succéda au duc d'Otrante dans le ministère de la police; où, causeur gracieux et complaisant, il puisa de nouveaux moyens de mériter les bonnes grâces du roi, et de devenir son favori. Mais quel rude noviciat pour sa jeune ambition! La presse britannique s'unissait alors à la presse parisienne pour pousser à la réaction et aux vengeances. La liberté en ce genre se confondait chez nous avec la licence ; tandis qu'une censure sévère comprimait les plaintes ou les répliques de l'opposition. Dans les salons du faubourg Saint-Germain régnait une atmosphère incandescente de haine contre-révolutionnaire. De jeunes femmes exaltées, au sortir des bras des mousquetaires, a dit un écrivain royaliste, faisaient de la morale sanguinaire contre l'infidélité politique. C'était chaque jour des motions ardentes contre les bonapartistes et les officiers à demi-solde. L'occupation étrangère avait pour Paris quelque compensation. Les officiers et les princes alliés y dépensaient beaucoup d'argent. Une partie des contributions de guerre retournait à la grande ville par la voie des restaurants, des cafés, des théâtres, des maisons de jeux, et de tous les lieux de plaisir et de débauche. Voilà de ces compensations de la défaite et de la honte, qu'acceptent les capitales, et qui achèveraient de les dénationaliser, si la foi patriotique ne se conservait dans les traditions populaires. Mais la souffrance et la misère étaient affreuses dans les provinces, foulées par les soldats ennemis, qu'il fallait héberger et satisfaire. Et dans quelques unes de ces provinces, l'ennemi n'était pas encore le pire des fléaux !

Nous avons indiqué les scènes atroces qui ensanglantèrent Marseille et Nîmes à la nouvelle de *la victoire* de Waterloo. Une troupe de sicaires, suivant le mot d'ordre de la royale ordonnance qui ameutait naguère contre Bonaparte les vengeurs de la cause des Bourbons, une troupe de sicaires *court sus* aux bonapartistes ou aux citoyens signalés comme tels, et les immole sur les cadavres des mamelucks, escadron de la garde impériale composé d'Orientaux réfugiés après la guerre d'Égypte et qui maudissent, en tombant percés de coups, l'hospitalité chrétienne. Mais ce ne sont pas quelques points, c'est tout le midi fanatisé par les agents du royalisme, par des proclamations provocatrices, par la présence du duc d'Angoulême, par les colères du comte d'Artois, par les applaudissements des nobles dames du faubourg Saint-Germain, et bientôt par les fureurs de la chambre des députés elle-même; c'est tout le midi qui se couvre de bandes d'assassins. La déclaration du congrès de Vienne n'a-t-elle pas mis Napoléon hors des relations sociales, ne l'a-t-elle pas livré à la *vindicte publique*, ne fait-elle pas à ses adhérents une guerre à outrance ? Ne sont-ils pas, dans le vocabulaire officiel lui-même, de grands coupables, des janissaires, des conspirateurs? L'exemple des proscriptions ne vient-il pas d'en haut? Les tables où l'on a signalé les proscrits par leurs noms ne sont-elles pas affichées? Les journaux n'ont-ils pas remarqué les omissions et comblé les lacunes? A Paris, au théâtre, du haut de leurs loges, des femmes n'ont-elles pas reconnu, parmi les spectateurs du parterre, des ennemis du roi qu'elles ont désignés aux gardes du corps? Tant d'excitations achèvent d'embraser les têtes méridionales : les meurtriers se recrutent et s'organisent en satellites d'une légitime et sainte cause. Leurs bandes parcourent les villes et les campagnes où elles font justice à leur manière. Les châteaux royalistes donnent asile à ces justiciers dont les hautes œuvres ont enfin éveillé la sollicitude de l'autorité supérieure. Mais elle est longtemps impuissante à calmer la frénésie que ses paroles et ses actes ont allumée, qui, près d'elle et jusque dans la famille royale, a des approbateurs si non des instigateurs. Dans ce conflit d'impulsions contraires, celles qui favorisent les vengeances, le déchaînement des passions atroces ou cupides sont seules obéies; le fatal tombereau se charge de victimes, le pillage se joint à l'assassinat; le plomb, le fer, le feu, le viol, sont à l'usage des cannibales de 1815 qui ouvrent jusqu'aux tombeaux pour d'immondes sacriléges et dansent autour de leurs victimes. Des prisonniers français sont fusillés sans jugement; d'autres sont livrés à la justice militaire de l'ennemi. Un régiment ne trouve pas de garantie dans la capitulation sous la foi de laquelle il s'est rendu. Et pourquoi les bourreaux de la province respecteraient-ils ce que les ministres et la cour des pairs ne respectent pas à Paris? Sans compter les malheureux soldats du 13ᵉ de ligne, près de cent victimes jonchèrent les pavés de Nîmes et d'Uzès. Les habitants, par milliers, prennent la fuite; il leur est enjoint de revenir sous peine de séquestration de leurs biens. Enfin, la clameur publique force l'autorité supérieure à intervenir; mais timides, ou complices de l'autorité occulte, avec quels égards ses agents ne parlent-ils pas aux dignes et braves gardes nationales dont les assassins portaient l'uniforme? L'administration locale excuse leurs *erreurs* et se borne à des recommandations et tout au plus à des injonctions comminatoires qui restent sans effet. Cependant à Montpellier des fédérés ont été poursuivis par cette garde nationale jusque chez le citoyen qui leur donnait asile et qui a payé de sa vie cet acte de générosité hospitalière; à Tarascon, des prisonniers sont arrachés des mains de la justice par leurs bourreaux que protége l'immobilité de cette garde nationale; elle n'empêche ni l'incendie, ni le sac des domiciles envahis, ni les horreurs de

Beaucaire, ni l'assassinat du maréchal Brune livré aux gémonies avignonaises, assassinat transformé en suicide par un procès-verbal imposteur; ni celui du général Ramel, torturé sous les yeux de M. de Villèle, maire de Toulouse, qui ne proteste pas contre cette abomination comme il a protesté contre la Charte; ni le lâche guet-apens sous lequel succombe le général Lagarde; et parmi ces victimes, il en est qui sont revêtues d'un caractère officiel! Le ministère de Louis XVIII prescrit enfin des poursuites judiciaires, envoie des garnisaires à Nîmes; mais la chambre, qui s'intéresse à une ville si pure, détourne cet acte de justice et de bonne administration. Elle prend la garde nationale du Gard sous son égide, et quand un acte de dissolution vient plus tard punir faiblement d'exécrables attentats contre toutes les lois divines et humaines, le comte d'Artois adresse à la garde nationale du Gard ses remercîments personnels.

Le fanatisme politique sans doute s'envenima dans le midi du fanatisme religieux; et bien des coups de fusil et de poignard furent dirigés contre les huguenots par des mains papistes; aussi les Anglais, qui ne s'étaient point émus comme hommes contre les proscriptions et les meurtres politiques, s'émurent-ils en qualité de co-religionnaires, et leur intervention fut utile aux protestants; mais elle n'arriva pas à temps pour sauver les premières et nombreuses victimes de cette nouvelle Saint-Barthélemy, et pour empêcher des femmes d'être fouettées publiquement avec des battoirs armés de pointes, pour soustraire aux égorgeurs des enfants et des vieillards. Elle ne prévint pas la hideuse célébrité des Truphémy, des Trestaillon, des Pointu et des Graffin.

Le parti royaliste qui osait dire en 1814 : *La révolution n'est qu'une rébellion de vingt-cinq ans*, est en mesure de la traiter comme telle en 1815 ; il procède contre les rebelles à la manière des Guise et des ligueurs; son chef est le comte d'Artois en proie à une fièvre continue d'indignation contre les Cent-Jours, promoteur ardent des proscriptions et qui lève la tête plus haut que le gouvernement; sa ligue, ce sont les bandes irrégulières de l'Ouest, et surtout les bandes fanatiques du Midi, les verdets, dont il est le roi; la duchesse d'Angoulême, plus violente encore et plus implacable, nourrit cette irritation réactionnaire qui s'organise en comités clandestins et permanents, et va passer à l'état de système politique dans la chambre sortie de l'action de ces comités. Une ordonnance électorale tout arbitraire, exécutée par les préfets dévoués au pavillon Marsan, avec un arbitraire plus illimité encore, appelle à la députation, au milieu de la double terreur qui éloigne du scrutin presque tous les électeurs dissidents, appelle des hommes choisis, d'un royalisme enflammé ; le scrutin, entouré de baïonnettes étrangères ou de poignards fanatiques sous la protection desquels une minorité est maîtresse du vote, le scrutin répond à l'ordonnance royale par delà les vœux de son auteur; jamais assemblée n'a moins représenté la France, n'a été prise plus en dehors de ses idées, de ses mœurs, de ses besoins, de ses intérêts; et cette assemblée presque constituante, en vertu de l'ordonnance qui la chargeait de réviser plusieurs articles de la Charte, n'avait pas même, à défaut d'esprit constitutionnel, le véritable esprit monarchique. Imprégnée de gentilhommerie provinciale, elle arrivait avec un programme qui n'allait pas à moins qu'à démolir tout l'ordre social nouveau pour le reconstruire tel qu'il était avant Louis XIII. Non-seulement elle voulait rendre le clergé propriétaire, maître de l'état civil et de l'éducation, mais elle prétendait séparer la nation en deux classes. le peuple et les grands terriens, espèce de modernes feudataires. Elle faisait main basse sur la classe moyenne, qui lui paraissait la fraction nationale la plus dangereuse. Telle était la grande majorité de la chambre de 1815 dans laquelle se glissa pourtant une minorité d'hommes plus sages, mais qui, avant tout, prudents pour eux-mêmes, résistèrent sans se compromettre, à peu d'exceptions près, et en s'abritant derrière la prérogative royale. *Monsieur*, jaloux de seconder une majorité si conforme à ses désirs, s'empara d'une puissante influence dans la chambre des pairs, que Louis XVIII venait de refondre pour en exclure les hommes du sénat, et de compléter par l'adjonction d'un grand nombre de membres pris dans les familles d'ancienne noblesse.

Le roi inaugura l'ouverture de la mémorable session de 1815, au mois d'octobre, par un nouveau serment que les princes, après lui, prêtèrent à la Charte, aux applaudissements de l'assemblée qui avait mission de *l'améliorer* en évitant, selon la recommandation royale, *le danger d'innover*. Les souverains alliés avaient, eux-mêmes, exigé des Bourbons cette adhésion formelle, non par un amour subit pour la liberté, mais par crainte de la révolution, qu'ils ne jugèrent pas à propos de pousser à bout. Jules de Polignac déclara que des scrupules de conscience ne lui permettaient de prêter serment qu'avec restriction. La chambre, présidée par Lainé, débuta, dans son adresse, par solliciter la justice du roi, disant que sa clémence avait été presque sans bornes.

Mais avant d'aborder la série des actes qui justifièrent ce début parlementaire, nous devons rappeler deux faits séparés par un court intervalle et dont les conséquences, unies dans tous les souvenirs, se prolongeront longtemps encore.

La Sainte-Alliance date du mois de septembre; ce fut, de la part d'Alexandre, une imagination mystique, enfantée sous le charme de madame de Krudner, qui avait passé du roman à la dévotion; ce fut aussi une œuvre expiatoire offerte aux mânes de Paul Ier. L'orgueil du czar et la conscience du chrétien furent également satisfaits de cet acte bizarre, qui le plaçait à la tête de la coalition européenne, avec une auréole de pieuse humanité. Louis XVIII s'empressa d'y donner son adhésion; il obtint celle de l'empereur d'Autriche et du roi de Prusse, qui ne virent pas de raison pour refuser à leur puissant allié cette satisfaction, sauf à tirer de cette fantaisie religieuse des résultats politiques fort positifs. La constitution anglaise ne permit point aux ministres de la Grande-Bretagne d'y apposer leur signature. Mais ce n'était là que le manteau de l'alliance; le corps véritable est le traité de Chaumont, renouvelé le 25 mars, refait, une troisième fois, après le traité de Paris, en 1815, fortifié en 1818, au congrès d'Aix-la-Chapelle.

Par le dernier traité de Paris, les limites de la France furent réduites à ce qu'elles étaient en 1790; les fortifications d'Huningue, œuvre de Vauban, et qui défendent notre frontière du Haut-Rhin, durent être rasées et il nous fut interdit de les reconstruire; on stipula une occupation militaire de cinq ans, qui pourrait être réduite à trois années, occupation par cent cinquante mille hommes entretenus à nos frais, et une indemnité de sept cents millions. Les indemnités à payer à chaque puissance s'élevaient à une somme plus forte; en tout, quinze cent trente-cinq millions. Tel fut le traité du 20 novembre. Il reçut comme complément une annexe sous forme de convention entre l'Autriche, la Grande-Bretagne, la Prusse et la Russie : cette annexe est la quadruple et très-peu sainte-alliance; c'est un acte de suspicion diplomatique, un système défensif et offensif, une assurance mutuelle des puissances contre nous; c'est de plus une menace permanente d'intervention armée dans nos affaires intérieures, et la négation la plus insolente et la plus brutale de notre indépendance politique et de notre droit à décider de la forme de notre gouvernement. Sous prétexte de se préserver d'un nouveau mouvement révolutionnaire, la coalition, appelant la stratégie à l'aide de ses doctrines de fraternité chrétienne, s'empare des têtes de pont et des points avancés, afin de marcher en France au premier signal, d'être à Paris en soixante heures, et d'y étouffer, à sa naissance, toute tentative réprouvée par elle. Prévoyant le cas d'une nouvelle usurpation, les alliés s'engagent à concerter les mesures qu'ils jugeront alors nécessaires à la sûreté de leurs états respectifs, et à la tranquillité générale de l'Europe. Enfin, ils garantissent la dynastie des Bourbons et la Charte comme essentiellement liées au repos de l'Europe. Cette convention fut communiquée au cabinet des Tuileries et accompagnée de conseils presque libéraux. Nos augustes créanciers savaient à quel prix était chez nous le calme nécessaire au crédit. Voilà ce qui explique leur action constitutionnelle en 1815, laquelle se prolongea jusqu'en 1818 pour faire bientôt place à une influence toute différente. Mais à cette époque ils s'effrayaient de la marche réactionnaire du pavillon Marsan et de la chambre.

La fin de 1815 et le commencement de 1816 furent, en effet, l'époque des épurations, des arrestations, des exils, des proscriptions et de toutes les mesures acerbes et arbitraires qui puissent revêtir la forme administrative et législative. Les princes, la duchesse, Jules de Polignac, les comités des provinces, les députés à Paris, se montraient infatigables dénonciateurs des fonctionnaires, qui parfois se dénonçaient entre eux. C'était le bon temps des ambitieux. Il est si facile de faire du zèle outré quand la ferveur conduit aux places! La chambre, de son côté, allait rudement en besogne; elle fit sa loi contre les cris séditieux, sa loi contre la liberté individuelle, sa loi de déportation, sa loi sur les cours prévôtales. Après les lois de suspects, il fallait bien une juridiction de suspects. Celli-ci jugeait sur l'heure et sans appel. Cette justice sommaire eut pour instruments quatre-vingt-cinq prévôtés qui couvrirent la France, M. Guizot étant secrétaire-général de la chancellerie, et Barbé-Marbois garde des sceaux. C'est l'époque où, pour avoir eu le courage de signaler les massacres du midi, d'Argenson eut l'honneur d'être rappelé à l'ordre; c'est l'époque de la triste célébrité des Sallaberry, des Castel-Bajac, des Trinquelague, des Clausel de Coussergue, des Corbière, des Vaublanc; c'est celle aussi des nobles harangues des de Serre, des Camille-Jordan ; c'est l'époque où la majorité accueillait une pétition qui sollicitait la tête de Masséna ; c'est celle où Duplessis de Grenedan demandait le rétablissement de la potence; où le vicomte de Bonald ne voyait dans l'échafaud qu'un moyen sûr de renvoyer un accusé par devant son juge naturel. La majorité élective avait des seconds dignes d'elle dans la pairie où les droits de l'humanité comptaient aussi quelques généreux avocats : Lanjuinais, de Broglie, Tracy. Le duc d'Orléans essaya de faire entendre quelques paroles de modération : le roi lui sut peu de gré de cette tentative, tout entourée qu'elle était de précautions oratoires et monarchiques, et son altesse sérénissime eut hâte de regagner Londres. C'est delà, dit-on, que dans les *Cent-Jours*, il avait adressé au congrès de Vienne deux mémoires relatifs aux fautes qui avaient amené la catastrophe des Bourbons.

Aux fautes succèdent les crimes en ce moment ; le bourreau est grand ministre de France, et il a pour assesseurs des magistrats, des patriciens, des officiers ; quelques conseils de guerre s'honorent toutefois par des acquittements ou des déclarations d'incompétence : au milieu des maréchaux se distingue le vénérable Moncey, qui expose au roi les motifs de son refus dans une lettre touchante, pleine de sages et d'inutiles avis. Labédoyère périt le premier : Labédoyère, généreux jeune homme, qui offrait à Napoléon son épée à condition que la France serait libre ; la tête de Ney, traduit devant la cour des pairs, est réclamée par le duc de Richelieu, au nom de l'Europe. Le général Bourmont témoigne contre le maréchal, Bourmont qui passant à Napoléon pour passer à l'ennemi, mérita par une double trahison le titre de sujet fidèle ; Bellart soutient avec ironie et fureur l'accusation que sept ministres ont signée et contre laquelle ne sauraient prévaloir les efforts de Dupin et de Berryer, avocats du maréchal, dont la défense n'est pas libre. La Dauphine, qui n'a eu pour madame Ney, qui n'aura pour madame Lavalette que des paroles dures et glacées, la Dauphine veut qu'on fasse un exemple ; la ligue des aristocrates et des rois le veut aussi; cet exemple est fait : le brave des braves tombe sous le plomb français, en présence et à la demande des étrangers, malgré la capitulation. Wellington devient complice par son silence : il n'a point à s'immiscer, dit-il, dans les actes du gouvernement français : loyal scrupule au moment où l'étranger gouverne la France ! Mais n'est-il pas du moins solidaire de la convention militaire de Paris ?

Tandis que ces scènes de honte et de terreur refoulaient dans les âmes, tout en l'excitant, une indignation qui devait éclater un jour; tandis que les idées libérales étaient une cause de proscription en France, elles s'imprégnaient vivement dans les cœurs russes, prussiens, anglais. L'armée prussienne, si sauvage à Paris, était dominée par les grandes pensées de patrie allemande et de liberté. C'est avec les mots de liberté et de nationalité qu'Alexandre avait ébranlé la Pologne. L'action des opinions françaises avait produit d'incroyables résultats. Les Anglais favorisaient nos proscrits, ils propageaient nos principes. Le roi de Prusse fut obligé de promettre une constitution; Guillaume proclama la loi fondamentale des Pays-Bas, et Alexandre rétablit le royaume de Pologne. Enfin, la tendance générale, en 1815, fut l'esprit de liberté et de constitution. Partout les gouvernements cherchaient à satisfaire en quelque chose le vœu des peuples. L'ère constitutionnelle de l'Europe semblait venue. Cet esprit universel des peuples contribua puissamment à modérer la réaction en France.

Cette réaction continua toutefois durant la majeure partie de l'année 1816. L'amnistie en porta de terribles marques. Presque tous les conventionnels furent bannis comme *relaps*, disent les motifs de cet acte étrange de mansuétude qui frappa d'exil plusieurs centaines de citoyens et reçut, par mesure de police, de nouvelles extensions. La police et la loi furent modérées, cependant, si on les compare aux catégories, vaste projet qui eut de nombreux et chauds partisans; les catégories, sorte d'extermination en grand et par masses, avaient leurs désignations toutes faites, leurs listes toutes dressées dans l'almanach impérial des *Cent-Jours* et dans les registres où étaient inscrites les signatures en faveur de l'*acte additionnel*. C'est à cette occasion qu'on entendit la Bourdonnaie s'écrier : *Des fers! des bourreaux! la mort! la mort!* Et il ne fut pas le seul à faire retentir ce mot lugubre qu'on retrouvait au fond des discours et des actes de beaucoup de députés et d'administrateurs qui s'abstenaient de le prononcer. Les corps judiciaires furent remaniés dans un sens trop conforme à cette meurtrière exaltation. Un historien accuse M. Guizot d'avoir procédé avec beaucoup de complaisance à ce remaniement. L'Institut n'échappa point à l'épuration générale qui atteignait toutes les administrations et tous les corps. Et déjà cependant le ministère se retenait sur cette pente ; il luttait contre l'entraînement. Il avait besoin des banquiers, et les banquiers à cette époque se montraient favorables aux principes constitutionnels par peur de l'exagération contraire. Ils acceptaient le fait accompli de la restauration, mais ils étaient au fond de leur siècle, et libéraux, par esprit de modération du moins. Le petit commerce s'attachait à la Charte telle que le roi l'avait donnée, depuis que la chambre voulait la changer, depuis que le comte d'Artois faisait ouvertement de l'innovation ultra-monarchique. Il se ralliait au roi contre l'aristocratie nobiliaire et sacerdotale représentée par son frère. Ces distinctions n'étaient pas à l'usage de la classe ouvrière, qui persistait dans ses anciens sentiments. Quant à la chambre, elle faisait révolutionnairement de la contre-révolution ; elle visait à l'omnipotence parlementaire ; elle voulait abaisser à trente ans l'âge de l'éligibilité, et appeler le peuple à l'électorat qui aurait eu deux degrés. Elle se flattait de dominer partout les populations comme dans l'Ouest et dans le Midi, de maintenir le grand nombre à l'état de clientelle envers le petit nombre, d'imposer enfin à la démocratie le patronage d'une sorte d'oligarchie foncière ; sa politique gouvernementale, en un mot, reposait sur deux idées : agrandir l'influence du clergé, reconstituer une noblesse ; les rattacher l'un et l'autre au sol par de riches domaines, concentrer ainsi les forces du gouvernement dans la main des aristocraties locales, par conséquent décentraliser l'administration. Ce système fut repris sous Charles X dont le règne a son programme dans l'histoire de 1815, sauf les atrocités que les trois jours ont rendues impossibles.

Mais les atrocités en 1815 et 1816 étaient à l'ordre du jour et comme l'état normal de la politique.

La fermentation parlementaire portait ses fruits. Alors périrent ensemble les frères Faucher nés ensemble, sans pouvoir trouver un défenseur dans tout le barreau bordelais ; alors Berryer, plus heureux devant le conseil de guerre que devant la cour des Pairs, ayant fait acquitter Cambronne, fut poursuivi par Bellart comme prévenu de doctrines séditieuses ; alors furent exécutés les généraux Mouton-Duvernet, Chartran, et furent condamnés à mort, aux galères ou à la déportation une foule de militaires livrés à des conseils de guerre composés d'anciens émigrés ; nos plus célèbres généraux n'échappèrent, la plupart, d'une exécution capitale que par la fuite ; ce fut pour quelques-uns une faveur d'être bannis, une grâce d'obtenir un cachot, où plusieurs perdirent la raison. Lavalette dut à un miracle de dévouement conjugal son évasion, qui fut un sujet de joie publique et fit pousser à la chambre des cris de rage; le député Sesmaisons demandait une enquête sur les causes qui avaient soustrait ce grand coupable à la guillotine où il était attendu avec impatience; alors Travot eut pour juge Canuel, qu'il avait combattu dans la Vendée; alors eut lieu cette épouvantable et mystérieuse affaire de Grenoble où sont compromis des noms qu'on s'étonne de voir associés dès cette époque : de malheureux paysans, attirés dans un guet-apens, et croyant aller à une fête, furent traités en ennemis armés ou en conspirateurs; on acheta 20,000 francs la tête de Didier, et un jeune homme de seize ans fut envoyé à l'échafaud par ordre télégraphique; ce sang rejaillit sur le ministre M. Decazes autant que sur le général Donnadieu, qui, l'un et l'autre, aujourd'hui encore, se renvoient cette affreuse responsabilité. Ces horreurs hâtèrent sans doute l'ordonnance du 5 septembre; mais les empiétements de la chambre sur l'autorité royale contribuèrent autant peut-être à la détermination de Louis XVIII que la rapidité de la course contre-révolutionnaire, dans laquelle la majorité précipitait avec elle le gouvernement.

Nous venons de parcourir, dans ses principales

circonstances et dans quelques-uns de ses détails caractéristiques, la première et double phase de la restauration, parce que la fin d'un gouvernement, ainsi que la remarque en a déjà été faite, s'explique par ses débuts ; il nous reste à compléter ce qui regarde la sainte-alliance, laquelle n'a pas des rapports moins étroits que les événements intérieurs avec la situation de la France et la révolution de juillet.

On a vu que la *sainte-alliance*, quant à sa formule religieuse, sortit de l'oratoire de madame Krüdner qui avait retiré du monde un cœur fort tendre pour le donner à Dieu, et qu'elle vint s'offrir aux hallucinations de l'empereur Alexandre, dans un élancement de conscience oppressée, comme une mission évangélique et réparatrice. Grâce à ce fruit d'une double extase, l'autocrate se regarda comme le *génie blanc* prédestiné à délivrer la terre du *génie noir :* Alexandre enfin se crut le Napoléon de la paix. Nous avons ajouté que ses augustes frères du continent n'eurent garde de refuser leur signature complaisante à ce grand acte de puérilité pieusement orgueilleuse dont leurs cabinets s'emparèrent bientôt pour en faire le cadre ou l'enveloppe d'une ligue toute politique. Aussi, dans la langue populaire, expression vague d'idées souvent précises et justes, la dénomination de sainte-alliance reste-t-elle attachée au système diplomatique qui a prévalu en Europe depuis le congrès de Vienne.

Le cabinet anglais, que la responsabilité parlementaire excluait d'une participation officielle à la ligue des souverains absolus, ne manqua pas d'y intervenir sous la forme constitutionnelle et beaucoup plus positive des traités. C'est là qu'en 1814, en sa qualité de notre plus ancienne et de notre plus constante ennemie, et comme étant l'âme et la créancière des coalitions tant de fois vaincues par la France et toujours renaissantes, c'est là qu'en 1815, grâce au poids dont elle pesait dans la balance par la victoire de Mont-Saint-Jean, c'est dans la solution diplomatique d'une longue lutte, que l'aristocratie anglaise eut la haute main et fit prévaloir tout ce que sa vieille haine et son ambition rivale méditait depuis longtemps contre nous. Le génie de ses plus profonds ministres s'était évertué, depuis la révolution, à trouver les moyens de renverser la nouvelle puissance française et de la mettre en harmonie avec ce que les aristocraties européennes appellent l'intérêt général. Pitt, en rentrant au ministère en 1805, avait conçu le plan qui, en 1813, fut remis par le cabinet anglais sous les yeux de l'empereur Alexandre, à savoir 1° de soustraire à la domination de la France les contrées qu'elle avait subjuguées depuis le commencement de la révolution ; 2° de former une barrière contre ses projets d'agrandissement futur ; 3° d'établir une garantie pour la sûreté mutuelle des différents états, et de fonder un système général de droit des gens : les congrès nous ont appris que ce droit n'est pas celui des peuples. Lord Granville, à l'époque du consulat en France, ne cachait point que le garant le plus naturel de ce système à ses yeux, c'était le rétablissement des Bourbons. De son côté, lord Castlereagh a déclaré en plein parlement que le rapprochement de la France et de la Prusse, par l'établissement de celle-ci dans l'entre-Meuse et Rhin, datait du temps de Pitt et qu'il était une conception de ce ministre illustre.

Si, d'autre part, on se reporte au manifeste du duc de Brunswick à l'époque du traité de Pilnitz, on retrouvera tous les éléments, toutes les idées premières et constantes qui ont concouru en 1814 et en 1815 à l'accomplissement des traités dont nous n'avons pas encore secoué le joug; la France est au ban de l'Europe aristocratique, elle est en état permanent de surveillance; la vedette avancée du continent contre elle, c'est la Prusse; la grande organisatrice de ce blocus qui nous mesure l'usage de la mer et nous refoule sous le canon de nos voisins dont toutes les positions limitrophes sont offensives, c'est l'Angleterre. Lorsque le congrès de Vienne s'est partagé les peuples comme des troupeaux, il nous a parqués comme une espèce contagieuse, il nous a entourés d'un cordon sanitaire, et, pour gardiens, il nous a donné les Bourbons. Qu'est-ce donc que la sainte-alliance? C'est une coalition de toutes les traditions despotiques, aristocratiques et sacerdotales, au profit de ceux qui les exploitent. L'identité des intérêts ne se montre pas plus que l'unité de doctrine dans la sainte-alliance, car, de même que le prêtre de Rome ne saurait s'entendre avec le ministre de Luther ou de Calvin, le despotisme ne peut vivre en paix avec l'aristocratie. Tous ces pouvoirs politiques ont transigé pourtant, mais uniquement dans le dessein d'étouffer la révolution française. Voilà le véritable système, le seul intérêt commun de la sainte-alliance. Ce système d'étouffement, elle l'applique à Naples en 1820, à l'Espagne en 1823, elle le maintient en Italie et en Allemagne; elle nous l'impose avec un surcroît d'iniquité injurieuse dans l'article 5 du dernier traité de paix, article secret qui porte qu'en cas de doute, l'interprétation ne saurait être favorable à la France; elle le développe dans le protocole du *casus fœderis et belli*, au congrès d'Aix-la-Chapelle, avec un luxe incroyable de précautions militaires et diplomatiques, sous la sanction spéciale du héros de la sainte-alliance, qui, dans sa mysticité nerveuse et ses habitudes de despote, anathématisait, sous le nom de jacobinisme, le principe qu'il proclamait sous le titre de liberté chrétienne.

TROISIÈME PARTIE.

§ I.

COUP D'ŒIL DÉSORMAIS PLUS RAPIDE. — POURQUOI. — MARIAGE DU DUC DE BERRI. — ORDONNANCE DU 5 SEPTEMBRE ET SES SUITES. — COLÈRE ET LUTTE DU PARTI ULTRA-ROYALISTE. — MOUVEMENT LIBÉRAL. — SYSTÈME DE BASCULE. — LOI ÉLECTORALE. — DÉLIVRANCE DU TERRITOIRE. — INTERVENTION DIPLOMATIQUE. — COMMENCEMENT DE RÉACTION. — LOUVEL. — LOIS D'EXCEPTION. — GOUVERNEMENT OCCULTE. — CONSPIRATIONS. — MINISTÈRE VILLÈLE. — LA GUERRE D'ESPAGNE. — LA CHAMBRE SEPTENNALE. — MORT DE LOUIS XVIII.

Dans ce tableau sommaire de la restauration, considérée plus spécialement sous le rapport des causes qui ont amené la révolution de 1830, les premières années devaient occuper la place la plus étendue. Non-seulement, en effet, c'est presque toujours à l'origine d'un établissement que se rencontrent les raisons de sa destinée finale, mais l'histoire de la chute des Bourbons a cela de particulier, que leurs derniers moments ont été marqués des mêmes symptômes qui avaient signalé les débuts de leur règne. La légitimité, qui semblait assouplie par la longue action du régime constitutionnel, s'est détendue comme un ressort pour retourner à ses anciennes allures; la nation, qui paraissait, à son tour, façonnée, par l'accoutumance, à la monarchie légitime, s'est redressée avec toute l'énergie de ses répugnances et de ses sympathies d'autrefois. Indépendamment de cette mise en présence des mêmes sentiments et des mêmes idées, avec ce qu'ils avaient de plus tranché et de plus hostile, au dénouement de la crise comme au commencement de la restauration, celle-ci se résume et se peint, de 1814 à 1817, en traits si merveilleusement essentiels, que les événements postérieurs ne sont, jusqu'à l'instant suprême, que la reproduction affaiblie, avec alternatives et développement, de ce qui s'est vivement accompli alors et en 1830. Nous avons vu, en 1814, les préjugés de la dynastie féodale, les intérêts et les prétentions de son parti aux prises avec les intérêts et les convictions de la France révolutionnaire et impériale; nous avons vu les *cent jours*, fruit de cette lutte, raviver dans le peuple tous les souvenirs glorieux et nationaux de l'empire, remuer tous les instincts et tous les principes de la révolution; puis la réaction de 1815 refouler ceux-ci et passionner les principes et les instincts contraires revenus à la suite de l'étranger vainqueur; la réaction monarchique et aristocratique, après s'être satisfaite avec violence, passant à l'état plus régulier de système, tendait à une satisfaction durable et complète par les lois et par l'administration ; mais trop active encore et trop ardente dans la réalisation de ses plans, elle allait inévitablement amener avec le pays une collision nouvelle, quand intervint le temps d'arrêt de l'ordonnance du 5 septembre, qui fut un retour vers la politique moyenne et louvoyante de 1814, devenue plus habile par l'expérience.

Au temps d'arrêt succède un mouvement libéral que la politique de bascule a pour objet d'équilibrer avec le mouvement ultra-royaliste ; mais ce dernier, fort de son organisation intérieure, de l'appui du dehors, d'une sorte de complicité morale de la part du roi, regagne peu à peu le terrain qu'il avait perdu, puis, maître de l'administration par la maladie de Louis XVIII, et enfin du gouvernement par sa mort, il nous ramène de nouveau les idées, les hommes et presque toutes les choses de 1815.

Le peuple a son 20 mars en 1830 : la légitimité royale et la souveraineté populaire, l'octroi et le contrat réciproque, le drapeau blanc et le drapeau tricolore, l'aristocratie et la démocratie, la sainte-alliance et la nationalité se retrouvent en face comme il y a quinze ans ; la contre-révolution, pensée immuable de Charles X, la révolution, pensée inaltérable de Lafayette, se personnifient dans ces vieux représentants des deux principes qui se partagent le monde, et les *trois jours* donnent la victoire au principe révolutionnaire, lequel ne s'est point sali par les représailles dont la réaction de 1815 lui avait donné l'exemple, et n'en a pas moins déjà passé par la politique du juste-milieu ; mais cette politique n'appartient point à notre récit..... Nous avons voulu seulement constater, par le rapprochement des premières et des dernières années de la restauration, l'énergie subsistante, le combat toujours renaissant des idées adverses qui s'étaient immobilisées, les unes dans la tête de quelques champions de l'ancien régime, les autres dans le cœur des masses, et en conclure qu'il suffit maintenant au dessein de cette introduction, d'embrasser d'un coup d'œil rapide la double période qui s'étend de 1817 à 1820, puis de cette dernière date à celle de l'avénement de Charles X., et d'en signaler les caractères principaux, après avoir complété ceux qui appartiennent à 1816.

Au 5 septembre, il était temps pour l'autorité de Louis XVIII de trancher le nœud gordien parlementaire où son ministère et lui étaient enlacés. Au délire de leur zèle, à la solidarité sanglante dans laquelle ils entraînaient son gouvernement qui refusa la tête de Masséna, mais qui en laissa ou en fit tomber bien d'autres, à l'impétuosité de leurs amendements qui respectaient peu l'initiative de la couronne, aux lauriers civiques dont ils ceignirent leurs fronts, quand ils retournèrent triomphants dans leurs bourgs électoraux, à ces façons de républicains aristocrates, les députés ajoutaient la résolution de se perpétuer et d'asseoir leur puissance sur un électorat complétement en dehors de l'action administrative. Pres du roi régnant, vieux révolutionnaire à leurs yeux, ils saluaient le prince digne de régner, le premier gentilhomme du royaume. Le ministère, quoique divisé, comprit et fit comprendre à Louis XVIII, déjà prévenu par des griefs personnels, qu'ils allaient être dépossédés par d'autres ministres et par un autre roi. Cette dépossession était déjà bien avancée : les administrations supérieures, épurées, n'étaient plus que des agences, dont les chefs correspondaient avec le pavillon Marsan; c'est lui, par conséquent, qui imprimait la direction à toute la hiérarchie administrative; le dévouement de la magistrature, organisée sous son influence, lui était acquis; c'est à lui qu'appartenaient de cœur les gentilshommes du service royal, les membres de la grande aumônerie; et quant à la force armée, il n'existait, outre les Suisses qui étaient un appui plus qu'un obstacle, il n'existait que les fidèles serviteurs de la bonne cause, ces bandes qu'on exaltait à la chambre avec des trépignements de joie, ces glorieuses phalanges de l'Ouest, du Midi, de la Vendée, pour lesquelles le pavillon Marsan, par ses organes, demandait des récompenses; les gardes nationales de tout le royaume étaient sous le commandement du comte d'Artois; celui-ci avait ses journaux, ses publicistes, parmi lesquels se distinguaient Bonald et Chateaubriand; il avait ses conseillers intimes que nous avons nommés, et auxquels il faut ajouter et Mathieu de Montmorenci et le comte de Rivière et quelques évêques; il avait ses ministres, Corbière et Villèle, chefs de la majorité provinciale de la chambre; à son comité intime se rattachaient la société secrète des Francs régénérés, le réseau des affiliations qui aboutissaient, dans chaque ville, au comité central; enfin, à côté, si ce n'est au-dessus de la police générale, il avait sa police particulière que secondaient la police de la duchesse d'Angoulême, celle du grand prévôt et toutes les polices locales.

Cette émulation d'espionnages remplit les prisons, peupla la terre étrangère de réfugiés français, multiplia les dénonciations, grossit les peurs, excita le zèle cupide et infâme des agents provocateurs, fit trébucher le ministère sur les cadavres de Grenoble et sur ceux des patriotes de 1816, condamnés pour quelques propos et de puériles essais d'association, au supplice des paricides.

— Vers cette époque, le duc de Berri épousa l'une des filles du prince royal des Deux-Siciles; le jeune duc ne paraît point avoir joué alors un rôle politique; aussi n'éprouvait-on à son égard qu'un sentiment d'indifférence, lorsque ce mariage donna lieu à de telles démonstrations de la part des royalistes exagérés, qu'il en rejaillit quelque défaveur sur le fils du comte d'Artois; la perspective de la perpétuité de la famille faisait naître des craintes populaires proportionnées aux espérances du parti ultra-monarchique. On n'aimait pas d'ailleurs cette alliance des Bourbons entre eux, qui n'apportait à la France aucune dot de considération, de puissance, de concours utile ou du moins d'idées en dehors du cercle étroit de la parenté dynastique. Quant au duc de Berri, il tâcha de se faire bien venir dans les casernes, mais il ne réussit à se populariser ni auprès des soldats, ni dans le gros du pays, ni dans le monde bien élevé. La duchesse fut plus heureuse; et, moins princesse que femme, se montrant facile et bonne, elle obtint de la facilité de nos mœurs un retour de bienveillance.

Mais en ce moment, à part les joies du château et les folles démonstrations d'un parti, qui seront suivies de retours amers lesquels auront leurs suites déplorables, un seul événement absorbe les esprits et appartient à l'histoire : à cet événement ont concouru dans le plus grand secret MM. Decazes, Lainé, Pasquier, Richelieu, Wellington, Pozzo di Borgo, l'empereur Alexandre lui-même, qui écrivit deux lettres autographes à Louis XVIII; et celui-ci enfin qu'avertissait d'ailleurs l'imminence du péril, qu'excitait, en outre, le sentiment de sa prérogative blessée, se retira brusquement, et comme par un coup d'état, de la pente sur laquelle descendait rapidement la monarchie.

Les circonstances au milieu desquelles se produit un acte politique, lui donnent quelquefois une portée qui va bien par delà son sens littéral et l'intention de ses auteurs. Cette observation est particulièrement applicable à l'ordonnance qui vint dissoudre la chambre. Objet d'effroi et d'irritation générale, la chambre resta d'abord chargée seule de toutes les imputations qui lui étaient communes avec le gouvernement, lorsque celui-ci se sépara d'elle; mais on rendit plus tard avec usure au gouvernement sa part de responsabilité.

En attendant, il y eut chez la bourgeoisie et au camp ultra-royaliste double explosion, l'une de satisfaction et d'espérance, l'autre de colère. Respirer plus à l'aise, entrevoir des temps meilleurs, saisir la main que lui tendait l'autorité compromise elle-même, s'aider un peu à son tour, c'est tout ce que pouvait faire d'abord le pays dans le trouble d'une catastrophe encore récente, dans cette perturbation de l'ordre administratif et social, le pays, toujours occupé militairement par l'étranger, politiquement par les lois d'exception et de rigueur qui survivaient à la législature. Si de cet état de prostration, et au milieu des entraves qui l'étreignaient durement, il se releva plus vite qu'on ne l'avait pensé, ce fut la preuve que l'opinion libérale était aussi vraie, aussi pleine de vitalité que l'opinion contraire était factice partout ailleurs que dans le petit nombre d'émigrés et de gentillâtres autour desquels les dernières circonstances avaient recruté un parti. Mais ce qui apparut plus clairement encore, ce fut tout ce qu'il y avait d'implacable ou d'incorrigible dans ce parti de l'émigration, tout ce qu'il y avait d'à jamais incompatible entre lui et la révolution : avec celle-ci se confondaient à ses yeux toutes les nuances du libéralisme, y compris la teinte qui se reflétait sur Louis XVIII lui-même, traité de jacobin par les amis de son frère, depuis qu'il avait mis un terme au mouvement rétrograde constitué parlementairement.

Cette mesure, qui consistait en un simple appel de la prérogative royale aux colléges électoraux, qu'aucune loi n'avait encore adaptés au nouveau régime représentatif; de la prérogative alarmée par les empiétements et le zèle peu sage des amis plus ardents de la monarchie d'autrefois que du monarque actuel; cet appel circonscrit dans des limites qui comprimaient également l'essor des novateurs, en avant et à reculons, cette ordonnance du 5 septembre enfin fut taxée de haute trahison par le pavillon Marsan; elle déchaînait, disait-il, l'hydre révolutionnaire. L'opinion plus royaliste que le roi se déclara plus que jamais en état d'opposition ouverte; elle prit bientôt un caractère d'hostilité personnelle, et s'organisa en une sorte de conspiration permanente de palais. Et cependant, que de concessions lui furent faites encore ! A peine ministre, Lainé rédige et signe l'autorisation en vertu de laquelle les missionnaires s'emparent de la France, la sillonnent de processions perturbatrices, lancent du haut de la chaire des brandons de discorde, transforment le signe pacifique de la croix, dont les plantations se multiplient, en signal de guerre religieuse et civile, et se réfugient contre l'irritation générale sous la protection du bras séculier, de la force armée, qui les accompagne comme en terre conquise. Bientôt un projet de loi, présenté par le même ministre, ouvre aux établissements ecclésiastiques la voie si ardemment désirée qui les conduit aux riches dotations; l'autorisation royale est la seule barrière qu'on oppose aux moyens de captation si faciles à exercer auprès des esprits faibles et du lit des mourants, moyens qui ne répugnaient pas plus à la chambre introuvable que la confiscation. Bon nombre des anciens membres ont repris leur place et leurs exigences dans la chambre nouvelle. Sortie du scrutin électoral où la lutte ne s'est établie qu'entre les ultra-royalistes et le ministère, ce dernier a obtenu, non sans peine, la majorité. Les lois d'exception qu'elle accorde livrent encore à l'arbitraire ministériel et la presse et la liberté des personnes ; mais telle est la tyrannie à laquelle on échappe que ce régime exceptionnel est déjà une amélioration. Il ne saurait d'ailleurs durer longtemps, car s'il est consenti par une majorité timide, voilà que la minorité prend soin de l'attaquer et de le flétrir, la minorité qui se compose des débris de cette chambre où l'on parlait un tout autre langage. Mais qu'importent ces contradictions à qui ne veut que se saisir d'une arme pour renverser ses adversaires? Et cette arme, quand on n'a plus la force numérique, c'est la force morale; c'est l'argument du droit commun, des libertés publiques. Celles-ci ont donc en leur faveur désormais leurs anciens ennemis déchus du pouvoir et qui ne ménagent pas les paroles, leurs amis récents, montés au pouvoir, et qui ont besoin d'appuyer sur elles leurs actes et leur politique. Entre ces deux courants, l'opinion se ranime, s'éclaire, se fortifie.

Outre l'éclat de cette soudaine métamorphose,

des champions du plus rude despotisme en tribuns de la liberté, il se manifeste un double phénomène qui mérite également d'être signalé : la révolution s'abritant sous la charte, dans la nuance politique qui est au pouvoir et aux chambres, revêt un caractère légal; et la monarchie, allant chercher ses auxiliaires dans la contre-révolution du dedans et du dehors, tombe en faction. Mais après tout, cette faction, qui poussait à l'extrême l'orthodoxie monarchique, obtenait aisément excuse dans le cœur du monarque, et trouvait surtout un accès facile et de tous les instants auprès du trône dont ses chefs occupaient les marches.

Entouré par elle, assailli de ses menaces, de ses prières, de ses terreurs, Louis XVIII qui, au fond, ne voulait que se préserver des folies de l'émigration de Coblentz, dont il était loin de répudier toutes les idées, et qui surtout ne songeait nullement à subir les exigences du régime constitutionnel, Louis XVIII prit bientôt peur des conséquences d'un acte qui avait remué le pays plus qu'il ne convenait à ses vues.

Ces conséquences pourtant durent avoir leur cours jusqu'au moment où une nouvelle réaction vint le changer. Les premiers fruits d'un appel à l'opinion publique et au mécanisme électoral furent une meilleure loi d'élection, des franchises de tolérance, et plus tard de droit pour la presse;

ce fut l'avénement de la classe moyenne aux affaires, l'importance politique de la riche bourgeoisie, une sorte de noviciat pratique au régime de la monarchie parlementaire et un commencement d'investiture constitutionnelle donnée à l'industrie entrée ainsi en partage avec la propriété territoriale; ce fut l'organisation du pays légal, représentant avec plus ou moins de vérité la masse de la nation, l'établissement du crédit public, le progrès du système financier, le besoin de la publicité partout; ce fut enfin l'éducation morale et politique de la France, éducation où, grâce à la polémique des opinions, les écrivains et les orateurs du côté droit payèrent leur tribut autant que ceux du côté gauche, autant et plus peut-être ; car plus ils étaient près du pouvoir, plus leur opposition en saisissait les parties vulnérables et visait juste et enfonçait le trait profondément.

Sans ces attaques violentes des partisans outrés du principe monarchique dépossédé du pouvoir, la classe bourgeoise et marchande, associée par l'électorat à la grande propriété foncière, ralliée par ce privilége à un système qui lui offrait des garanties d'ordre et de prospérité, se fût longtemps contentée sans doute des concessions volontaires du gouvernement; mais alors même qu'elle ne demandait pas mieux que de prendre patience, ceux qui se présentaient comme les vrais défenseurs de la royauté légitime ne lui permettaient pas de prendre confiance. Ces champions, après tout, n'avaient-ils pas à leur tête l'héritier présomptif de la couronne? N'étaient-ils pas maîtres des avenues du château? N'étaient-ils pas la cour elle-même, cette autre royauté souvent plus forte que la personne royale?

Aussi, la menace toujours suspendue sur la tête de la France, la menace d'une invasion prochaine de cette monarchie qui n'aimait pas plus les bourgeois que le peuple, tenait les uns et les autres en défiance, en inquiétude, et en communauté d'antipathie à l'égard de la légitimité; et comme celle-ci était soutenue par l'étranger, comme elle datait sa restauration de la Sainte-Alliance, la bourgeoisie, alarmée sur l'octroi de ses garanties précaires, confondait ses intérêts avec les sentiments du peuple, et, ainsi que lui, voyait toujours l'étranger dans les Bourbons. Cette disposition de l'esprit public réagissait à son tour non-seulement sur l'entourage du roi, mais sur le roi lui-même; et si, par raison, par politique, il transigeait avec les circonstances difficiles, s'il négociait plutôt qu'il ne gouvernait avec la charte, et s'applaudissait parfois des succès de sa diplomatie constitutionnelle; si, de leur côté, les sujets, par sagesse aussi, ne revendiquaient pas trop haut leur titre de citoyens, s'ils acceptaient avec modestie, quelquefois avec satisfaction, la part qui leur était faite après celle du lion, dans la charte; si de mutuelles nécessités et de mutuelles réticences entretenaient à l'extérieur la bonne harmonie; si, dans certains moments même, cette harmonie de calcul allait jusqu'à se faire illusion sur sa sincérité, il y avait au fond des âmes un levain permanent d'aigreurs, un instinct plus fort que toutes les autres nécessités, et qui désignait les Français aux Bourbons, les Bourbons aux Français, comme ennemis; il y avait tout à la fois hostilité de principes et incompatibilité de nature; c'était toujours, avec des nuances plus ou moins adoucies, plus ou moins tranchées, c'était la France et la coalition en face, la révolution et la contre-révolution aux prises.

Voilà le fond des choses, en dehors d'une foule de détails que ne saurait embrasser notre aperçu non-seulement à cause de sa rapidité, mais parce que ces détails furent essentiellement accidentels et transitoires; voilà le fait substantiel de la situation, qui se trahissait même pendant l'occupation étrangère, et donna, comme nous l'avons dit, à l'ordonnance du 5 septembre une portée bien au-delà des prévisions, et surtout des intentions de Louis XVIII. Après l'affranchissement du territoire, cette double situation se caractérise: il y a, d'une part, mouvement ascendant de l'opinion libérale; d'autre part, aberration étrange dans les régions occultes du pouvoir; une lutte publique, acharnée, s'engage entre les partis; l'un se dessinant de plus en plus comme national, l'autre remontant de plus en plus à son origine, et se réfugiant, au départ des baïonnettes étrangères, sous la protection des congrès, au moment où les monarques retirent les promesses faites avant la guerre, reviennent sur les concessions accordées après la victoire, et concertent de nouveaux moyens de répression contre leurs sujets.

Louis XVIII, tout en s'appuyant sur les congrès, par inclination naturelle et par position obligée, essayait ostensiblement de tenir la balance entre les intérêts et les prétentions, d'équilibrer les forces des partis, et de faire prévaloir, par une compression alternative, ce système de bascule qui se rattache au nom de M. De Cazes. Cette tactique avait un mauvais côté: elle accusait une absence de conviction, une indifférence politique bien voisine du manque de foi; elle affectait l'impartialité plus qu'elle n'était impartiale; elle ne frappait pas ce côté-ci parce que cela était juste, mais pour paraître juste, parce qu'elle avait frappé celui-là; pour faire compensation à une loi passable, elle usait de rigueur envers un écrivain de l'opposition; pour répondre aux clameurs de la droite, elle sévissait contre les hommes de la gauche; et lorsque des événements graves pouvaient donner à une conduite sage et humaine une couleur qui rendît suspect le dévouement du ministre à la cause sacrée de la monarchie, le ministre se montrait impitoyable : c'est ainsi que ce machiavélisme de conscience royaliste qui ne supporte pas le soupçon, l'entraînant à la suite du général Canuel qu'il destitua plus tard, sur les traces prétendues d'un soulèvement bonapartiste à Lyon, il n'atteignit que des malheureux en proie à la famine, et ne les livra pas moins à la machine prévôtale, prompte aux exécutions, mais impuissante à enfouir jusqu'au centre de la terre, comme le voulait le préfet M. de Chabrol, les *erreurs* du pouvoir.

Tel est, sous son aspect repoussant, le système de bascule auquel l'opinion publique n'a point pardonné ; mais ce sont là ses intermittences fébriles, ses accès. Dans son exercice habituel et calme il suppose un esprit de modération et de conciliation, qui ne fut alors ni sans succès ni sans utilité. Il en résulta un temps d'arrêt, pendant lequel bien des gens, dans tous les partis, s'éclairèrent, se tempérèrent, se rapprochèrent, prirent une direction pratique, et pendant lequel aussi le positif industriel, le bien-être privé, le comfortable public succédant à l'animosité des partis, le bienfait des institutions et celui de la paix profitèrent au travail et à l'intelligence.

Les germes d'un nouveau fait que nous décrirons plus tard commencèrent dès lors à se développer, germes que la restauration aperçut à peine, et ne cultiva point. Une nouvelle génération, née longtemps après la crise révolutionnaire, et qui, par son âge, n'avait pas conscience de l'empire, grandissait et allait apporter avec elle un élément nouveau d'avenir social.

Tout en donnant au mouvement électoral une impulsion qui contrariait vivement le parti contre-révolutionnaire, le gouvernement avait voulu le diriger de telle sorte qu'il n'amenât ni exigences parlementaires, ni noms propres capables d'offusquer les congrès de la sainte-alliance, auxquels on craignait de déplaire, position fausse et périlleuse; ni offenser les susceptibilités royales, ni ameuter les ultra-royalistes : c'était vouloir l'impossible, c'était vouloir et ne vouloir pas le gouvernement représentatif. Les opinions qui avaient racine dans le pays tendaient à être représentées dans la chambre; cela était naturel, cela était heureux. Quant aux exigences libérales ou à ce que l'on appelait ainsi, n'étaient-elles pas en réalité une déduction rationnelle du principe représentatif, une suite bien graduée d'améliorations constitutionnelles? De quoi se plaignait-on alors, à moins que tout ne fût mensonge dans l'allure du gouvernement ou illusion peu digne d'hommes d'état?

La loi du 5 février 1817 dérivait de l'ordonnance du 5 septembre 1816; elle faisait entrer dans la chambre, qu'on voulait bien appeler démocratique, les mandataires de la classe industrielle et marchande en concurrence, bien qu'en minorité, avec ceux de la propriété foncière ; elle les faisait entrer par série et par cinquième, ce qui certes était multiplier les précautions. Il est vrai qu'à chaque cinquième s'accroissait le nombre des députés indépendants, qui forma cette minorité de gauche représentant l'immense majorité nationale.

La tribune, à son tour, devait émanciper la presse ; et la presse, alimentée d'ailleurs par la tribune, soulevait elle-même peu à peu le poids de la censure ou en éludait les entraves. Les attaques du parti ultra-royaliste justifiaient bien les répliques du parti national, qui devenait ainsi auxiliaire du gouvernement, auxiliaire dont celui-ci ne pouvait ni se passer, ni ne point s'effrayer. Le parti ultra-monarchique, de beaucoup le plus faible à l'intérieur, se livre plus que jamais au penchant naturel qui le porte à demander secours à l'extérieur ; et voilà qu'il dénonce la France à l'Europe, et sollicite la prolongation de l'occupation militaire ; et quand elle lui échappe, il implore l'intervention diplomatique, l'intervention étrangère dans le gouvernement même du pays. Il se trouva que les coupables étaient au pavillon Marsan, et ces dénonciateurs du pays à l'étranger furent à leur tour publiquement dénoncés au pays. On fut plus sage cette fois au congrès d'Aix-la-Chapelle qu'au pavillon Marsan, et la libération de ses frontières fut accordée à la France, qui avait chèrement payé sa rançon. Mais si cette délivrance valut à Louis XVIII et au ministère qui l'avait accomplie quelque popularité, il n'en demeura pas moins constant que nous étions toujours sous la dépendance de la coalition et ses tributaires politiques, après avoir satisfait en elle une dure créancière, au prix de notre sang et de notre or; il n'en demeura pas moins évident qu'elle était ennemie déclarée de la révolution française, qualifiée par elle de jacobinisme, et que si le roi régnant avait obtenu d'elle, à titre de faveur, le soulagement du fardeau de l'occupation, la royauté, dans ses sympathies naturelles, le roi futur, dans ses prévisions et ses engagements, inféodaient leur sceptre aux doctrines des monarchies absolues. L'empereur Alexandre vint en personne recueillir ces remercîments que Louis XVIII, quelques années auparavant, prodiguait au souverain anglais, et le chef de la sainte-alliance, le czar, et, après lui, le roi de Prusse, constatèrent, par leur présence à Paris, par les hommages obséquieux dont ils furent l'objet, qu'on trouvait la France assez sage pour retirer les garnisaires allemands et russes, moyennant finance, et que la grande nation de l'empire et de la république ne pouvait, sous la restauration, être gardée par ses propres soldats que sous le bon plaisir des cabinets absolus, et relevait d'eux, alors même qu'elle semblait s'appartenir. La délivrance du territoire, avancée de deux ans, ne fut pas moins le plus heureux événement du règne de Louis XVIII qui, pour la première fois, parcourut les quartiers populeux de la capitale. Il reçut un accueil conforme à ses désirs. La France, en cet instant, se sentait disposée à se réconcilier avec les Bourbons. Il ne tenait qu'à eux de réaliser ce vœu général d'oubli, et de rendre la réconciliation durable; mais, loin de s'associer à cette fête de famille, nous venons de voir le comte d'Artois et son parti témoigner, par des démarches coupables, tout le dépit qu'ils éprouvaient; et prolonger, autant qu'il était en eux, l'occupation étrangère; le pays fut profondément blessé de cette conduite et des mauvais instincts qu'elle révélait. La présence d'une garnison ennemie pesait plus à la nation que le fardeau de son entretien; et si le départ de cent cinquante mille étrangers fut un grand soulagement pour nos finances, il soulagea bien plus encore l'orgueil français humilié depuis si longtemps. Le duc de Richelieu eut sa part dans cette fête générale : un million lui fut voté à titre de récompense; il en fit don aux pauvres, et fit bien :

il était au moins juste que le signataire du traité du 20 novembre s'employât à en adoucir les rigueurs. Mais la manifestation la plus retentissante de la joie publique eut lieu dans un banquet chez le duc de La Rochefoucauld. Du salon d'un grand seigneur, elle passa dans la presse, et, consacrée par la plus haute poésie, elle eut de nombreux et longs échos en Europe, sous le titre de *la Sainte-Alliance des Peuples*.

A cette époque grandissait l'influence des publications libérales, et se développait l'opinion publique ; l'affranchissement du territoire fut le signal d'un nouvel essor. La *Minerve*, la *Bibliothèque historique*, le *Conservateur*, dans une opinion opposée, et quelques autres recueils hebdomadaires, suppléaient la presse quotidienne censurée, et celle-ci enfin conquit sa liberté. Le rôle des écrivains était beau, car il y avait entre eux et les lecteurs communauté de sentiments et d'émotions ; ce fut leur règne et celui des orateurs, soit à la chambre, soit au barreau ; de ces trois tribunes jaillissait une ardente polémique ; la parole pleine de vie, car elle répondait à la pensée de ceux qui la recueillaient avidement ; la parole toute puissante, car elle était passionnée, convaincue, et elle s'adressait à la conviction et à la passion ; la parole lancée du palais Bourbon, du palais de justice, des ateliers de journaux et de brochures, de la droite et de la gauche qui faisaient assaut d'opposition ; la parole divergente des partis, et qui, malgré cette divergence et ses luttes, aboutissait toujours à remuer les fibres généreuses et libérales, la parole électrique circulait de veine en veine, et tenait toutes les idées en éveil, toute la population en émoi. Chaque cinquième électoral renforçait sur les bancs législatifs la phalange patriote; chaque année ajoutait un degré d'énergie à l'opinion patriotique, déjà forte de son union et de sa majorité immense.

A la chambre, combattaient d'accord, malgré leurs nuances, le général Foy, Benjamin-Constant, Laffitte, Casimir Périer, Sébastiani, Lafayette, Dupont (de l'Eure), et tout un bataillon d'amis; au barreau, les causes libérales avaient pour défenseurs Dupin, Mauguin, Mérilhou, Barthe, Berville, Chaix-d'Est-Ange; la presse était une arène où pairs, députés, avocats, journalistes, se rencontraient avec une nouvelle ardeur d'émulation.

Cependant, le vent de Sainte-Hélène soufflait sur le peuple; la gloire si ce n'est la puissance impériale avait sa restauration; tous les théâtres de France redisaient les victoires françaises; l'image de Napoléon, absente de la scène, mais présente à tous les souvenirs, revivait dans les cœurs attendris, dans les imaginations enivrées, et faisait revivre avec elle nos anciens trophées, nos douloureux revers, et ce miraculeux passé de vingt ans et cette déchéance subie sous le coup des rois ligués dont la France n'est plus que la vassale, dont un héros, sur son rocher brûlant, n'épuise pas la vengeance versée goutte à goutte dans une coupe empoisonnée.

Ces émotions du théâtre sont reportées à l'atelier, aux goguettes, et là se chantent, les yeux tournés vers la colonne, et les stances du soldat laboureur et les couplets d'Émile Debraux et les chansons de Béranger. Les temps héroïques de notre armée ont leur Homère, le culte de la gloire a son barde, la religion de la patrie a son prophète qui console et venge, qui évoque le drapeau tricolore, et bafoue le drapeau blanc. Que font ici la censure, la police et les lois! Le poëte se joue de toutes les puissances avec son refrain gai, piquant ou sublime, qui passe à travers la haie des gendarmes, les barreaux de la prison, la grille du palais, se glisse sous l'humble toit, entre au cabaret, et franchit le seuil des salons. Et tout le monde est patriote, tout le monde est peuple, car le peuple est la muse de Béranger, et de beaux vers dans un petit cadre, des rimes acérées qui saisissent l'esprit et se gravent dans la mémoire, de grandes et profondes pensées, en mots courts et simples, ont le privilége d'aller à tout le monde, et de propager le sentiment qui les inspire.

A l'action de la tribune et de la presse se joignait donc celle de la poésie; et cette action qui entraînait chez nous jeunesse, peuple, classe moyenne, se propageait de la France au reste de l'Europe attentive à nos débats parlementaires, avide de nos pamphlets, tout émerveillée, et noblement envieuse de notre liberté.

Cette propagande pacifique alarma les aristocraties, et surtout celle de la vieille France émigrée. Le comte d'Artois se plaça plus ostensiblement que jamais à la tête de ceux qui en appelaient de la sainte-alliance trop libérale à la sainte-alliance plus monarchique, et qui déclaraient révolutionnaire tout progrès constitutionnel : l'abolition de la censure, l'intervention du jury dans les procès de presse, l'essor un peu vif qu'avait pris d'abord cette presse, les produits de l'électorat, la nomination du conventionnel Grégoire, bien que la majorité l'eût repoussé par un coup d'état parlementaire : quels griefs ! quels symptômes effrayants ! Ils firent jeter aux ultra-royalistes des clameurs qui, combinées avec certaines intrigues, appelèrent l'attention de lord Castlereag; celui-ci dépêcha auprès de notre cour un représentant de l'aristocratie anglaise ; de Paris, également, M. de Latour Maubourg fut envoyé à Londres, en rapporta comme opinion unanime des cabinets une politique de réaction contre un essai bien court de politique constitutionnelle.

Les ministres qui avaient fait les lois favorables à la liberté des élections et de la presse allaient donc les défaire de leurs propres mains, lorsqu'une catastrophe brusqua cette réaction si lente au gré des passions du pavillon Marsan, passions qui égalaient au moins en fanatisme et en impétuosité le libéralisme, et qui le surpassaient à coup sûr en moyens d'action. Cette catastrophe, ce fut l'assassinat du duc de Berri.

L'histoire n'exerce point une magistrature légale, et peut demander au crime lui-même les raisons qui lui mirent le poignard à la main. Le crime de Louvel est du petit nombre de ceux qui, sans cesser de mériter la vindicte des lois et la réprobation de la conscience publique, ont le privilége de se soustraire à l'infamie commune. Il est vrai, une idée aiguisa le fer du meurtrier d'un Bourbon; oui, un patriotisme sombre et farouche fermenta jusqu'au délire dans la tête de l'homme qui, d'un seul coup, voulait tuer toute une dynastie; mais ce patriotisme, dans ce qu'il eut de sauvage, résumait pourtant les haines populaires amassées contre cette dynastie par les humiliations et les calamités de la guerre, par le joug de la Sainte-Alliance, par les tortures qu'endurait, dans sa dévorante prison de Sainte-Hélène, le martyr de la gloire et de l'indépendance nationale. Montesquieu a dit en parlant de Brutus, meurtrier de César : « C'était un amour dominant « pour la patrie, qui, sortant des règles ordinaires « des crimes et des vertus, n'écoutait que lui seul, « et ne voyait ni citoyen, ni ami, ni bienfaiteur, ni « père. La vertu semblait s'oublier pour se sur- « passer elle-même; et l'action qu'on ne pouvait « d'abord approuver, parce qu'elle était atroce, « elle la faisait admirer comme divine. »

Le principe monarchique qui avait eu, en 1815, sa fièvre d'assassinats, et qui vivait encore de complots et de proscriptions, le principe exalté de la monarchie contre-révolutionnaire ne se méprit point sur les sentiments que lui révélait ce sanglant symptôme. Désavoué, condamné hautement, avec effroi et douleur, par les citoyens éclairés, sans complice dans les masses, Louvel était de connivence avec leur pensée secrète et instinctive. Imbues de ce préjugé, que n'a point encore déraciné la civilisation, qu'on peut assassiner les coupables qui sont hors d'état, suivant l'expression de Montesquieu, d'être punis autrement que par un assassinat, les masses semblaient se dire qu'après tout, entre le peuple et des oppresseurs imposés par la conquête et la trahison, la guerre durait toujours; et qu'enfin s'il est pour les vaincus des peines capitales régulièrement organisées, ces vaincus ont parfois une justice extraordinaire et vengeresse.

Louvel se présenta devant ses juges de la pairie comme le glaive vivant et dévoué de cette épouvantable et mystérieuse justice, devant ses juges étonnés, ainsi que le public, de n'éprouver pour cet assassin ni l'horreur ni le mépris qu'inspirent ses pareils. Et Louvel fut alors le précurseur fanatique et criminel de cette vindicte populaire que, dix ans plus tard, devait accomplir un élan de colère loyale et d'enthousiasme généreux.

Mais en 1820, la monarchie, qu'un seul coup semblait avoir frappée tout entière, semble se relever de ce coup, plus viable et plus féconde. La grossesse de la duchesse de Berri fut annoncée avec un à-propos qui, célébré par les uns comme un miracle pour lequel la Providence se mettait du côté des Bourbons, fut taxé par les autres de supercherie. C'était de la part de ces derniers une réserve pour l'avenir, une protestation du moins contre les titres du nouveau-né à recueillir l'héritage de la légitimité. Ainsi les deux camps restaient en présence, bien que celui des Bourbons, ayant seul la bannière déployée, fût seul en mesure d'exploiter le crime qu'il imputait à ses adversaires.

Cette exploitation, par la manière passionnée et tout à la fois calculée dans sa passion, dont elle s'exécuta, fut une grande faute de la part des royalistes; leur douleur s'épancha en un luxe de lois d'exception et d'actes contre-révolutionnaires où des ressentiments privés contre le ministre d'une politique de modération, et contre le roi qui avait adopté cette politique, où d'ambitieuses fureurs contre le gouvernement constitutionnel lui-même, apparurent beaucoup plus évidemment que le deuil inspiré par un grand attentat Les larmes qu'auraient respectées, auxquelles se seraient en partie associées les classes moyennes et leurs mandataires, ces larmes furent refoulées par la violente agression qui envahit la presse, la liberté individuelle, et condamna, pour ainsi dire, à recevoir garnison aristocratique, les colléges électoraux, d'où la bourgeoisie industrielle, fort innocente de la mort du prince, fut en partie expulsée. C'est ce qu'on appelle la loi du double vote, loi qui livrait le scrutin électoral à la grande propriété, et par suite le scrutin parlementaire.

Ainsi l'attentat de Louvel fut puni par une confiscation des libertés publiques; et cette confiscation, qui atteignait surtout la classe moyenne et marchande, qui la dépouillait de son privilége pour en investir exclusivement les nobles et les riches; cette confiscation, qui, sous le prétexte d'une conspiration permanante, enlevait à tout le pays la sécurité personnelle, et jusqu'au droit d'exprimer sa plainte et sa pensée; cette confiscation générale et solidaire en France, repoussa la bourgeoisie vers le peuple, attira le peuple vers la bourgeoisie, qui commençait à s'en séparer. Les idées constitutionnelles, libérales, nationales, révolutionnaires, se confondirent; l'opposition du dehors prit le caractère de l'émeute, l'opposition parlementaire fit appel à cette opposition du dehors, la tribune se transporta sur la place publique, le drapeau tricolore agité dans les harangues de Lafayette, le cri de vive la Charte poussé dans les rues, devinrent intentionnellement presque synonymes; enfin, au moment où la tête de Louvel tombait sur l'échafaud de la Grève, la jeunesse était aux mains avec les gardes du corps aux alentours du palais Bourbon ; les députés de la gauche, assaillis eux-mêmes par les séides royalistes, au mépris ou à l'insu de leur inviolabilité, reportaient sur leurs bancs la fièvre sympathique qu'ils gagnaient et communiquaient au milieu d'une population ardente.

Le gouvernement occulte, dénoncé au ministère et aux chambres, était devenu patent. L'affiliation royaliste des provinces qui se centralisaient à Paris, les comités qui, de l'ouest, du midi et de quelques autres points, aboutissaient par correspondance au comte d'Artois, exerçaient une action longtemps clandestine, et depuis peu ouverte et déclarée, à côté et souvent au-dessus du gouvernement légal, qu'ils entraînaient dans leur mouvement, en attendant qu'ils l'eussent remplacé : Ce fut, pour le libéralisme comprimé dans sa manifestation régulière, le tour des associations secrètes et des conspirations. Nous nous bornons à les indiquer ici, nous réservant de leur consacrer un chapitre à part, à cause de l'influence qu'on leur suppose et qu'elles ont eue, dans une faible proportion, sur les événements de juillet. Le duc de Bordeaux, qui perpétuait si miraculeusement la dynastie légitime aux yeux des partisans de celle-ci, qui coupait court à toute patience dans l'ame des adversaires de la légitimité, le duc de Bordeaux naquit pour exalter les espérances des premiers, pour irriter les seconds, presqu'au moment où l'on étouffait une conspiration militaire, et où la contagion révolutionnaire gagnant l'Italie armait contre elle, au congrès de Troppau, les peurs de l'Autriche et resserrait entre cette dernière, la Prusse et la Russie, les nœuds de la sainte-alliance. De cette naissance princière et de l'esprit qui présidait au congrès résultait une impulsion qui devait liguer plus que jamais l'étranger et les Bourbons contre la France libérale. Cependant la mort de Napoléon à Sainte-Hélène ne laissait au peuple, entre le duc de Bordeaux et le roi de Rome à Vienne, qu'un souvenir, qu'une grande ombre, mais un souvenir que le malheur avait poétisé, mais l'ombre d'une victime auguste et sacrée qui passait au rang des dieux, et dont l'apothéose et le deuil réveillaient en même temps et des regrets religieux et l'orgueil populaire, et je ne sais quelle intime persuasion que sa statue figurerait encore sur la colonne et que le drapeau national volerait de clochers en clochers.

Lorsque la puissance, expirée mais non pas ensevelie à Sainte-Hélène, retournait à sa source, au peuple, comme l'âme remonte vers la Divinité, les rois la crurent aussi froide que la cendre de l'homme; et du congrès de Laybach, qui continuait le congrès de Troppau, arriva aux Tuileries un témoignage de satisfaction sur ce que M. de Metternich appelait une entrée dans des voies fortes et conservatrices. A ce congrès, le gouvernement britannique se sépara des gouvernements des puissances absolues sur la question de l'intervention armée dans les affaires intérieures des autres états; mais, pour la circonstance particulière à l'état napolitain, se bornant à cette déclaration théorique, il laissa l'Autriche et ses deux alliées du continent juges de l'application. Ces puissances résolurent d'étouffer l'insurrection napolitaine à la grande satisfaction de la nouvelle majorité de la chambre française qui partageait les principes de la sainte-alliance. Un faible et maladif effort de Louis XVIII pour concilier l'invasion étrangère, et je ne sais quelle pâle imitation à Naples de la Charte octroyée, cet effort ne fit que mieux voir la puissance de réaction qui se manifestait au sein des cabinets absolus et du parti royaliste en France. Le comte d'Artois ne régnait pas encore, mais déjà il gouvernait.

Le duc de Richelieu même et M. Pasquier n'étaient plus des instruments assez dociles de cette réaction ; et pour les renverser le parti royaliste eut recours à une tactique parlementaire qui offrit l'étrange phénomène de l'opinion la plus en communauté avec la sainte-alliance, feignant de s'indigner en faveur de l'honneur national ; et des amis outrés de la prérogative royale compromettant, par une violence morale et une insulte publique, et les droits et la dignité de la couronne. Le gouvernement du roi, de son côté, recourait, pour se soutenir, aux manœuvres les plus humbles et aux plus honteux sacrifices du reste des libertés publiques ; le ministère donna ainsi à ceux qui le renversaient l'apparence de défendre ces libertés. Il succomba sous les coups de la chambre, combinés avec les intrigues du château : le frère de Louis XVIII usa, dans cette occurrence, de moyens plus dignes des traditions de la cour de Louis XV que du pieux et loyal gentilhomme dont on prétendait que *Monsieur* était le vivant modèle.

Avec M. de Villèle entra aux affaires tout le parti royaliste groupé autour du comte d'Artois. De ce jour, celui-ci fut roi de fait ; et, chose étrange et d'une immoralité instructive, l'abdication d'un vieillard décrépit et impuissant fut acquise et assurée par une succession de maîtresses qui, après être parvenues à le distraire quelques jours chacune, cédèrent définitivement la place à une favorite dévote, à une grande dame dont la noblesse dut se résigner, auprès de Louis XVIII, à des complaisances auxquelles ne souscriraient pas toutes les courtisanes.

M. de Villèle eut pour mission de préparer, par d'habiles transitions, un système gouvernemental qui pût, sans secousse, couronner l'avénement de *Monsieur*; il se chargea d'organiser avec les tempéraments nécessaires et de discipliner les éléments royalistes qui devaient dominer, absorber, diviser et réduire à l'obéissance les éléments révolutionnaires; il tourna les difficultés plutôt qu'il ne les attaqua de front, substitua une loi de police à la loi brutale de censure, dont il se réserva pourtant l'usage facultatif, et porta de l'ordre et de la régularité dans les finances, qui lui doivent un complément long-temps interrompu d'améliorations. Sous ce régime de tactique qui masquait à peine une guerre à mort, une conjuration flagrante contre les institutions et les droits du pays, les conspirations se succédèrent et furent suivies d'exécutions sanglantes. Malgré la terreur que ces exécutions inspirèrent, M. de Villèle trouva de l'opposition dans l'électorat parisien, dans la minorité compacte de la gauche, dans quelques royalistes modérés qui redoutaient les conséquences de l'exagération; il en trouva même à la chambre des pairs, où le rétablissement de l'épithète de constitutionnelle dans une loi sur la presse décelait des inquiétudes sur le sort de la Charte après la mort de Louis XVIII.

Les plus grands obstacles peut-être étaient suscités à ce chef de stratégie administrative et parlementaire, par les coups de tête de sa propre armée. Le cabinet prit une couleur bigote; les missions sillonnèrent la France; le jésuitisme multiplia les couvents et s'introduisit dans les casernes; l'hypocrisie renaissante rendit aux écrivains du xviiie siècle toute la vogue de la nouveauté, et fit que la foule se porta avec fureur aux représentations du *Tartuffe*. Les congrès reprirent avec un redoublement d'activité leur influence et leur système d'intervention. Le projet d'invasion en Espagne, jeté en avant à Laybach dans quelques conversations non officielles, prit faveur et consistance à Vérone, et le triple concours de la tendance royaliste, des notes de l'extérieur et de la majorité des chambres, décida la guerre d'Espagne. Ce fut dans le cours des débats qui préludèrent avec une grande vivacité à cette campagne que Manuel fut violemment expulsé de la chambre. Cet orateur n'avait pas seulement contre lui, aux yeux des royalistes ardents, le crime de sa conduite et de ses paroles durant les Cent-Jours ; il combattait la politique réactionnaire avec un imperturbable sang-froid ; il avait dit que la France voyait, en 1814, le retour des Bourbons avec *répugnance*, et cet orateur était le représentant d'un collége de la Vendée. Des royalistes épiaient donc une occasion qu'ils saisirent dans un passage où Manuel rappelait qu'à l'époque de l'invasion du territoire français, la France révolutionnaire sentit le besoin de se défendre par une énergie nouvelle... Le côté droit ne laissa point l'orateur achever sa phrase, et une tumultueuse séance fut suivie le lendemain d'une discussion que la courte et noble harangue du député rendit solennelle au milieu de l'irritation de ses adversaires. Exclu, à la majorité des voix, qui appuyèrent la proposition de La Bourdonnaie, Manuel, sur l'ordre du président, et au refus de la garde nationale, fut empoigné par les gendarmes que commandait M. Foucault, et entraîné hors de la salle d'où sortit avec lui le côté gauche.

La guerre d'Espagne fut un essai de lutte en grand de la contre-révolution avec la révolution, conflit où le drapeau blanc, vierge de gloire depuis trente années, essayait de conquérir un peu de cet avantage resté tout entier au drapeau tricolore, et où celui-ci, porté par quelques braves imprudents, vint se mesurer malheureusement avec la bannière des Bourbons. Là se produisit, pour la première fois, le nom de Carrel à côté de celui de Fabvier, au passage de la Bidassoa.

Cet échec du drapeau tricolore et le succès de notre intervention en Espagne fut la fin des conspirations en France, et aurait pu devenir le commencement d'une phase nouvelle pour la restauration. Elle avait conquis dans cette campagne ce qu'elle n'avait pas encore, une armée, le baptême de son drapeau, et, par comparaison avec Ferdinand, une renommée de modération; elle avait rapporté je ne sais quel vernis constitutionnel. La crainte d'un embrasement général dans la Péninsule fut pour beaucoup dans cette politique, qui n'était au fond qu'une tactique de guerre; mais il faut voir l'effet, et cet effet fut favorable au duc d'Angoulême, et rejaillit sur la dynastie. Etait-il donc impossible que le spectacle hideux des excès de l'absolutisme et de ses conséquences eût réconcilié la famille de nos rois avec des idées chères à la France ?

Mais ces espérances étaient attristées par la conviction générale qu'il nous avait fallu opter entre l'alternative d'attaquer la révolution espagnole, au-delà des Pyrénées, ou d'aller la défendre sur le Rhin : alternative qui n'était pas posée aussi nettement par les puissances, mais qui avait un fond de vérité. A ce fâcheux souvenir se joignaient des retours sur l'intention contre-révolutionnaire qui avait évidemment présidé à la guerre d'Espagne, et sur la sympathie qu'excitait naguère en France l'enthousiasme des cortès; quels bienfaits d'ailleurs la victoire avait-elle apportés à la Péninsule? cette victoire déchaînait dans la personne du roi Ferdinand un prince altéré de vengeance, un tyran sanguinaire, et que nos ultras n'en prenaient pas moins sous leur protection; de telle sorte qu'au lieu du gouvernement représentatif, par charte octroyée, à l'instar de la France, l'Espagne n'avait pas même une garantie contre une atroce et ignoble réaction.

Le triomphe du drapeau blanc, triomphe des armes françaises, avait toutefois jeté dans les sentiments publics une grande hésitation. La vanité nationale ne voulait pas le répudier; mais l'esprit de liberté s'en affligeait pour nos voisins et en redoutait les suites pour nous-mêmes. Les royalistes se chargèrent de justifier les terreurs qui dénaturaient cet intérêt solidaire attaché au succès ou au revers de nos soldats. M. de Villèle se trouvait déjà dépassé par l'exagération de son propre parti. Il conçut alors la pensée de la septennalité tandis qu'il avait encore dans les colléges électoraux, sous l'impression de nos succès en Espagne et de sa modération relative, un immense ascendant moral et administratif; il opéra une dissolution afin d'avoir une majorité qu'il espérait rendre compacte et s'inféoder pour longtemps. C'est alors qu'eurent lieu dans les colléges ces fraudes électorales poussées jusqu'au scandale. Le clergé, à la voix du ministre, s'immisce plus que jamais dans la politique active, et la corruption préfectorale déborde de toutes parts pour obtenir ce que M. de Villèle appelait une bonne chambre dans le sens royaliste, chambre d'où il voulait écarter la gauche tout entière et la nuance extrême de droite.

Des intrigues et de la corruption ministérielle, de l'effervescence royaliste, de l'influence du parti prêtre, des dégoûts des patriotes divisés, étourdis, sortit la chambre de 1824, dont M. de Villèle subit la majorité plus encore qu'il ne la dirigea, majorité dirigée réellement par une coterie religieuse qu'on nommait la congrégation, animée de cet esprit de cour et d'église qui répondait au pavillon Marsan et qui avait pour patronne la duchesse d'Angoulême. C'est là qu'on vit éclore les projets de lois de sacrilége, des communautés, du droit d'aînesse.

M. de Villèle voulait de la nouvelle chambre la septennalité; mais la nouvelle chambre voulait aussi quelque chose pour elle-même, et, par exemple, l'indemnité des émigrés. Le ministre ne la concéda qu'avec répugnance et il espéra l'accomplir avec habileté en liant cette question de parti à une question d'économie publique, le remboursement de la dette, et la diminution de l'intérêt. La chambre avait la double tendance pécuniaire et catholique; M. de Villèle la satisfit et obtint cette septennalité tant souhaitée, mais qui entraînait le renouvellement intégral, lequel, comme on le verra plus tard, entraînait les majorités coalisées et la souveraineté parlementaire. La chambre des pairs repoussa le remboursement de la rente, qui blessait quelques intérêts et donnait trop de prépondérance à la propriété industrielle. M. de Villèle s'en vengea sur M. de Châteaubriand, auquel il ôta le portefeuille des affaires étrangères, et il garda le sien. De ce jour date l'opposition du *Journal des Débats*.

Les prétentions des plus avancées de la majorité septennale ne connaissaient plus de bornes : registres de l'état civil au clergé, peines terribles contre le sacrilége, augmentation du temporel des évêques, communautés religieuses, faveurs militaires pour les fils de famille, domination du clergé même dans la vie civile, répartition de la France en provinces, nouvelle circonscription des tribunaux, prédominance des gentilshommes dans l'armée, sans égard pour l'égalité civile et politique : tel était le programme de l'opposition royaliste, programme qui justifiait toutes les accusations de l'opposition libérale et caractérisait d'avance le règne du chef de la congrégation, du successeur de Louis XVIII.

Aux procès de tendance, à la répression combinée de la presse, M. de Villèle joignit les manœuvres pour l'éteindre, l'acheter, la diriger. Un comité suggéra au comte d'Artois la pensée d'acquérir successivement les journaux devenus priviléges; ils furent en conséquence traqués par l'amende, la prison, la suspension, et, pour issue, on leur offrait l'appât d'une vente avantageuse. La congrégation fournit des prête-noms; M. Sosthènes de la Rochefoucault fut chargé de mener à fin les achats; ses tentatives, d'abord heureuses, finirent par échouer avec scandale. Les procès de tendance succèdent à la corruption; mais les cours royales acquittent et commencent à devenir une sorte de pouvoir dans l'état. La presse triomphe, et le ministère se réfugie dans la censure.

La maladie de Louis XVIII fut une des causes de la censure. On en avait besoin pour préparer en silence une série de mesures qui entraient dans le système politique du cabinet. Il fallait satisfaire les exigences religieuses de la chambre; de là, le rétablissement des communautés, la promesse de la célébration ecclésiastique des mariages, la remise projetée des registres de l'état civil aux prêtres; on institua un ministère des affaires ecclésiastiques, une feuille des bénéfices. La prélature de cour envahissait le conseil d'état; la chambre prétendait qu'il y eût partout une expression du clergé. Le ministère résistait un peu : vaine résistance! l'épiscopat l'emportait parce qu'il dominait la conscience de *Monsieur*. Ceux qui avaient exploité le meurtre du duc de Berri exploitaient l'agonie de Louis XVIII. Une main cupide et ambitieuse, dit un écrivain royaliste, renouvelait de fatales tentatives de plaisir, et fatiguait la vieillesse du roi. Il faudrait, ajoute-t-il, un nouveau Pétronne pour dire à quelles épreuves sales et flétrissantes on se soumit pour arracher à un prince infirme quelques concessions religieuses et monarchiques. Aux premiers symptômes qui indiquèrent sa fin prochaine, des ordres furent expédiés à la garde royale. On craignait à la mort du roi quelques coups de sédition. « J'ai louvoyé entre les partis, disait au comte d'Artois Louis XVIII moribond, faites de même. »

§ II.

Avènement de Charles X. — Ses chances favorables. — Jacques II. — Sacre. — Parti prêtre. — Funérailles du général Foy. — Projet de loi sur le droit d'ainesse. — Attaques contre la presse. — Les Jésuites. — Le Tartuffe. — Gouverneur du duc de Bordeaux. — Loi de justice et d'amour. — Discours de Royer-Collard. — Obsèques du duc de Larochefoucault. — Revue et licenciement de la garde nationale. — Camp de Saint-Omer. — Question orientale. — L'ambassadeur de France et le dey d'Alger.

Les craintes des partisans de la dynastie aussi bien que les espérances de ses adversaires furent également trompées. La France voulut attendre, et voir Charles X à l'œuvre. Que savait-on si le roi se souviendrait des folies de *Monsieur* pour y persister ou pour les réparer? Une couronne à garder rend plus sage qu'une couronne à prendre. D'ailleurs, n'avait-on pas préparé la transition d'un règne à l'autre? Charles X ne gouvernait-il pas depuis plusieurs années lorsque Louis XVIII mourut? M. de Villèle, tout en continuant le système suivi, sut ménager à son successeur un début populaire. Quelques mots heureux, une bonne réception au représentant de l'église réformée, l'assurance du maintien de la Charte, et, par-dessus tout, la suppression de la censure, inaugurèrent le règne de Charles X. Son entrée à Paris fut saluée de vives acclamations. La presse se montra reconnaissante de l'acte de gracieuseté royale qui lui rendait la liberté.

La partie de Charles X était fort belle alors : heureusement pour lui, s'il eût su comprendre cet avantage, la contre-révolution, quoi qu'il eût fait, n'était qu'ébauchée; elle n'altérait que la surface, et la révolution se sentait en fond, tant qu'elle aurait la tribune, la presse, l'élection et le code; le roi enfin avait, pour ainsi dire, la main forcée par les précédents que la restauration et ses propres serments avaient consacrés; les principaux besoins du pays obtenaient, depuis longtemps, des satisfactions essentielles qu'il eût été d'une politique habilement généreuse de compléter, mais qu'il suffisait de maintenir : division de la propriété, législation civile, liberté industrielle, égalité devant la loi, centralisation administrative, unité nationale, monarchie représentative, le successeur de la république, de l'empire et de Louis XVIII trouvait en principes reçus, en application définitive ou commencée, tous ces éléments d'une ère nouvelle et pacifique, d'un gouvernement fort et modéré; il trouvait une France jalouse de son honneur, mais rassasiée de gloire, résolue à conserver les bienfaits d'une civilisation laborieuse, mais fatiguée de convulsions, éclairée par ses revers, et résignée aux lenteurs du progrès qu'elle attendait du développement d'une sage liberté. Un élément nouveau et favorable avait surgi : une génération nouvelle avait grandi sous le régime de la monarchie représentative ; toute son ardeur s'était tournée vers les lettres, les arts, les sciences ; vers les travaux, et les idées qui se conciliaient avec l'ordre établi ; la jeunesse appelée à l'activité des affaires ou des discussions politiques, comptait parmi ses capacités les plus notables un groupe déjà rallié aux doctrines de la légitimité, et employant les ressources de son esprit et de son savoir à la rendre compatible avec de libres institutions. L'ardeur des systèmes et des innovations s'était repliée de la politique sur la littérature, l'histoire, la philosophie ; les étudiants avaient depuis longtemps quitté la place publique pour se porter en foule aux cours des Cousin, des Guizot, des Villemain. Enfin, les tendances de la bourgeoisie étaient tout industrielles ; les tendances de la jeunesse toutes studieuses ; le peuple se résignait. Ce n'était pas du génie qu'il fallait pour régner sur cette France, c'était du bon sens.

Conserver au pays la position qu'il occupait, c'était, pour le nouveau roi, garantir la sienne propre, et en supposant qu'il y eût concession de sa part à souscrire aux nécessités de cette position, le sacrifice était amplement compensé par la sécurité du trône, et par des dédommagements tout personnels. N'était-ce donc rien pour Charles X qu'une énorme liste civile, un clergé nombreux, splendidement rétribué, une maison militaire, comme autrefois, une pairie, la vieille noblesse, une foule de châteaux où il pouvait tout à son aise, et suivant les us et coutumes du bon temps, jouer le rôle du bon plaisir, et trôner en fils de saint Louis et du grand roi, au milieu de sa domesticité? Il jouissait royalement de la chasse; on lui pardonnait les processions; il disait mes bonnes villes, mon peuple; les hommages officiels de ses sujets ne lui manquaient pas; la légitimité était, à l'égal d'un dogme, sous la protection des lois les plus sévères; sa couronne, sanctifiée par toutes les cérémonies du sacre, brillait comme une auréole sur le front du fils aîné de l'Église; premier des trois pouvoirs de l'état, ses prérogatives constitutionnelles étaient immenses; certes, nous le répétons, la partie de Charles X était belle, et sous le rapport des avantages politiques, des priviléges sérieux de la royauté, et sous celui des jouissances intimes, des hochets que, gentilhomme et dévot, il ambitionnait avec prédilection.

Charles X pouvait tout à son aise régner en roi de France et de Navarre, en roi très-chrétien, et même, comme chef de l'état, il avait, sans sortir d'une Charte fort élastique, une grande part dans le gouvernement; les exigences des gouvernés, quoi qu'on en ait dit, s'alliaient à beaucoup de longanimité; une tendance du monarque dans le sens du mouvement social aurait calmé les députés les plus impatients, et si, au lieu de se pétrifier dans les souvenirs et les regrets d'un passé impossible à faire revivre; si, au lieu de rêver je ne sais quelle monarchie personnelle, aristocratique et sacerdotale; si, au lieu de prétendre à refaire les Français à son image, il eût incliné vers le modèle de la monarchie représentative, cette pente tant redoutée eût été des plus douces; il eût frayé libéralement et royalement sa route, par l'extension graduelle des libertés municipales, et par l'adjonction peu redoutable de la liste du jury à l'électorat législatif; son successeur en aurait eu pour longtemps encore à desserrer les liens qui étreignaient l'industrie, le commerce, le labeur manuel lui-même, la capacité individuelle et l'intelligence publique; et ces liens brisés ou relâchés, il restait des travaux à conquérir une popularité d'Hercule pour le héros qui les aurait entrepris: il restait à nous rendre une nationalité moins équivoque, une égalité plus loyale, une administration d'une fiscalité moins étroite, une religion plus morale et moins prodigue d'interdits contre la raison et les facultés humaines; enfin, à nous doter d'une émancipation intérieure, sans éruptions populaires, et de l'affranchissement extérieur, par négociations diplomatiques, appuyées d'une attitude pleine d'énergie persuasive.

Telle était la route tracée, jalonnée d'avance, qui s'ouvrait, après la mort de Louis XVIII, à la bonne foi et au bon sens de ses successeurs; Charles X, s'il eût été l'homme de ces conjonctures, s'il eût marché droit devant lui, bien qu'avec mesure et précaution, au lieu de reculer; Charles X préservait son trône et lui-même d'une catastrophe. Mais est-il dans les décrets de la Providence que l'héritier d'une vieille couronne la rajeunisse, en l'abdiquant pour ainsi dire, et devienne comme le chef d'une nouvelle dynastie? Si Charles II et Louis XVIII ont laissé la question indécise, Jacques II et Charles X ont répondu négativement.

Une tête d'une capacité médiocre suffisait, nous l'avons vu, aux exigences du mouvement libéral sous la restauration. Que l'expérience de Charles Ier fût perdue pour Louis XVI, cela se conçoit encore: les rapports de situation pouvaient disparaître sous la diversité des apparences; mais qu'après l'exemple de Jacques II, que malgré les analogies frappantes entre l'époque du protectorat et celle de l'empire, en face de la double leçon que lui léguaient les règnes prudents de Charles II et de Louis XVIII, Charles X ait obéi à l'impulsion des jésuites, et se soit opiniâtré dans une foi hautaine en son droit divin, voilà ce qu'on pourrait appeler une destinée fatale, si cette destinée ne s'expliquait plus humainement, si la raison n'en était presque toute physiologique. La grandeur, en effet, a ses épreuves où elle succombe souvent : l'éclat extérieur des cours est au dedans une flamme corrosive, et un descendant de race princière est plus sujet qu'un autre à l'énervation mentale : commencée par les femmes, continuée par les prêtres, surexcitée par la puissance, la flatterie et la peur, cette énervation dégénère en abâtardissement fébrile des facultés intellectuelles. Libertins, dévots et monarques, voilà trois conditions, sans les accessoires, dont le concours explique naturellement la fin commune de Jacques II et de Charles X.

Aussi, peu de mois s'étaient écoulés depuis l'avénement du comte d'Artois à la couronne, et déjà s'accumulaient les causes de décadence. Parmi ces causes figurent au premier rang la suprématie du clergé, la transformation de la monarchie en une espèce de pouvoir d'église et d'épiscopat, la politique qui faisait du roi un chef de parti, un propagandiste de doctrines catholiques et absolutistes. A peine est-il le maître, que la congrégation est à la cour, au ministère, au conseil d'état, au conseil privé, dans les préfectures, sur le trône. A dater du sacre, le désenchantement commence et va continuant. Ce sont des cérémonies d'un autre temps. Ces prosternements sous la main du prêtre ressemblent à une abdication; on dirait d'un de ces princes que le sacerdoce faisait, à son gré et à son profit, rois ou moines. De gothiques formules, l'exhumation de la sainte ampoule, les bizarreries d'un spectacle où l'on ne trouve rien de national, achèvent de désappointer l'opinion et de couvrir la royauté de ce ridicule dont il est si difficile de se relever en France.

Le mouvement de l'opinion se déclare contre le parti prêtre. Les poursuites religieuses redoublent contre la presse; la restauration se fait de plus en plus dévote; la magistrature proteste contre cette tendance. Une protestation bien autrement éclatante se manifeste aux funérailles du général Foy. Là, tandis que la cour joue à la chapelle, l'opposition peut compter ses forces immenses, et donne un million à la famille d'un de ses orateurs. On passe outre à cette manifestation; il semble qu'on veuille la braver. La session qui s'ouvrit en 1826 débuta par une attaque au code civil. L'aristocratie voulait une mesure contre le morcellement de la propriété qui mettait, disait-elle, les élections au pouvoir de la démocratie. Il faut que les substitutions et le droit d'aînesse remplacent l'égalité de partage : c'était le système de Bonald. M. de Peyronnet le porta, sous forme de projet de loi, à la chambre des Pairs. Quel projet! L'abolition de la loi commune, le rétablissement des priviléges proscrits depuis l'assemblée constituante, la perturbation dans toutes les habitudes, dans tous les sentiments de la famille, la guerre dans le foyer domestique d'où l'on bannissait avec le droit naturel des frères l'affection et le respect des enfants deshérités pour leurs parents ! Tels étaient les fruits que recélait le droit d'aînesse. La chambre des pairs en fut elle-même effrayée. M. Molé en signala le vice radical à ses yeux : celui d'élever en opposition à l'aristocratie des aînés la démocratie redoutable des cadets. M. Roy y voyait une source de procès et le bouleversement de la législation; M. Pasquier l'accusait de blesser les mœurs privées et les mœurs publiques; M. de Barante trouvait dans cette entreprise de refaire une nation quelque chose de si démesuré qu'elle lui semblait puérile. Où en était arrivé le gouvernement pour compter de tels hommes dans les rangs de ses adversaires ? Enfin, la chambre des pairs repoussa le droit d'aînesse, mais elle admit les substitutions. C'était là une institution déjà fort malfaisante, au sentiment de M. Lanjuinais, et contraire à nos mœurs. Mais l'opinion libérale se préoccupa peu de cet échec; elle ne voulut voir que celui du ministère, ou plutôt la demi-victoire remportée sur l'aristocratie. Cette victoire fut célébrée par des illuminations, le soir même, et le lendemain par des *vivat* que des groupes nombreux de citoyens firent entendre sur le passage des pairs qui se rendaient à leur séance. Ces démonstrations ne vont point sans tumulte, que la police traduit en désordres, et le ministère eut sa revanche en audience correctionnelle : quelques jeunes gens arrêtés furent condamnés à la prison.

Mais l'ennemi contre lequel s'élevaient toutes les clameurs du parti prêtre, c'était la presse qui dénonçait journellement la congrégation et les jésuites. Le ministère Villèle était bien lent à protéger la religion par le silence des journaux impies, au gré de la coterie dévote que M. de Villèle, à son tour, gourmandait de ne savoir pas attendre. Soit qu'il obéît à l'impulsion qui le dominait, soit que, dans cette occasion, il partageât les sentiments de la majorité, le ministre jouait la même partie, mais loin que ce fût cartes sur table, comme il le prétendait, son jeu se couvrait des apparences de la modération et de la légalité. La commission, dans l'adresse au roi, demandait des mesures répressives, et comme elles tardaient, la chambre prit une sorte d'initiative, en traduisant à sa barre le *Journal du Commerce*, qui, entre autres imputations, qualifiait le parlement de tuteur des courtisans, et le déclarait un embarras pour le ministère et la nation. Accusé avec véhémence par la droite, le journal trouvait dans la gauche des défenseurs qui, ne s'arrêtant pas au procès dont la chambre était saisie, signalaient cette cause comme celle de la presse périodique elle-même. L'avocat de l'éditeur, Me Barthe, ajouta beaucoup à sa réputation libérale, et gravit le premier degré de la tribune, dans cette affaire, plaidée par lui avec une grande réserve d'expressions, mais avec une énergie non moins grande de principes constitutionnels. « Le gouvernement représentatif, dit-il, n'est autre chose que l'intervention du pays dans les affaires publiques ; il y intervient par les élections et par la liberté de la presse. Si le premier moyen succombe sous une influence corruptrice, la liberté de la presse reçoit les plaintes du pays, et rien n'est encore perdu ; mais enlevez cette dernière ressource, toute intervention nationale disparaît, le gouvernement représentatif n'est plus qu'un vain mot ; il n'en reste que les charges ; c'est un ministère ou une majorité qui tyrannise. » La majorité, n'en fit pas moins, en condamnant le journal, acte de tyrannie juridique et de politique colère.

C'est ainsi qu'elle préludait à une attaque plus directe et plus étendue contre la presse. Cependant la congrégation demeurée occulte, bien que très-active, sous le règne de Louis XVIII, se démasquait de plus en plus sous le règne de Charles X, dans lequel on retrouvait chaque jour davantage le chef de parti. Et de quel parti? C'était une coalition de tout ce qu'il y avait de plus entêté parmi les gentillâtres de province et de plus aveugle dans les rangs du clergé. Les premiers, par l'organe du fougueux Sallaberry, dénonçaient l'industrie comme une nouvelle féodalité prête à renverser la monarchie. Sur quoi prétendaient-ils donc appuyer le trône, si les riches bourgeois et les petits électeurs leur paraissaient hostiles, si la classe moyenne était une organisation féodale, suivant les uns, républicaine suivant les autres, et à leur tête, Duplessis de Grenédan? M. de Villèle était déjà bien dépassé, du moins dans le langage des orateurs de la droite, lesquels avaient souvent plus que lui l'oreille de la cour. Quelques-uns d'entre eux, et particulièrement le comte de la Bourdonnaie, faisaient sur plusieurs points une opposition ouverte au président du conseil.

En ce temps-là, le jubilé, ordonné par bulles du Saint-Père, fut l'appareil gothique et monacal sous lequel se manifestèrent les rancunes implacables et menaçantes dont la révolution était l'objet. Quatre processions générales parcoururent les rues, en récitant le *Miserere*. A la suite de longues files de prêtres, portant des croix voilées, venaient la cour, les autorités civiles et militaires; le cortége traversa Paris, se rendit sur la place Louis XV, où avait été dressé un échafaud royal. Là, on demanda pardon à Dieu, au nom de la France condamnée ainsi à une amende honorable qui pouvait tout au plus, après un si long intervalle, satisfaire quelques regrets sincères et pieux, mais qui donnait une satisfaction bien autrement réelle à des douleurs hypocrites et à d'ambitieux calculs. Déjà le champion de la vieille aristocratie et l'ennemi du parti prêtre, Montlosier, dans un mémoire qui eut beaucoup de retentissement, avait signalé l'existence clandestine des jésuites; la restauration de cette secte plus politique que religieuse fut avouée en pleine tribune, soit indiscrétion échappée à l'évêque d'Hermopolis, soit tentative calculée; et une feuille ministérielle ne craignit point de prendre hautement leur défense. Elle avait pour second un journal philosophique et libéral, le *Globe,* qui traita la question au point de vue le plus large de la liberté religieuse et du droit d'association. La congrégation à laquelle étaient affiliés les hommes les mieux en cour, eut alors son avénement quasi-officiel; mais elle vint se heurter contre les résistances de la magistrature. On se rejeta comme sauve-garde vers les libertés de l'église gallicane, pauvres libertés sous le régime des garanties constitutionnelles, maximes caduques dont l'opposition se fit une arme avec un fracas quelque peu ridicule. Ces maximes, en effet, dont l'interprétation épiscopale et parlementaire était très-diverse autrefois, n'avaient jamais reçu d'application que dans un sens utile à la prépondérance de la couronne ; aussi les chefs de la congrégation eux-mêmes ne tardèrent-ils pas à s'en emparer, et à les diriger contre ceux qui avaient si malheureusement choisi ce terrain, tout favorable aux prérogatives du roi très-chrétien et où la primauté du pape, si ce n'est son infaillibilité, se trouve fort à l'aise.

Le haut clergé se fit arracher par le ministère une déclaration très-monarchique et non moins catholique et romaine, déclaration dont la presse dut payer les frais. Les plaintes contre la licence des opinions révolutionnaires et impies devinrent plus vives que jamais de la part des évêques, qui à l'éducation de la jeunesse voulaient joindre le monopole de l'instruction populaire par la voie de la publicité. Les cardinaux de Clermont-Tonnerre et de Latil, ministres d'état, surpassaient en crédit M. de Frayssinous, ministre officiel des affaires ecclésiastiques; aussi toutes les autorités redoublaient-elles d'émulation pour plaire aux dispensateurs des grâces. La police se faisait prude jusque dans les coulisses de l'Opéra, ce qui acheva de rendre au *Tartuffe* une vogue de circonstance qu'exploitèrent avec ardeur les libraires, le théâtre et la malignité française. Cependant, comme pour contraster avec une moralité qui choisissait si bien son à propos, la guerre d'Espagne, après avoir ramené dans la Péninsule toutes les fureurs de la plus hideuse réaction, se dénouait à Paris par les honteux scandales des marchés Ouvrard.

Des troubles agitèrent plusieurs villes, et entre autres Brest et Lyon, à l'occasion de la coïncidence entre les prédications des missionnaires et la représentation du *Tartuffe* qui fut interdite. Il y eut des émeutes à Rouen. Le mémoire à consulter dans lequel Montlosier dénonçait les affiliations congréganistes aux autorités judiciaires parut alors ; la cour royale, suspendant les audiences de la cour d'assises et des sections civiles, prononça, toutes chambres assemblées, sur cette demande. Son arrêt, circonspect dans la forme, n'en condamnait pas moins au fond le rétablissement des jésuites. Ainsi le gouvernement s'aliénait jusqu'au pouvoir judiciaire et lui fournissait le prétexte de s'ériger en pouvoir politique, en une sorte de parlement au petit pied, en opposition avec lui et avec la majorité de la chambre.

Une espérance éloignée, mais suffisante aux yeux de ceux qui redoutent les secousses violentes et comptent sur le bénéfice du temps, une espérance de retour à la monarchie constitutionnelle se rattachait au duc de Bordeaux. La contre-révolution politique et religieuse s'éteindra, pensait-on, avec Charles X, déjà vieux ; il y aura un temps d'arrêt et de transition sous le règne du duc d'Angoulême, auquel on voulait prêter, depuis l'ordonnance d'Andujar, des pensées de modération constitutionnelle ; comme si le rôle de modérateur, qui demande de l'intelligence et du caractère, pouvait s'allier avec la débilité mentale dont l'époux de *Madame* était atteint ! comme si cette dernière n'eût pas gouverné sous le règne d'un tel époux ! Quoi qu'il en soit, dans le jeune successeur de Charles X, la France enfin trouvera, disait-on, un prince du dix-neuvième siècle qui n'aura pu se soustraire à l'influence de son époque. Les royalistes, alors nombreux, qui ne séparaient plus la charte de la dynastie, désignaient pour gouverneur de l'auguste rejeton d'Henri IV et de Louis XIV le plus illustre écrivain de la légitimité, M. de Châteaubriand. Ils voyaient en lui le nouveau Fénelon du nouveau duc de Bourgogne. Vaine illusion d'avenir monarchique et libéral ! La sacristie réclamait sa proie, le temple son Joas, la société de Jésus un royal élève de plus. Le chef connu de la congrégation, le protectecteur des missions et de Montrouge, le duc Mathieu de Montmorency fut nommé gouverneur du petit-fils de Charles X ; M. Tharin, prélat ardent, s'empara de la direction spéciale de sa conscience et de son esprit ; et M. de Montmorency étant mort peu de temps après, M. de Rivière lui succéda, le marquis de Rivière, l'homme de la Vendée, au temps de Charette, et du Midi en 1815, l'ancien complice de Georges et de Pichegru, et qui rajeunissait au service de la congrégation tout ce qu'il avait montré de zèle pour la chouannerie et de dévouement dans l'affaire de la machine infernale.

Ces choix du vieux monarque sont un des coups les plus funestes qu'il ait portés à sa dynastie. Qu'attendre d'un prince élevé par de pareils instituteurs? Le cri de l'opposition eut de l'écho chez les citoyens les plus résignés à la patience. Charles X se continuant jusqu'à la seconde génération, le fanatisme politique et religieux présidant à l'éducation de l'héritier du trône, les ennemis les plus irréconciliables des institutions et des idées du pays prenant ainsi possession de l'avenir même du pays, quels arguments contre la légitimité! Il y avait de quoi décourager toutes les fidélités sages et prévoyantes, raviver toutes les vieilles répugnances, insurger toute la France nouvelle. Ces sentiments éclatèrent par la publicité. Aussi le parti congréganiste ne tarda-t-il point à regretter la censure. A défaut de celle-ci, les procès de tendance, les achats de journaux livraient à la presse une guerre qui lui fit moins de mal qu'à ses adversaires, qu'elle avait une si belle et si légitime occasion de présenter sous un jour ignoble où odieux. Les mandements, de leur côté, tonnaient contre les mauvais livres; le corps épiscopal tout entier dénonçait le dragon maudit à la piété de Charles X, et celui-ci, ému comme catholique plus encore que comme roi, chargea M. de Peyronnet d'en finir cette fois avec la publicité révolutionnaire et irréligieuse ; c'était le mot à l'ordre du jour. M. de Peyronnet s'inspira de la congrégation elle-même, et de cette double élucubration il sortit un projet de mort contre l'imprimerie.

Placés, par ce projet, sous le coup d'une inévitable solidarité civile, les imprimeurs, en cas de condamnation, devenaient responsables du délit des auteurs; les petits écrits étaient frappés d'un timbre; tous les livres, d'une censure déguisée sous l'apparence d'un dépôt préalable; les journaux, menacés d'une destruction frauduleuse ou fiscale. Le roi, dans le discours par lequel il ouvrait la cinquième session de la chambre septennale, avait annoncé ce projet comme un moyen de préserver la liberté de ses propres excès : ce langage est tour à tour celui des divers pouvoirs qui se succèdent ; et la liberté qui contrarie leurs plus mauvaises tendances est toujours un excès à leurs yeux. Les députés étaient alors à la veille d'une dissolution probable; beaucoup de membres complaisants, mais qui n'appartenaient pas corps et âme à la congrégation, se sentaient moins disposés à suivre jusqu'au bout un ministère dont la marche alarmait sérieusement la partie la plus accommodante de l'opinion publique. Cette marche, chaque jour plus soumise à la direction des jésuites, qui avaient des apologistes jusqu'à la tribune et parmi les organes ministériels, cette marche imprudente rencontrait de la résistance dans la majorité des pairs. La pétition de M. de Montlosier, demandant que les lois du royaume fussent observées, fut renvoyée par eux au ministre. Or, ces lois ne permettaient pas de tolérer clandestinement un ordre religieux non autorisé publiquement. C'est précisément à cette autorisation ouverte et légale qu'aspirait la compagnie de Jésus, et pour s'y acheminer plus sûrement et plus vite, elle voulait d'abord se débarrasser, c'est-à-dire s'emparer de la presse, après quoi elle eût bientôt subjugué le parlement. Elle régnait déjà, elle eût ainsi gouverné. Le projet conçu, élaboré par elle, d'accord avec le garde des sceaux, qui mit à couvrir cette énormité tout son savoir-faire de légiste, comme il devait mettre à la défendre toutes ses ressources oratoires, l'infernal projet, ainsi qu'on qualifia cette œuvre d'inquisiteurs, fut enfin présenté à la seconde chambre. Ce qu'il provoqua de réprobation et de clameurs au dehors avant de parvenir à la forme amendée qui lui donnait une physionomie moins brutale, le soulèvement universel qu'il excita est difficile à rendre. Les pétitions des imprimeurs, des libraires, de la classe nombreuse qui se rattache à l'industrie de la presse, vinrent ajouter au sentiment de répulsion publique des considérations d'un intérêt si grave et si positif, qu'elles firent reculer les hommes les plus enclins à proscrire la liberté de peur de la licence. Attachés ou étrangers à la collaboration des feuilles périodiques, les écrivains firent cause commune dans ce péril commun. Leur représentant le plus illustre, Châteaubriand, prompt à courir au monstre, le stigmatisa du nom de *loi vandale*, auquel vint s'unir, au milieu d'une salve bruyante de sarcasmes, celui de *loi de justice et d'amour* dont le baptisait le *Moniteur*, dans une inspiration de mysticité officielle digne de cette œuvre d'hypocrisie haineuse. Ce double surnom fut pour elle un double anathème. Toute la république des lettres, sauf quelques dissidents honteux, s'insurgea. L'Académie Française voulut protester en corps. Une supplique au roi, par cela seul qu'elle exprimait un blâme, avait le caractère d'une protestation. Elle fut adoptée, nonobstant la menace indirecte, sous couleur d'admonestation épistolaire et charitable, de l'archevêque de Paris, que tâcha d'excuser l'évêque d'Hermopolis; elle fut adoptée sur la proposition de M. Lacretelle, qui demandait si l'esprit en France était devenu taillable et corvéable à merci et miséricorde. Cette démarche, combattue comme insolite et inconvenante par plusieurs académiciens au nombre desquels on s'afflige de voir Cuvier et l'on s'étonne moins de rencontrer Lally-Tolendal, cette démarche, vivement appuyée et défendue non-seulement par Lemercier, Destutt de Tracy, Raynouard, Andrieux, de Ségur, Châteaubriand, mais aussi par MM. Villemain et Michaud, valut à ceux-ci, et à l'auteur de la proposition, une destitution immédiate qui frappa dans leur personne l'Académie, constituée par une loi et qu'on n'osait dissoudre par ordonnance. M. Villemain, maître des requêtes, M. Lacretelle, censeur, M. Michaud, lecteur du roi, vieux serviteur, on pourrait dire ancien complice de la royauté, perdirent également leurs fonctions et leurs émoluments. Les écrivains retrouvèrent en popularité plus qu'ils ne perdaient comme fonctionnaires. Encore une fois, où en était le pouvoir, qui repoussait vers l'opposition de tels hommes et presque tous leurs collègues, parmi lesquels il ne s'en trouva pas un qui osât tenter l'apologie de la loi vandale? Lainé, tout en s'abstenant de voter, Lainé, l'homme du 12 mars, déclara qu'il défendrait la liberté de la presse jusqu'à extinction de voix. Charles X, comme on pense bien, refusa de recevoir la députation chargée de lui porter la supplique : s'il ne l'entendit pas, il aurait dû, au moins, la comprendre

Ce fut sous ces auspices que s'ouvrit la discussion du projet de police dont M. de Peyronnet avait exposé les motifs, ceux du moins qui pouvaient être avoués et servir de prétexte aux intentions véritables et secrètes. Mais celles-ci eurent beau se dissimuler sous les spécieuses et banales apparences qui masquent ces sortes de mesures despotiques substituées au droit commun, et dont le but est d'avoir seul la parole et de l'interdire à ses adversaires, elles avaient beau se retrancher derrière le respect des mœurs et des croyances et en appeler aux honnêtes gens, le masque fut arraché, le secret produit au grand jour par les orateurs qui répondirent au ministère, et, entre eux tous, par Royer-Collard, qui, écartant tous les sophismes, toute la phraséologie politique, perçant à travers tous les arguments plausibles, mais de second ordre, arriva droit au fond de la conscience du législateur et mit à nu sa pensée.

Ce fut une magnifique discussion. Déjà Casimir Périer, jugeant la loi proposée en homme d'affaires, l'avait réduite à cet article unique : L'imprimerie est supprimée en France au profit de la Belgique. M. Agier caractérisa la loyauté de ceux qui se faisaient les avocats de la morale en montrant qu'ils n'attaquaient la liberté qu'après avoir vainement essayé de la corruption; M. Bacot de Romans, par un mot plus pénétrant qu'il ne le supposait lui-même, déclara le projet hostile à la civilisation; « cette loi prétendue ne serait qu'une mise hors la loi, » dit M. Bourdeau. Il est donc des mesures législatives qui usurpent le nom sacré de loi et qui sont en réalité la violation de toutes les règles de la justice! Alors la force revêtue des formes légales et substituée au droit, s'impatronise dans nos codes, jette la perturbation dans la conscience publique et transforme la magistrature en instrument de tyrannie : triste vérité! abus trop fréquent qui sape les bases de la société politique! C'est la cognée au pied de l'arbre, s'écrie Benjamin Constant, après avoir tracé le tableau d'une politique oppressive et machiavélique, tableau qui n'est que l'analyse ingénieuse du système qu'on propose à la chambre de sanctionner. C'est une arme nécessaire, selon M. de Sallabéry, pour défendre Dieu et le roi contre leurs ennemis les révolutionnaires et la révolution. M. de la Bourdonnaie réplique que le mal est dans les actes qui l'ont fait naître. Opposition de gauche, contre-opposition de droite, défection, comme on appelait le petit groupe réuni autour de M. Agier, attaquent avec une égale véhémence le monstrueux projet, les uns en lui-même, les autres surtout comme texte de récriminations contre les ministres. M. de Frénilly, expression de l'extrême droite, ne lui trouve qu'un défaut, celui d'être trop faible comme moyen de répression. Ce qu'il voudrait, c'est qu'aucun écrit ne parût sans le *visa* d'une haute censure. A quelque temps de là, M. de Frénilly fut nommé censeur. M. de Villèle répond à l'accusation de tyrannie dirigée contre son administration, que le véritable tyran c'est la presse : « C'est elle, dit-il, qui mine les croyances religieuses, désaffectionne les peuples, déconsidère les chambres, provoque les discussions entre les cabinets, suscite des embarras à la diplomatie et fournit des armes à l'étranger ; c'est à elle surtout, ajoute le ministre, qu'il faut attribuer ces fantômes de congrégations, de jésuites, de contre-révolution, avec lesquels on aigrit les esprits. »

Rien ne nous semble plus instructif que ces débats, devenus de l'histoire. C'était la presse, au dire de M. de Villèle, qui faisait tout le mal, et le gouvernement était pur de toute pensée contre-révolutionnaire, de toute connivence congréganiste ; le gouvernement, sans la presse, jouirait de l'affection populaire ; la chambre, de la considération du pays ; l'étranger, si ce n'était la presse, donnerait toutes sortes de satisfactions à la France. Tel n'était point l'avis d'un député de la Gironde, dont le discours produisit une sensation d'autant plus forte qu'il avait jusque-là fait preuve d'une grande réserve et que son attachement à la monarchie n'était pas douteux. L'autorité, selon M. Gautier, rejetait sur la presse ses propres torts, lesquels provoquaient les abus même dont le ministère avait raison de se plaindre. Qui a produit la commotion universelle dont nous sommes témoins? demandait-il : « C'est la pensée enchaînée, la résistance étouffée, la charte déchirée, la France livrée pieds et poings liés à une faction ennemie; c'est la royauté elle-même enfin compromise par les excès que l'on veut commettre en son nom. » Un pareil langage, émané d'une bouche habituellement discrète, atteste tous les dangers de la situation aux yeux des royalistes qui redoutaient une issue violente. Le dénouement que doit avoir la lutte alors engagée entre deux principes qui sont encore aux prises, se trahit, comme par un trait de lumière, dans cet autre passage du discours de M. Gautier et dans l'exclamation qu'il arracha au comte de Sesmaisons : — « On n'a plus ni obéissance, ni argent, ni soldats, disait le premier, en un mot, on n'a plus d'autorité réelle sans le consentement général.—Voilà donc la couronne sommée d'écouter les volontés populaires! s'écriait le second indigné, et la souveraineté des rois n'agira plus que conformément à la souveraineté du peuple! »

Les paroles prophétiques ne manquèrent pas,

au reste, dans la chaude discussion de ce projet, dont M. de Peyronnet, revenant avec instance à la charge, sollicitait l'adoption par dévouement au roi, qui n'en usera, protestait le ministre, que pour maintenir l'ordre public et la liberté légale ; à quoi Labbey de Pompières avait répliqué par avance : « Oui, vous avez pour cette liberté une tendresse paternelle, une passion qui va jusqu'à l'étouffer à force de caresses. » Les prophéties parlementaires, disons-nous, ne manquèrent pas : M. de la Bourdonnaie, dont la position politique avait l'importance d'une candidature ministérielle, considère néanmoins la liberté de la presse comme une nécessité du gouvernement représentatif, qui n'est, de son aveu, que le gouvernement de l'opinion ; il ne dissimule pas que cette opinion, telle que l'ont faite les actes du ministère et qu'elle se manifeste dans les salons, les comptoirs, les échoppes, il ne dissimule pas que l'indignation générale dépasse de beaucoup les écrits périodiques les moins mesurés. « Si vous refusez à la France, dit-il en terminant, la charte, toute la charte telle qu'elle la désire, craignons qu'elle ne l'accepte, en désespoir de cause, d'une autre main que de la vôtre et avec moins de garanties pour la tranquillité publique et pour la monarchie légitime. » Et faisant allusion à la promotion de pairs au moyen de laquelle on voulait changer la majorité de la haute chambre, plus expérimentée, plus prudente, plus politique que la majorité de la chambre septennale, et plus opposée par conséquent au parti prêtre, que cette dernière ne satisfaisait pas encore et qu'il voulait dissoudre; faisant allusion au brusque revirement de votes que celui-ci prétendait opérer en sa faveur : « Ce changement subit de système serait un coup d'état, déclarait-il; c'est le renversement de la constitution, si le gouvernement triomphe; dans le cas contraire, et les coups d'état ne réussissent qu'avec le concours de l'esprit public, dans le cas où il ne triompherait pas, le gouvernement périrait! »

Avec un autre point de vue, M. Hyde de Neuville, plaçant à son tour le ministère dans l'alternative fort diverse d'une majorité factice imposée à la pairie, d'un appel aux colléges électoraux, d'une retraite que tout le monde bénirait, ou d'un retour dans les voies nationales : « Que le ministère choisisse! s'écriait-il : mais une fatalité le poursuit; il choisira mal..... Que Dieu et le roi sauvent la France! »

Mais l'orateur qui prit vraiment de haut la question, et, la faisant sortir du cercle de la polémique parlementaire et ministérielle, l'élevant même au-dessus de la politique d'une époque, la transporta dans la sphère providentielle de la destinée humaine, ce fut, nous l'avons dit, Royer-Collard. Son admirable discours agrandit le débat vulgaire entre la presse et tous les pouvoirs qu'elle gêne, jusqu'aux proportions d'une guerre contre l'intelligence même, contre la nature des choses, contre l'organisation de l'homme et le mouvement nécessaire des sociétés, contre la puissance suprême de la conscience universelle.

«Dans la pensée intime de la loi, disait M. Royer-Collard, il y a eu de l'imprévoyance au grand jour de la création, à laisser l'homme s'échapper libre et intelligent au milieu de l'univers; de là sont sortis le mal et l'erreur. Une plus haute sagesse vient réparer la faute de la Providence, restreindre sa libéralité imprudente, et rendre à l'humanité, sagement mutilée, le service de l'élever enfin à l'heureuse innocence des brutes... L'oppression de la presse, appuyée sur la maxime que vous avez entendue (sur la nécessité de frapper à la fois les bons et les mauvais écrits pour mieux assurer la destruction de ceux-ci), n'est rien moins que le manifeste d'une vaste tyrannie qui contient en principe toutes les oppressions et qui les légitime toutes..... Avec la liberté étouffée doit s'éteindre l'intelligence, sa noble compagne. La vérité est un bien, mais l'erreur est un mal. Il ne faut pas ménager le bien quand on attaque le mal; périssent donc ensemble et l'erreur et la vérité! Comme la prison est le remède naturel de la liberté, l'ignorance sera le remède naturel de l'intelligence. L'ignorance est la vraie science de l'homme et de la société..... Pour détruire les journaux, il faut rendre illicite ce qui est licite, et licite ce que les lois divines et humaines ont déclaré illicite; il faut annuler les contrats, légitimer la spoliation, inviter au vol : la loi le fait. Une loi qui se joue de la foi donnée et reçue est le renversement de la société. L'obéissance ne lui est pas due........ Votre loi, sachez-le bien, sera vaine; car la France vaut mieux que son gouvernement........ Ah! qu'il est dangereux de mettre en opposition la conscience publique et la loi! Quel avenir cette imprudence prépare!........ Conseillers de la couronne, auteurs de la loi, connus ou inconnus, qu'avez-vous fait qui vous élève à ce point au-dessus de vos concitoyens, que vous soyez en état de leur imposer la tyrannie?.... Obscurs et médiocres comme nous, il nous semble que vous ne nous surpassez qu'en témérité!

« La loi que je combats, reprend l'orateur après quelques moments d'interruption causée par l'agitation de l'assemblée, annonce la présence d'une faction dans le gouvernement aussi certainement que si cette faction se proclamait elle-même, et marchait devant vous enseignes déployées. Je ne lui demanderai pas qui elle est, d'où elle vient, où elle va : elle mentirait. Je la juge par ses œuvres.

Voilà qu'elle vous propose la destruction de la liberté de la presse; l'année dernière, elle avait exhumé du moyen-âge le droit d'aînesse; l'année précédente, le sacrilége. Ainsi, dans la religion, dans la société, dans le gouvernement, elle retourne en arrière. Qu'on l'appelle contre-révolution ou autrement, peu importe, elle retourne en arrière; elle tend, par le fanatisme, le privilége et l'ignorance, à la barbarie et aux dominations absurdes que la barbarie favorise.

« L'entreprise est laborieuse, et il ne sera pas facile de la consommer. Il y a longtemps que la discussion est ouverte dans le monde entre le bien et le mal. Elle remplit d'innombrables volumes. Des bibliothèques les livres ont passé dans les esprits; c'est de là qu'il vous faut les chasser. Mais le mouvement des esprits ne vient pas seulement des livres. Né de la liberté des conditions, il vit du travail, de la richesse et du loisir; les rassemblements des villes et la facilité des communications l'entretiennent. Pour asservir les hommes, il est nécessaire de les disperser et de les appauvrir : La misère est la sauvegarde de l'ignorance. Croyez-moi, réduisez la population; renvoyez les hommes de l'industrie à la glèbe, brûlez les manufactures, comblez les canaux, labourez les grands chemins. Si vous ne faites pas tout cela, vous n'aurez rien fait. Si la charrue ne passe pas sur la civilisation tout entière, ce qui en restera suffira pour tromper nos efforts.

« Quelques *modérés*, amollis par les délices de la vie sociale, s'arrêteraient peut-être au milieu du dix-huitième siècle; mais déjà la révolution est aux portes; il faut remonter de ruine en ruine jusqu'au jour de l'affranchissement des communes, sinistre précurseur de la liberté de la presse, qui, frappé des mêmes anathèmes par les sages du temps, prépara ce que nous voyons aujourd'hui..... »

Ce discours réclamait l'analyse étendue que nous lui avons consacrée : il est, en effet, l'événement le plus saillant de la session où se déroulent les causes de la crise qui se compliquait en 1827 et se dénoua en 1830; il expose, sous son aspect philosophique, le caractère de la lutte engagée contre la révolution par le parti auquel était livré Charles X; il embrasse, dans une moralité applicable à tous les temps, la question sans cesse reproduite de la liberté, de la vérité, du bien, qu'on sacrifie sous prétexte de réprimer l'abus, de prévenir l'erreur et de détruire le mal; enfin il montre, avec l'autorité des faits, du droit et de la raison, combien est périlleuse et finalement impuissante la politique qui se met en travers de la marche progressive et nécessaire de l'esprit humain et, de peur du présent, rétrograde vers un passé qu'il faudrait remonter jusqu'à la barbarie, jusqu'à l'état sauvage, jusqu'à la création, pour couper court, dans sa racine, aux conséquences, par l'anéantissement du principe, aux inconvénients dont se trouvent mêlés les avantages de l'état social, par l'abolition de la loi primitive, en vertu de laquelle existe la société.

Le projet bafoué, décrié, foudroyé, singulièrement amoindri, toutefois, si ce n'est dénaturé par les amendements, se traîna jusqu'au scrutin d'où il sortit, à la majorité des voix, ombre de lui-même et détestable encore, pour aller subir une transformation complete à la chambre des pairs, dont la commission se constitua en comité d'enquête ; cette transformation et ce mode de procéder n'allaient ni à cette œuvre d'iniquité ténébreuse, ni à ses auteurs, qui ne voulurent pas affronter, une seconde fois, le grand jour ; et le projet avorté rentra dans la poussière des archives secrètes du despotisme, où gisent tant d'essais mort-nés, tant de vieilles armes rouillées par le temps, brisées par l'opinion. Ce fut un sujet de joie publique ; une victoire nationale, que célébrèrent les rues les plus populeuses, par des feux d'artifice et des illuminations : Symptôme remarquable et tout nouveau que cette association des masses aux idées de la classe moyenne et aux controverses parlementaires !

Un petit projet, dont le marquis de La Boissière se fit l'éditeur, un appendice aux mesures destinées à tuer les journaux et la publicité de la tribune, mais qui perdait beaucoup de son importance après l'échec de la loi principale, la proposition d'établir une sorte de comité des recherches, sous prétexte de défendre les prérogatives de la chambre, et d'assurer la fidélité du compte-rendu des débats, ce projet modifié, quant à la permanence de la commission et au nombre de ses membres, fut adopté, non sans ajouter à l'irritation générale tout ce que le sarcasme a de plus méprisant pour l'autorité, tout ce que la saillie a de plus provoquant et de plus populaire. Cette irritation s'accrut et gagna jusqu'à la pairie, à l'occasion des obsèques du duc de La Rochefoucault, protecteur généreux d'une foule d'établissements de bienfaisance et d'utilité publique, membre de l'opposition. Des jeunes gens sortis de l'école des arts et métiers, voulant rendre à leur bienfaiteur un dernier hommage, portèrent à bras son cercueil; mais la police intervint avec violence; et dans la lutte, le cercueil tombe au milieu de la boue et se brise. Une telle profanation fut dénoncée comme un sacrilége à la pairie, dont l'indignation eut sa séance solennelle, mais se calma plus vite que celle de l'opinion publique à laquelle on ne laissa point ignorer les rancunes de Charles X contre le libéral et noble défunt, rancunes dont la police s'était faite l'instrument brutal.

La fermentation des esprits éclatait par toutes les voies ; le roi lui en ouvrit une qu'elle ne pouvait saisir sans une hostilité directe, et il croyait sa personne à l'abri d'une pareille manifestation. La garde nationale faisait au château le service d'honneur, le jour anniversaire de l'entrée de Charles X à Paris. Sa Majesté résolut de la passer en revue à cette occasion. C'étaient des hommages qu'elle prétendait recevoir, comme elle l'a dit elle-même. Si ces hommages d'apparat lui eussent été rendus, ou plutôt si la discipline générale qui commande le silence aux soldats sous les armes, combinée avec la consigne exceptionnelle qui leur permet de le rompre pour crier *vive le roi !* avait eu son effet naturel, quel argument n'eût-on pas tiré de ces *vivat*, en faveur de la politique du gouvernement ! Mais ils furent loin d'être unanimes; des rangs de plusieurs légions partirent les cris : *A bas les ministres ! à bas les jésuites !* Et ces cris poussés jusqu'en présence du monarque et malgré l'expression formelle du mécontentement royal qui repoussait la leçon à l'égal d'un outrage, ces cris réprobateurs assaillirent la suite du roi, n'épargnèrent pas l'oreille des dames de la cour, des princesses elles-mêmes, et vinrent éclater, menaçants, sous les fenêtres du garde des sceaux et du ministre des finances. Charles X s'en émut, les princesses s'en plaignirent avec amertume et véhémence; le conseil se divisa sur le parti à prendre; mais la mesure qui maintenait, croyait-on, force et respect au pouvoir, prévalut; MM. de Villèle et Corbière soumirent à la signature du roi une ordonnance de dissolution de la garde nationale avec l'alternative de leur démission. Charles X, non sans hésitation, car il craignait les suites d'un tel acte, signa le licenciement de la milice parisienne; et comme le lendemain il n'y eut point d'émeute, il se crut plus affermi et plus fort que jamais. On se dit au château que le roi recouvrerait sa popularité en sacrifiant M. de Villèle, et que ce sacrifice profiterait à M. de Polignac; on se promit d'ailleurs de s'appuyer exclusivement sur l'armée. C'est dans cette pensée que le roi se rendit quelque temps après au camp de Saint-Omer. Un mot de lui à cette occasion révèle la nature des projets qui le préoccupaient déjà, mais sur l'exécution desquels il n'y avait rien encore d'arrêté. Après cette revue où les troupes s'étaient distinguées par la précision de leurs manœuvres et la beauté de leur tenue, il dit, en présence de plusieurs officiers-généraux, et avec un accent où perçait l'intention de sonder la disposition des esprits, il dit au duc de Mortemart qui l'avait accompagné : « Avec de pareilles troupes, un roi est bien maître chez lui ? » — « Oui, Sire, repartit M. de Mortemart, quand il ne les emploie qu'au bien et à la gloire du pays ; mais contre les lois, il serait sans force. » — « Vous avez raison, » répliqua Charles X, à qui cette réponse fit évidemment sentir la nécessité de ne pas laisser pénétrer plus avant dans sa pensée. « Vous avez raison, il faudrait être à cheval comme Bonaparte.... et n'en pas descendre, » ajouta-t-il.

Alors commençait à poindre la question orientale, au sujet de l'indépendance de la Grèce : il se conclut, entre la France, la Russie et l'Angleterre, un traité, celui du 6 juillet, pour imposer à la Porte et au gouvernement grec, reconnu par cette convention, un armistice nécessaire à la sécurité du commerce et à la tranquillité de l'Europe. Deux choses sont à remarquer dans les négociations diplomatiques qui s'engagèrent à ce sujet : la première est l'empressement de la Grande-Bretagne à exclure la France de toute participation aux affaires d'Orient, et à concentrer toute l'influence entre le cabinet de Londres et le cabinet de Saint-Pétersbourg ; la seconde, ce sont les efforts honorables, et souvent heureux du cabinet français pour intervenir et prendre rang comme une puissance dont on doit tenir compte et qui ne se laisse pas oublier. Il est vrai qu'un intérêt pieux stimulait, chez le roi très-chrétien, le sentiment de la dignité nationale, et que la pensée d'affranchir la croix du joug musulman lui donnait du cœur pour s'affranchir lui-même de la nullité à laquelle l'orgueil et l'égoïsme britanniques prétendaient condamner les Bourbons. Une correspondance qui avait pour objet d'offrir l'appui de la France aux Hellènes, s'engagea donc directement entre Charles X et le prince de Polignac, son ambassadeur; et leurs épanchements réciproques sur cette noble cause réveillèrent et entretinrent d'anciennes idées politiques et religieuses qui, des affaires extérieures, devaient bientôt amener les deux amis à s'entendre pour la direction des affaires intérieures.

Vers cette époque aussi un événement imprévu vint offrir à Charles X l'occasion désirée de populariser son gouvernement par l'éclat des armes et de faire acte en même temps de digne fils de saint Louis. Cette double auréole catholique et populaire allait merveilleusement aux desseins pieux et monarchiques qu'il méditait pour la conversion et le bonheur de son royaume, desseins qu'entretenait dans toute leur ferveur le petit cercle congréganiste au milieu duquel vivait et s'absorbait le monarque. Dans une conférence que le consul-général de France eut avec le dey d'Alger, celui-ci s'oublia au point de jeter son éventail à la figure du consul et de lui intimer l'ordre de se retirer de sa présence. De là naquit la nécessité de demander une satisfaction proportionnée à l'outrage,et, sur le refus du dey, le devoir de défendre l'honneur du pavillon français.

Un projet qui, par son issue, semble en désaccord avec le système général du ministère, un projet de loi sur le jury se liait, au fond et dans la pensée de ses auteurs, à ce système; il avait pour but de constituer une aristocratie électorale: c'était un acheminement au plan favori de la chambre de 1815, plan revu et arrangé depuis, par M. Cottu. Mais M. de Peyronnet qui l'avait présenté à la chambre des pairs, se prit dans son propre piége et y fit tomber M. de Villèle. La noble chambre tenait peu à créer une caste nobiliaire au petit pied; elle amenda si bien le projet, que la permanence des listes combinée avec l'adjonction des capacités et l'investigation de la publicité, augmenta pour les accusés les garanties judiciaires, et diminua les chances de fraude administrative dans l'élection des députés.

§ III.

OPPOSITION PLUS VIVE A LA CHAMBRE DES DÉPUTÉS. — CENSURE APRÈS LA FIN DE LA SESSION — BROCHURES DE LA SOCIÉTÉ AIDE-TOI, LE CIEL T'AIDERA. — OBSÈQUES DE MANUEL. — DISSOLUTION DE LA CHAMBRE. — LIBERTÉ DES JOURNAUX. — LES OPPOSITIONS COALISÉES. — LEUR TRIOMPHE AUX ÉLECTIONS. — SCÈNES DE LA RUE SAINT-DENIS. — LE DUC D'ORLÉANS. — MINISTÈRE MARTIGNAC. — RÉSUMÉ GÉNÉRAL.

Le ministère voyait grandir contre lui l'opposition de la chambre des pairs, et s'accroître la minorité de la seconde chambre, à laquelle venait s'offrir l'argument du *déficit* dans les recettes et celui de la dissolution de la garde nationale. « Cette diminution dans les revenus publics a pour cause, disait M. Laffitte, et des dépenses sans mesure et les méfiances excitées dans tous les esprits par la marche du gouvernement. » Puis, passant à l'outrage infligé, par un licenciement plein de colère, aux citoyens armés depuis quarante ans pour le maintien de l'ordre public, « le seul parti à prendre, ajoutait M. Laffitte, est de mettre en accusation un ministère coupable de pareils actes. » Et comme M. de Villèle se retranchait dans l'intérêt du pays, qui avait commandé la mesure conseillée par le cabinet à la couronne : « Dans l'intérêt du pays ! s'écrie Benjamin-Constant; dissoudre dans l'intérêt du pays la garde nationale! elle qui, dans tous les temps, l'a défendu, sauvé, et n'aspire qu'à la conservation de l'ordre et de la liberté légale! Où est donc désormais l'appui du ministère? dans la popularité? il l'a outragée; dans l'opinion? il l'a soulevée; dans les pairs? il ne peut les soumettre qu'en tuant leur institution; dans la magistrature? elle lui résiste au nom de la justice. » — « Dominer les élections, s'écrie à son tour M. Bacot de Romans, dominer les élections et les chambres a été établi comme le seul moyen de gouverner la France. La séduction, la menace, l'intrigue, la ruse ont pris la place de l'opinion loyale dans les colléges électoraux. Un pareil système doit avoir un terme, car la corruption est un principe inexorable de dissolution dans l'ordre moral comme dans l'ordre physique. » Ainsi s'élevaient de la chambre septennale elle-même, contre M. de Villèle, les cris accusateurs, et le château commençait à s'en émouvoir, et à côté de l'idée de son renvoi, croissait, dans l'intimité de Charles X, l'espoir du retour de M. de Polignac.

La session étant close, M. de Villèle eut hâte de rétablir la censure pour se soustraire aux attaques de cette autre tribune, si puissante alors, la presse périodique, pour préparer en silence le renouvellement intégral de la chambre, résolu

dans son esprit, et enlever aux électeurs surpris
une majorité favorable à ses vues. Mais, en l'absence de la liberté des journaux, il y avait celle
des brochures, et la société *Aide-toi, le Ciel t'aidera*, dont nous parlerons plus tard avec détail,
imprima une telle impulsion d'ensemble, de retentissement et d'activité à ce moyen de publication, qu'il équivalut à la publicité quotidienne.
Toutes les plumes de toutes les oppositions se
coalisèrent pour la croisade anti-ministérielle,
dans laquelle figuraient M. de Salvandi, avec une
infatigable ardeur, Châteaubriand, avec la verve
de ses plus beaux jours. Une triste circonstance fit
éclater les sentiments plus hostiles qui se cachaient
sous l'opposition légale : ces sentiments étaient
ceux des masses et de la population jeune et active. La France venait de perdre, dans la personne de Manuel, un excellent citoyen, envers lequel peut-être les électeurs s'étaient conduits avec
une circonspection qui n'était pas exempte de
faiblesse et d'ingratitude : Manuel n'avait point
été replacé par eux sur les bancs de la chambre,
d'où l'avait exclu un attentat au droit électoral et
à l'inviolabilité législative. Il y eut à ses obsèques
un concours immense, une ovation tardive, mais
enfin une solennelle réparation faite à l'orateur
patriote, logique, fidèle aux principes de la déclaration de la chambre des représentants; il y

eut une grande justice rendue au caractère, cette qualité si rare, qui s'alliait chez l'homme privé aux formes les plus simples, les plus faciles, à un bon sens pratique dont il est à regretter que Manuel n'ait pu faire l'emploi dans l'administration du pays; il y eut enfin une manifestation frappante des répugnances publiques dont il fut le représentant. Une collision était à craindre entre la foule impétueuse, mais sans moyens d'attaque ou de défense, et la police armée, qui semblait chercher un prétexte pour frapper du même coup et une ardente jeunesse, et cette phalange de notabilités de la gauche et d'illustres amis, confondus dans les mêmes rangs; mais cette collision fut prévenue par l'intervention de quelques hommes sages, tant du côté des militaires, que du côté des citoyens, et par la parole de M. Laffitte: celui-ci se faisant du char funèbre une tribune, harangua tour à tour le cortége et la troupe avec tant de convenance, de sagesse insinuante et de présence d'esprit, qu'on put augurer dès lors qu'il ne serait pas au-dessous des conjonctures les plus graves, et que, dans un conflit décisif, il remplirait un beau rôle de sang-froid et d'énergie conciliatrice.

Cependant M. de Villèle, après avoir mûrement réfléchi à son plan, et réuni, croyait-il, tous les moyens qui lui assuraient la majorité à la chambre haute par cette nombreuse promotion qu'on appelle fournée de pairs, à la chambre des députés par des élections concertées avec les préfets et travaillées avec toutes les ressources dont peut disposer un ministre habile pour qui tous les moyens sont bons, M. de Villèle frappe le grand coup de la dissolution. L'ordonnance qui prononçait cette dissolution et convoquait les colléges était en même temps le signal de la liberté des journaux. Ils réunirent en faisceau, sous la direction du comité de la société *Aide-toi, le Ciel t'aidera*, leurs traits qui visèrent sans relâche, sans divergence au même but, et que les pamphlets soldés du ministère furent impuissants à détourner ou à émousser. Toutes les oppositions, toutes les forces se coalisèrent : être adversaire de M. de Villèle fut un titre suffisant à la candidature; le *Constitutionnel*, le *Courrier français*, la *Quotidienne*, marchèrent d'accord sous cette devise : guerre aux ministres! La majorité électorale, malgré le double vote, et quoique séparée en grands et en petits colléges, se rallia au même drapeau, et le télégraphe transmit à M. de Villèle, qui avait suscité tant de haines contre lui, la nouvelle de sa défaite. Ce fut pour Paris une victoire d'un plus haut prix encore que celle du retrait de la loi de justice et d'amour; elle fut célébrée aussi par des illuminations et par des cris contre le ministère; des scènes plus graves se mêlèrent bientôt à ces démonstrations tumultueuses; les scènes de la rue Saint-Denis. De violents soupçons de manœuvres provocatrices planèrent sur le pouvoir. On crut à un coup de collier en désespoir de cause : les ordres du jour de M. de Clermont-Tonnerre, loin d'avoir le caractère de la répression administrative, poussaient le soldat à se commettre avec les citoyens ; il y eut des barricades élevées, des refus de tirer sur le peuple de la part de plusieurs officiers; il y eut commencement d'insurrection véritablement populaire où la multitude intervint, conflit évidemment souhaité, suscité, a-t-on dit, par la congrégation qui voyait là un moyen expéditif et sûr de triomphe pour la monarchie. La monarchie triompha en effet : les illuminations furent éteintes dans le sang, les cris de *vive les députés! à bas les ministres!* furent étouffés par les décharges de mousqueterie. L'indignation fut grande dans la capitale. Une enquête judiciaire ne jeta qu'une lueur incertaine sur de ténébreuses machinations; le château se persuada plus que jamais que l'opposition des rues était plus facile à vaincre que celle de la presse et de la tribune, et que d'une émeute aux prises avec la tactique administrative et militaire la monarchie pouvait sortir dans toute la splendeur de ses prérogatives et de sa force.

Il parut à cette époque une *Lettre au duc d'Orléans*, lettre qui, dans la stricte acception des mots, ne faisait appel qu'à un chef d'opposition légale, dans la personne du chef de la branche cadette des Bourbons, mais dont l'intention était facile à interpréter d'une manière plus hostile à la branche aînée. Cette interprétation fut celle du public, de l'autorité, et enfin de la cour royale, qui ajouta beaucoup, par une condamnation sévère, à l'importance du pamphlet. Le duc d'Orléans, ses amis surtout, désavouèrent vivement l'auteur; celui-ci en conclut qu'il avait frappé juste. En ce moment même, comme nous le dirons plus tard, Talleyrand prévoyait ce que publiait la presse moins discrète que la diplomatie. Le duc d'Orléans, de son côté, maintenait, avec une adresse rare, sa position chaque jour plus délicate. De 1817 à 1829, il s'était concilié, avec un succès toujours croissant, les bonnes grâces de la cour et la faveur de l'opposition. Du vivant de Louis XVIII, qui le trouvait trop près du trône pour l'en rapprocher davantage, il ne parvenait qu'avec peine à calmer les royales défiances par des protestations dont la sincérité ne saurait être contestée sans preuves; il n'en conquit pas moins l'apanage considérable qui appartenait à son rang; mais concédé par ordonnance, cet apanage pouvait être retiré de même; les habitudes litigieuses de son conseil, des procès nombreux firent dans le monde libéral une impression fâcheuse; d'un autre côté, ces procès, outre leurs avantages positifs, produisaient un heureux effet sur l'esprit de la dynastie régnante, charmée des préoccupations qui semblaient absorber un cousin plus ambitieux de fortune que de pouvoir. Cette impression conservée en famille s'effaça dans le monde libéral, lorsqu'on vit le prince s'occuper de travaux utiles, bien entendus, s'entourer de députés, de pairs, de généraux de l'opposition, quoique d'une nuance modérée, ainsi qu'il était bien séant, accueillir des écrivains, des artistes, des poëtes que le suffrage public mettait mal avec l'autorité. Le duc d'Orléans recevait à Neuilly de fréquentes visites du diplomate de 1814, qui penchait pour le duc dès le congrès de Vienne; il en recevait de M. Decazes, même au temps de la plus grande faveur de celui-ci; il allait voir parfois le banquier libéral dans le salon duquel se réunissait presque toute la gauche; là, des causeries familières, intimes, touchaient aux questions les plus délicates, sans aller jamais au delà des plus sages convenances; Manuel, attaché à une cause et non à un homme, n'accepta point chez le duc un poste qui lui fut offert; il se réservait pour les principes, sans exclusion des personnes, si elles se montraient dévouées à ces principes.

Après la mort de Louis XVIII, le duc d'Orléans fut mieux en cour; ses relations avec la gauche étaient si admirablement mesurées qu'elles ne nuisaient en rien à ses relations avec le château; et celles-ci, à leur tour, étaient tellement circonspectes qu'elles n'altéraient pas cette teinte de popularité qui chatoyait, pour ainsi dire, entre le demi-jour et l'ombre. Sous Charles X, l'apanage du duc d'Orléans fut, au même titre que la liste civile, garanti par l'inamovibilité légale; le prince de Condé légua ses immenses domaines au dernier fils du prince; celui-ci échangea le titre d'altesse sérénissime pour le titre d'altesse royale, haute faveur d'étiquette souveraine qui n'empêcha pas le duc d'Orléans de conserver ses allures bourgeoises, d'envoyer, en bon père de famille, ses enfants au collége, d'administrer ses biens avec le soin, l'intelligence, l'économie d'un simple particulier, et de passer, avec la bonhomie placide d'un excellent citoyen que les devoirs de sa position et son rang attachent au rivage, les jours de tempête où le ministère Villèle, prêt à faire naufrage, faillit entraîner avec lui le monarque.

Ni le moment toutefois, ni l'homme ne convenaient à Charles X pour s'embarquer sur la mer orageuse des résistances. Il joua une autre partie. Le ministère Martignac remplaça le ministère Villèle. On essaya des concessions, soit de bonne foi, bien qu'avec une répugnance visible, soit pour jeter la division dans le camp libéral. L'opposition se scinda en effet. Une partie regarda comme gagnée une cause qui avait amené à elle un ministère de conciliation, de formes bienveillantes, une cause qui avait chance désormais de progrès parlementaire. Elle voulait user de ménagements à son tour et de longanimité. Cependant le gros bataillon des opposants montrait plus d'exigence; il ne pouvait d'ailleurs répudier la gauche dont l'extrémité se rattachait à l'hostilité du dehors. Martignac, malgré le précédent du 12 mars à Bordeaux, n'avait pas la confiance du roi; celui-ci le subissait, et reprenait avec son conseil intime ses habitudes du temps de Louis XVIII; il entravait le gouvernement; il défaisait par une influence clandestine ce que celui-ci faisait officiellement; le comte d'Artois enfin complottait avec la camarilla contre le ministère de Charles X; il entretenait avec M. de Polignac une correspondance confidentielle. Trompé par le roi, harcelé par les exigences de la chambre, Martignac, à la parole moelleuse, aux souples allures, au tempérament délicat, circonvenait de sa voix caressante le maître rétif, rapportait tout heureux aux députés un consentement boudeur, chapitrait avec une grâce mélodieuse les impatients, gémissait sur les emportements révolutionnaires; il tomba au premier heurt, sur une question de priorité entre le projet de loi communale et le projet départemental, question sur laquelle le roi et les chambres s'entêtèrent comme pour se narguer. Charles X vit la chute de son ministre avec la joie d'un enfant qui a fait un bon tour et qui est débarrassé de son mentor.

Les seize années qui séparent de la chute de l'empire l'établissement de juillet, si on les considère au point de vue de la dynastie restaurée, se partagent en deux règnes, celui de Louis XVIII et celui de Charles X, lesquels ont prouvé toute l'influence que les hommes, au sommet du pouvoir, exercent sur le cours des choses : Charles X en le précipitant, Louis XVIII en cherchant à le ralentir, ce qui permet de croire qu'il n'eût pas été impossible de le modifier. Considérée comme époque, la restauration se divise assez naturellement en trois phases : la première est celle de la réaction de l'ancien régime contre l'empire et la révolution, réaction coupée par l'épisode des Cent-Jours, et animée par cela même jusqu'à la fureur; elle s'arrête devant l'obstacle politique que lui oppose l'ordonnance du 5 septembre 1816; elle s'arrête, mais ne désarme pas et soutient vivement la lutte; la phase du mouvement contraire, de l'opinion appelée libérale, commence alors, grandit en force et en sagesse, et va se heurter, de

1820 à 1823, contre la résistance née d'une catastrophe sanglante, de l'assassinat du duc de Berri, et contre l'indifférence et bientôt la discipline de l'armée au moment de la guerre d'Espagne. La contre-révolution, dont le drapeau a triomphé des répugnances militaires, dont l'organisation s'est fortifiée à la faveur du temps, de la lassitude générale, de l'entraînement des intérêts privés, du concours de ces recrues qui vont grossir les rangs de tous les pouvoirs, la contre-révolution reprend sa marche avec la mesure que lui commande le tempérament du vieux roi, avec l'habilité que lui prête un ministre, homme d'affaires en même temps qu'homme de parti, et assuré de la connivence parlementaire. Mais le parlement renouvelé cesse d'être complice. Au roi moribond, qui imposait encore un reste de prudence, succède le chef de la faction nobiliaire et sacerdotale. Durant cette seconde moitié de la troisième phase de la restauration, le mouvement réactionnaire, sauf quelques moments d'arrêt, et le mouvement d'opposition nationale s'entrechoquent dans des luttes chaque jour plus ouvertes, et, de crises en crises, arrivent à celle qui ouvre, à son premier chapitre, avec le ministère Polignac, l'histoire de la révolution de juillet.

FIN DU TOME PREMIER.

TABLE

DES

MATIERES DU TOME PREMIER.

Esquisse préliminaire sur le mouvement démocratique.   1

INTRODUCTION HISTORIQUE.

PREMIÈRE PARTIE.

La régence et Louis XV. — Louis XVI et la révolution. — La Convention. — Le directoire. — Le consulat et l'empire.   227

DEUXIÈME PARTIE.

Résumé historique de la Restauration.

§ Ier. — Principe véritable du gouvernement. — Nécessités de l'époque. — Difficultés dans les hommes et dans les choses en 1814. — Situation morale et politique de la France, au retour des Bourbons.   387

§ III. — Le duc d'Angoulême et les Anglais à Bordeaux. — L'empereur Alexandre chez le prince de Talleyrand. — Intrigue en faveur des Bourbons. — Déchéance de l'empereur par le sénat. — Gouvernement provisoire. — Acte constitutionnel qui appelle au trône Louis Stanislas-Xavier. — Le comte d'Artois à Paris. — Les royalistes et les étrangers.   310

TABLE DES MATIÈRES.

§ III. — Louis XVIII à Londres, à Calais, à Compiègne. — Ses remerciements aux Anglais. — Les maréchaux. — L'acte constitutionnel présenté au roi. — L'empereur Alexandre. — Le prince de Talleyrand. — Le sénat. — La déclaration de Saint-Ouen. — Entrée de Louis XVIII à Paris. — La duchesse d'Angoulême. — Charte constitutionnelle. — Chambre des députés. — La presse. — La cour. — L'émigration. — Le clergé. — Congrès de Vienne. — Mouvement des opinions et des partis. 340

§ IV. — Retour de l'île d'Elbe. — Effet de cette nouvelle à Paris et à Vienne. — Bonaparte de Cannes à Lyon. — Actes du gouvernement royal. — La presse patriote. — Le roi, les princes, les chambres, les ministres, la garde nationale. — Le maréchal Ney. — Départ de Louis XVIII. — Le duc d'Orléans. — L'empereur aux Tuileries. — L'armée, le peuple, les patriotes. — Carnot. — Fouché. — Le congrès de Vienne. — L'acte additionnel. — Le Champ-de-Mai. — La chambre des représentants. — La cour à Gand. — Waterloo. — Lafayette. — Abdication de l'empereur. — Commission du gouvernement. — Capitulation. — L'armée française. — Les étrangers. 376

§ V. — Rentrée de Louis XVIII à Paris. — Danses royalistes. — État de la capitale occupée par l'ennemi. — Nouveau ministère. — La réaction. — Le pavillon Marsan. — Talleyrand. — Fouché. — Ministère Richelieu. — Massacres dans le Midi. — La chambre introuvable. — Traité du 20 novembre. — Proscriptions. — Cours prévôtales. — Conseils de guerre. — Mouvement libéral chez les étrangers. — Session de 1815. — Ordonnance du 5 septembre 1816 — La Sainte-Alliance. 409

TROISIÈME PARTIE.

§ Ier. — Coup-d'œil désormais plus rapide. — Pourquoi. — Mariage du duc de Berri. — Suite de l'ordonnance du 5 septembre. — Colère et lutte du parti ultra-royaliste. — Mouvement libéral. — Système de bascule. — Loi électorale. — Délivrance du territoire. — Intervention diplomatique. — Commencement de réaction. — Louvel. — Lois d'exception. — — Gouvernement occulte. — Conspirations. — Ministère Villèle. — La guerre d'Espagne — La chambre septennale. — Mort de Louis XVIII. 441

§ II. — Avénement de Charles X. — Ses chances favorables. — Jacques II. — Sacre. — Parti prêtre. — Funérailles du général Foy. — Projet de loi sur le droit d'aînesse. — Attaques contre la presse. — Les jésuites. — *Le Tartuffe.* — Gouverneur du duc de Bordeaux. — Loi de justice et d'amour. — Discours de Royer-Collard. — Obsèques du duc de Larochefoucault — Revue et licenciement de la garde nationale. — Camp de Saint-Omer. — Question orientale. — L'ambassadeur de France et le dey d'Alger. 483

§ III. — Opposition plus vive à la chambre des députés. — Censure après la fin de la session. — Brochures de la société *Aide-toi, le Ciel t'aidera.* — Obsèques de Manuel — Dissolution de la chambre. — Liberté des journaux — Les oppositions coalisées. — Leur triomphe aux élections. — Scènes de la rue Saint-Denis. — Le duc d'Orléans. — Ministère Martignac. — Résumé général. 521

FIN DE LA TABLE.

www.ingramcontent.com/pod-product-compliance
Lightning Source LLC
Chambersburg PA
CBHW071416230426
43669CB00010B/1564